내 마음
심리학 실험실

내 진짜 모습을 찾는
36가지 자가진단 심리테스트

내마음
심리학실험실

정종진 지음

시그마북스
Sigma Books

내 마음 심리학 실험실

발행일 2022년 6월 15일 초판 1쇄 발행
지은이 정종진
발행인 강학경
발행처 시그마북스
마케팅 정제용
에디터 최연정, 최윤정
디자인 이상화, 김문배, 강경희

등록번호 제10-965호
주소 서울특별시 영등포구 양평로 22길 21 선유도코오롱디지털타워 A402호
전자우편 sigmabooks@spress.co.kr
홈페이지 http://www.sigmabooks.co.kr
전화 (02) 2062-5288~9
팩시밀리 (02) 323-4197
ISBN 979-11-6862-038-4 (03180)

* 시그마북스는 ㈜시그마프레스의 단행본 브랜드입니다.

내 마음 심리여행을 떠나기 전에

나는 어떤 사람일까? 나의 강점은 무엇이고 약점은 무엇일까? 나만의 고유한 색깔과 향기는 무엇일까? 나의 어떤 부분을 변화시켜야 할까? 나에 대해 몰랐던 점은 무엇일까? 나를 어떻게 평가할 수 있을까? 이처럼 우리 인간은 자기 자신을 알고 싶어 한다. 특히 눈에 보이지 않는 자신의 심리상태를 알고 싶어 한다. 그러나 알다가도 모를 일이 자기 자신이다. 누구보다도 자신을 잘 알고 있는 것 같으면서도 모르는 것이 우리 인간이다. 그렇지만 무엇보다도 자기 자신을 잘 알아야 타인도 잘 이해하고 수용할 수 있으며, 주어진 삶에 잘 적응하며 대처해 나갈 수 있다. 어떻게 하면 자기 자신을 보다 객관적이고 쉽게 파악해 볼 수 있을까?

이 책에서는 현대인들이 갈망하면서도 마음 아파하는 자신의 심리상태를 스스로 간편하게 점검해볼 수 있는 자가진단 심리테스트를 제시하였다. 기존 출간본에서는 33가지 테스트를 다루었지만, 이번 책에서는 '나의 학습스타일은 어떠한가', '나는 좌뇌형인가, 우뇌형인가'. '나의 부끄러움 수준은 어떠한가', '나에게 있어 돈의 의미는 무엇인가'는 제외하였고, 대신 최근 부상하고 있는 긍정심리학 및 행복과 관련된 '나는 낙관주의자인가, 비관주의자인가', '나는 번아웃 되었는가', '나는 죽음을 두려워하는가', '나는 그릿이 강한가', '나는 회복탄력성이 강한가', '나는 성장 마인드셋을 갖고 있는가', '나는 용서를 잘 하는가'를 추가하여 36가지 테스트를 다루었다. 그리고 기존의 내용도 일부 수정·보완하였다.

이 책에서 소개된 심리테스트는 국내외 학자들이 개발한 심리검사와 관련 서적, 그리고 대학의 학생상담센터에서 발간한 뉴스레터나 소책자에서 소개된 것을 발췌하여 재구성하고 편집한 것임을 밝혀둔다. 이 책에서는 독자들이 단순히 자가진단 심리테스트를 해보는 것에 그치지 않고, 테스트의 진단 내용을 이해하는 데 도움이 될 수 있고 마음수련 및 자기성장과 자기계발을 도모할 수 있는 심리학적 지식을 다뤘다. 이러한 지식은 독자들에게 정신적 성숙과 인문사회학적 교양을 쌓기 위한 중요한 정보의 원천으로서 기여할 수 있을 것이다.

모든 검사들이 다 그러하듯이 이 책에 소개된 검사들도 완벽하며 절대적인 것은 아니다. 따라서 이 책의 자가진단 심리테스트를 통해서 나타난 검사 결과를 과신하거나 절대시하지 말고, 자신의 심리적 행동 특성이나 성향을 탐색해 볼 수 있는 하나의 참고자료로 삼는 것이 좋다. 자가진단을 통해서 의심이 가는 부분이 있으면 전문적인 검사를 받거나 상담을 요청해보는 것이 필요하다. 그리고 더욱 중요한 것은 진단 그 자체가 아니라, 그 진단을 통해 어떻게 하면 자기 자신을 보다 발전적으로 성장 혹은 변화시키느냐 하는 일이다. 자기 자신을 미칠 듯이 사랑하되, 자신의 부족한 점을 지성의 눈동자로 응시하고 개선시키려는 적극적인 노력과 실천이 수반되어야 한다.

아무튼 이 책에 소개된 자가진단 심리테스트를 통해 자신의 특성과 유형, 강점과 약점, 심리적 상태를 파악해 봄으로써 자기 자신을 좀 더 객관적으로 이해하고, 그 이해의 바탕 위에서 자기 자신과 삶을 보다 풍요롭게 살찌울 수 있는 기회가 되기를 바란다. 그러면 이제부터 긴장을 풀고 편안한 마음으로 자신의 심리세계로 즐겁게 여행을 떠나보기로 하자.

정종진

차례

나는 외향적인가, 내향적인가

지시 사항

다음 각 문항에 대해 '예'일 경우에는 ○표를, '아니오'일 경우에는 ×표를, 그리고 중립적이거나 양쪽 어느 곳에도 속하지 않을 경우에는 △표를 해보라. 성급하게 응답하는 것은 좋지 않지만, 그렇다고 해서 문항 하나하나에 너무 오래 생각하며 시간을 끄는 것도 도리어 혼란이 생겨 판단을 그르치게 할 수 있다. 그러므로 문항을 읽고 순간적으로 머리에 떠오르는 것을 주저 없이 빨리 응답하는 것이 좋다.

1. 사소한 일에도 신경이 쓰이는가? ....
2. 곧바로 결심하는 편인가? ....
3. 큰 일을 맡아 착수하기까지 시간이 걸리는가? ....
4. 결심한 것을 뒤에 바꿀 수 있는가? ....
5. 사색하는 것보다 활동하는 것을 더 좋아하는가? ....
6. 성격이 어두운 편이라고 생각하는가? ....
7. 실패나 실수한 것을 두고두고 생각하는 편인가? ....
8. 무사태평한 성격이라고 생각하는가? ....

9. 비교적 말수가 적은 편이라고 생각하는가? ....

10. 감정이 즉시 얼굴에 나타나는 편인가? ....

11. 곧잘 떠들어대는 편인가? ....

12. 기분이 잘 바뀌는 편이라고 생각하는가? ....

13. 물건에 집착하는 편인가? ....

14. 참을성이 있는 편인가? ....

15. 이론만 캐는 쪽인가? ....

16. 토론을 할 때 과격해지는 편인가? ....

17. 조심성이 있다고 생각하는가? ....

18. 동작에 절도가 있고 매사 분명하다고 생각하는가? ....

19. 일을 꼼꼼하게 처리하는 편인가? ....

20. 눈에 띄는 화려한 일을 좋아하는가? ....

21. 일에 열중하는 편인가? ....

22. 공상가라고 생각하지 않는가? ....

23. 결벽증이 있는 성격이라고 생각하는가? ....

24. 소지품을 소홀히 다루는 성격이 아닌가? ....

25. 낭비가 심하다고 생각하지 않는가? ....

26. 이야기하는 것을 좋아하는가? ....

27. 성미가 까다롭다고 생각하지 않는가? ....

28. 농담을 잘하는 편인가? ....

29. 자신을 추켜세워 주는 것을 좋아하는가? ....

30. 지나치게 고집이 센 편은 아닌가? ....

31. 불만이 많은 편이라고 생각하지 않는가? ....

32. 자신에 대한 평판에 민감하지 않는가? ....

33. 남을 비방하기 좋아하는 성격은 아닌가? ....

34. 자기 일을 남에게 쉽사리 맡기는가? ....

35. 남으로부터 지시받는 것을 싫어하는가? ....

36. 남을 잘 이끌 수 있다고 생각하는가? ....

37. 남의 의견을 솔직히 받아들이는 편인가? ....

38. 생각이 세심한 데까지 잘 미치는가? ....

39. 무엇을 숨기려는 경향이 있는가? ....

40. 남을 쉽사리 동정하는 편인가? ....

41. 남을 지나치게 믿는 편인가? ....

42. 원한을 잊지 못하는 편은 아닌가? ....

43. 부끄러움을 잘 타지 않는가? ....

44. 혼자 있는 것을 좋아하는가? ....

45. 친구를 사귀는 데 힘이 드는가? ....

46. 다른 사람들 앞에서 자연스럽게 이야기를 잘 하는가? ....

47. 남들 앞에서 위축되는 편인가? ....

48. 뜻이 다른 사람과도 부담 없이 교제할 수 있는가? ....

49. 남의 일을 잘 돌봐 주는 편인가? ....

50. 자기 물건을 남에게 잘 주는 편인가? ....

채점 방법

각 문항에 대해 표시한 ○, ×, △를 다음 판정표의 '이기란'에 옮긴다. 그런 다음에 '비교란'에 기입되어 있는 ○는 ○따라, ×는 ×끼리 일치하는 것에 한하여 ' 표시란'에 ✓로 표시한 다음 ✓의 수를 합계한다. 그다음에는 △의 수를 합계하여 2로 나눈다. 이것이 끝나면 ✓의 수 합계와 △의 수 합계/2를 더하여 이것을 25로 나눈 다음 100을 곱한다. 이것이 바로 당신의 향성지수가 된다.

$$향성지수 = \frac{✓의\ 합계수\ +\ △의\ 합계수/2}{25} \times 100$$

	비교란	이기란	표시란		비교란	이기란	표시란		비교란	이기란	표시란
1	×			18	○			35	×		
2	○			19	×			36	○		
3	×			20	○			37	○		
4	○			21	○			38	○		
5	○			22	×			39	×		
6	×			23	×			40	○		
7	×			24	○			41	○		
8	○			25	○			42	×		
9	×			26	○			43	×		
10	○			27	×			44	×		
11	○			28	○			45	×		
12	○			29	○			46	○		
13	×			30	×			47	×		
14	×			31	×			48	○		
15	×			32	×			49	○		
16	×			33	×			50	○		
17	×			34	○						

결과 해석

향성지수가 161~200점인 경우는 매우 외향적이고, 101~160점인 경우는 대체로 외향적이고, 60~100점인 경우는 대체로 내향적이며, 0~59점인 경우는 매우 내향적이고 할 수 있다.

· 출처 : 정종진(2001). 『심리상태 훔쳐보기』. 대구: 장원교육.

성격유형 : 외향성과 내향성

스위스 태생의 정신과 의사이며 심층심리학자인 융(C. Jung)은 개인이 지향하는 일반적 태도와 세상을 경험하고 이에 대처하는 방식인 심적 기능에 따라 인간 성격의 유형(types)을 제시하였다. 융은 프로이드(S. Freud)가 '에로스로부터의 성적 에너지'란 의미에서 사용한 리비도(libido)라고 하는 라틴어를 '일반적인 정신에너지'란 의미로 확대 사용하여 정신에너지인 리비도가 외부, 다른 사람 등 객관의 세계로 흐르는 사람을 외향적이라 하고, 정신에너지를 밖으로 내보지 않고 가능한 한 개인 내부의 자아와 주관의 세계에 간직하려는 사람을 내향적이라 불렀다.

1. **외향성** : 객관적 현실인 외부세계 지향적이며, 외부세계에 가치를 두는 성격경향을 말한다. 객체를 중요시하고 외부세계의 변화에 관심을 두며 이를 추구하는 경향이 강하다. 그러므로 주체보다는 객관적 상황을 보다 중요시한다.
2. **내향성** : 내부의 주관적인 것에 삶의 방향과 가치를 두고 자신의 내적 충실을 기하려고 한다. 그러므로 내향적인 사람은 객체의 인상을 주체적으로 해석하는 경향이 강하다. 외적인 조건을 고려하지만 이에 대한 판단과 행동의 결정적인 단서는 자신의 주관성에 둔다.

이처럼 외향성은 에너지가 주로 바깥으로 분출하며 의식의 내용이 주로 외부 대상으로 향하는 것을 가리킨다. 외향적인 사람은 대개 자신의 삶이나 다른 사람들과 쉽게 접촉하며, 외부 사물들과 접촉하고 있을 때 자연스럽고 편안하게 느낀다. 또한 자기 안에서 일어나는 변화를 바깥에서 자기에게 영향을 주는 외부 대상의 탓으로 여긴다. 반면에, 내향성은 의식의 내용이 개인 내부에 있는 주체를 향한다. 그래서 내향적인 사람에게는 상황에 대한 주관적인 반응이 중요하다. 내향적인 사람은 사건의 의미에 일차적인 관심을 두기 때문에 사건 자체에 외향적 사람처럼 즉각 반응하지 않으며, 또한 수줍고 소극적이기 때문에 접근하기가 어렵다.

내향적이던 사람이 외향적으로 돌변한다든가, 외향적인 사람이 내향적으로 돌변하는 경우가 간혹 있는데, 이는 그가 키워온 내향 혹은 외향의 태도가 너무 일방적으로 진행되다 보니 이에 맞지 않는 경향이 억압되어 무의식 속에 의식의 태도와는 상반되는 경향이 눌려 있다가 어느 시기에 의식에 대한 대상작용(代償作用)을 하게 되기 때문이다.

한편, 융은 인간이 세상을 살아가면서 갖게 되는 삶의 기능을 다음과 같이 4가지로 제시하였다. 이 기능 가운데 가장 발달된 기능을 주기능이라 하고, 가장 발달이 안 된 기능을 열등기능이라고 하였다.

1. **사고**: 관념적이며 지적인 기능으로, 이를 통해 인간은 세계와 자신의 본질을 이해하려고 한다.
2. **감정**: 평가를 하는 기능으로, 이는 주체의 입장에서 긍정적이든 부정적이든 사물의 가치를 따지는 것이다. 이 기능을 통해 인간은 유쾌, 고통, 분노, 공포, 비애, 즐거움 및 사랑과 같은 주관적인 경험들을 체험한다.
3. **감각**: 지각적 혹은 현실적인 기능으로, 이것은 외계의 구체적인 사실이나 표상을 낳는다.
4. **직관**: 무의식적 과정과 잠재적 내용들에 의한 지각이다. 직관적인 사람은 현실의 본질을 추구함에 있어서 사실과 감정과 개념을 초월한다.

이러한 4가지 기능 중에서 사고와 감정은 합리적 기능으로 분리되고, 감각과 직관은 비합리적 기능으로 분류된다. 각각의 기능을 가진 사람들이 그랜드캐니언에 갔을 때 어떤 반응을 보일 것인지를 다음과 같이 가정해볼 수 있다.

- **감정기능 우세**: 외경과 장엄과 숨 막히도록 아름답다는 느낌을 가진다.
- **감각기능 우세**: 단순히 있는 그대로 사진처럼 본다.
- **사고기능 우세**: 그 협곡을 지리학적 원칙론의 입장에서 이해하고자 한다.
- **직관기능 우세**: 그 계곡을 일부밖에 밝혀질 수 없고 느껴질 수 없는 심오한 의미를 가지고 있는 자연의 신비로 본다.

융은 이상의 2가지 태도와 4가지 기능을 조합하여 다음과 같이 8가지 성격유형을 제시하고, 각 유형의 성격특성을 설명하고 있다.

1. **외향성 사고형** : 외계의 자료를 사용하여 경험적, 귀납적으로 생각하는 사람으로 진화론의 제창자인 다윈과 같은 사람이다.

2. **내향적 사고형** : 지극히 관념적인 경향이 강하고, 칸트와 같은 유형의 사람이다.

3. **외향적 감정형** : 외계의 사물에 대한 감정에 의해 규정되고 주위 사람들의 가대에 맞추어 행동하는 사람으로 남성보다도 여성에게 많이 보인다.

4. **내향적 감정형** : 주관적인 감정에 지배되는 사람으로 때로는 표면에 나타나지 않는 정적인 내계에 살고 있는 사람으로 타인으로부터 자신을 위축시키는 경향이 있다.

5. **외향적 감각형** : 외계의 사물에 대한 감각이 발달했기 때문에 현실주의적 경향이 많고 때로는 쾌락주의적이 되고 때로는 평범한 습관신봉자가 되는 사람이다.

6. **내향적 감각형** : 좀 이해하기 힘든 사람으로 객관적인 외계 자극에 의하지 않고 주관적인 감각으로 규정되는 사람으로 창조적인 예술가들이 이 유형에 속한다.

7. **외향적 직관형** : 미래에 일어날 일에 대한 예측에 대해 예민한 감각을 갖고 있는 사람으로 사업가, 세일즈맨, 언론가에게 많이 보인다.

8. **내향적 직관형** : 자신 속에 있는 이미지에 의해 지배되는 것 같은 신비주의자나 예언가가 이 유형에 속한다.

이상과 같은 8가지 성격유형은 좀 무리한 분류가 되어 그의 제자들이 이에 기초한 성격검사를 제작하였지만 많은 심리학자들은 이를 별로 중요하게 생각하지 않고 외향성과 내향성의 2가지를 기본으로 성격검사를 제작하였다. 그런가 하면 융의 외향성과 내향성에 따른 8가지 성격유형에 근거를 두고 이를 더 세분화하여 인간의 성격특성을 파악하려는 시도로 딸과 어머니의 관계인 매이어스(I.B. Myers)와 브리그스(K. Briggs)는 인간의 성격유형을 16가지로 구분하고 이에 따른 검사지를 개발하였다. 이 검사지는 최근 국내에서 유행하고 있는 MBTI(Myers-Briggs Type Indicator)로 개인의 성격이해에 큰 도움이 되고 있다. 성격유형검사인 MBTI에 따르면, 외향성과 내향성을 다음과 같이 비교 설명하고 있다.

외향성	내향성
• 주의 집중이 외부 세계로 향한다.	• 주위 집중이 자기 내부세계로 향한다.
• 외부활동에 적극성을 보인다(활동해야 신남).	• 내부활동에 집중력을 보인다(곰곰이 되새기고, 생각이 많음).
• 인간관계가 활발하고 폭넓다.	• 소수와의 깊이 있는 인간관계를 가진다.
• 말로 하는 것을 즐긴다.	• 글로 표현할 때가 편안하다.
• 활동해야 활력이 생긴다(가만히 있으면 좀이 쑤심).	• 혼자 있어야 힘이 난다(지속적으로 활동적인 것은 질색).
• 사교성이 많다.	• 혼자 있을 공간을 찾는다.
• 아무에게나 인사를 쉽게 나눈다.	• 사람을 만나도 얼굴, 이름을 기억하기 힘들다.
• 여러 사람과 한꺼번에 대화해도 거뜬하다.	• 1 대 1의 대화, 전화할 때 옆에 누가 떠들면 정신이 없어 한다.
• 사람을 쉽게 잘 사귀고 만남을 즐긴다.	• 낯을 가린다.
• 정력적이고 활동적이다.	• 조용하고 신중하다.
• 행동부터 해놓고 생각한다(행동 – 사고).	• 생각한 다음 행동에 옮긴다(사고 – 행동).
• 자신을 잘 드러낸다.	• 자신을 서서히 드러낸다.

02
심리여행

나의 행동양식은 A형인가, B형인가

지시 사항

다음 문항은 당신이 A형 행동양식을 갖고 있는지, 아니면 B형 행동양식을 갖고 있는지를 알아보기 위한 것이다. 각 문항을 읽고, 당신에게 해당되는 것을 다음 4점 척도의 기준에 따라 적당한 숫자를 택해 ✓표 해보라.

○ '전혀 그렇지 않다'고 하면 … 1

○ '좀처럼 그렇지 않다'고 하면 … 2

○ '종종 그렇다'고 하면 … 3

○ '거의 항상 그렇다'고 하면 … 4

> 1. 나는 약속시간에 늦는다든가 또는 일이 느리게 진행되는 것을 참지 못한다.
>   ☐ 1 　　☐ 2 　　☐ 3 　　☐ 4
> 2. 나는 줄을 서서 기다리는 것을 참지 못한다.
>   ☐ 1 　　☐ 2 　　☐ 3 　　☐ 4
> 3. 사람들은 내가 쉽게 흥분한다고 말한다.

□ 1 　　 □ 2 　　 □ 3 　　 □ 4

4. 나는 나의 일과 오락을 경쟁적으로 하려고 한다.

□ 1 　　 □ 2 　　 □ 3 　　 □ 4

5. 나는 내가 해야 할 일을 미루고 잠시 쉬고 있을 때에 죄의식을 가진다.

□ 1 　　 □ 2 　　 □ 3 　　 □ 4

6. 나는 대화에서 다른 사람들의 말을 가로챈다.

□ 1 　　 □ 2 　　 □ 3 　　 □ 4

7. 나는 심한 압력을 받을 때 쉽게 흥분하고 화를 낸다.

□ 1 　　 □ 2 　　 □ 3 　　 □ 4

8. 나는 시간을 정해 놓고 그 시간 안에 반드시 일을 마쳐야 한다.

□ 1 　　 □ 2 　　 □ 3 　　 □ 4

9. 나는 내가 하고 싶은 일이 다른 사람에 의해 좌우되는 것을 싫어한다.

□ 1 　　 □ 2 　　 □ 3 　　 □ 4

10. 나는 현실적으로 그렇게 할 필요가 없는데도 나 자신을 몰아세운다.

□ 1 　　 □ 2 　　 □ 3 　　 □ 4

채점 방법

각 문항에 대해 ✓표한 숫자를 모두 합산한다.

결과 해석

합산한 점수가 24~40점이면 A형 행동양식이고, 10~23점이면 B형 행동양식이라 할 수 있다.

· 출처 : Girdano, D. A., Everly, G. S., & Dusek, D. E.(1990). *Controlling stress and tension: A holistic approach*(3rd ed.). Englewood Cliffs, NJ: Prentice-Hall.

A형 행동양식

A형 행동양식(Type A Behavior Pattern)은 심장병 의사인 프리드만(M. Fridman)과 로젠만 (R.H. Rosenman)이 1974년 관상동맥질환(심장병)으로 치료받고 있는 환자들이 일반인과는 현저히 다른 행동특성을 보이는 것을 관찰하고 명명한 개념이다. 원래 이들 심장병 의사들이 A형 행동양식을 연구하게 된 배경은 흡연, 고혈압, 콜레스테롤의 과다, 음식, 운동부족, 당뇨, 나이, 가족력 등과 같은 전통적인 관상동맥질환의 위험요인만으로는 관상동맥질환의 발생을 충분히 설명하지 못하였기 때문이었다.

한편, A형 행동양식과 전통적인 위험요인을 함께 관찰한 결과, 다른 위험요인 이상으로 A형 행동양식이 관상동맥질환을 잘 예언해 주었다. 이후의 연구에서 그 상관의 정도는 높지 않으나 중년기의 사람들 중 A형으로 분류되는 사람과 관상동맥 심장병의 가능성 사이에는 분명한 연관성이 있다는 것이 증명되었다. 이러한 심장병과의 연관성 때문에 간혹 A형 행동양식은 혈전증성(coronary prone) 행동양식으로 일컬어지기도 한다.

A형의 행동적 특성에 대해 프리드만과 로젠만이 분석한 결과, 이들은 경쟁적인 성취 노력을 하고 까다롭고 공격적이며 근본적으로 반항의 기질과 공격에 대한 높은 잠재성을 가지고 있으며, 재촉하거나 조바심이 많은 시간적 감각을 갖고 있다는 것이다. 여러 연구결과에 의하면, A형 행동양식의 다양한 특성 가운데 분노 또는 적개심이 관상동맥질환에 가장 핵심적인 심리사회적 요인임을 암시하고 있다.

분노는 어떠한 기제(mechanism)에 의하여 관상동맥질환을 비롯한 심혈관계질환에 영향을 주는 것일까? 지금까지 제안된 가설들에 의하면, 분노는 신체에 직접적으로 해로운 효과를 발생케 하고, 대인관계를 악화시키며, 음주와 흡연과 같은 불건강한 행동을 증가시킴으로써 결국은 건강을 해치게 만든다는 것이다.

A형의 행동적 특성을 구체적으로 살펴보면 까다롭고, 공격적이고, 쉽게 화를 내며, 반항의 기질(적대감)이 있고, 재촉하고 조바심(성급함, 짜증)이 있고, 참을성이 부족하고, 경쟁심에 근거한 성취경향을 보이고, 충동적이고, 보다 적은 피로와 보다 적은 신체적 증상을 보고하고(증후에 무감각하거나 증후를 무시하는 이러한 경향성으로 인해 심장질환의 초기

단계에서의 의학적 치료를 받거나 휴식을 취하는 데 실패하기 쉽다), 다른 사람의 말을 빈번히 가로막고, 빠르고 강한 억양을 보이고, 약속시간보다 일찍 나오며, 물리적·사회적 환경들을 정복하고 통제를 유지하려는 강렬한 욕망에 의해 동기화된다.

　요컨대, A형 행동양식을 가진 사람들은 적은 시간에 많은 일을 성취하려고 하여 야심적이고 항상 투쟁하며, 공격적이고 적대적인 행동을 많이 한다. 또 참을성이 없으며 경쟁과 승부에 집착하고, 항상 시간에 쫓기는 듯한 성급함과 긴박감을 느끼는 행동을 이끌어내는 성격특성을 갖고 있다. 이러한 행동특성들과는 대조적으로 이완된 행동을 보이고, 침착하며, 시간 긴박성이 적은 사람들은 B형 행동양식을 가진 것으로 분류된다. B형 행동양식을 가진 사람들은 느긋하고 태평하며, 시간에 쫓기지 않고, 업적 성취보다는 자기 자신에 더 관심이 많은 사람들이다. A형 행동양식을 더욱 자주 보이는 사람을 A형 성격으로, 그리고 그 반대의 사람을 B형 성격이라 부른다. A형 성격의 사람들은 B형 성격의 사람들보다 관상동맥성 질환에 걸릴 가능성이 많고, 흡연을 더 많이 하며, 혈액 내의 콜레스테롤 수준이 더 높은 것으로 알려져 있다.

나는 강박증적 증세가 있는가

지시 사항

다음 각 문항을 읽고 자기 자신을 잘 나타내고 있다고 생각하면 '예'에, 그렇지 않다고 생각하면 '아니오'에, 그리고 어디에 해당되는지 판단하기 어렵거나 잘 모르겠으면 '?'에 ✓표 해보라.

	예	?	아니요
1. 당신은 그만두고 싶지만 자꾸 반복적으로 머릿속에 떠오르는 생각이 있는가?	☐	☐	☐
2. 당신은 시계가 째깍거리는 소리에도 놀라서 잠을 깨는 경우가 종종 있는가?	☐	☐	☐
3. 당신은 철자나 구두점이 많이 틀린 글을 보면 그것 때문에 내용에 집중하기가 어려운 편인가?	☐	☐	☐
4. 당신은 손이 깨끗하다는 것을 알면서도 또 씻는 경우가 종종 있는가?	☐	☐	☐
5. 당신은 별 일도 아닌 생각이 머릿속을 떠나지 않아서 괴로운 적이 종종 있는가?	☐	☐	☐

6. 당신은 길을 걸어갈 때 보도블록의 틈을 밟지 않고 지나가려고 신경 쓰는 편인가? ☐ ☐ ☐

7. 당신은 서랍이나 창문이나 장롱 등이 잠겼는지 꼼꼼하게 확인하는 편인가? ☐ ☐ ☐

8. 당신은 자기 전에 전등 스위치나 수도꼭지를 항상 점검하는 편인가? ☐ ☐ ☐

9. 당신은 식량부족 사태를 대비하여 통조림이나 말린 음식을 집에 보관해두고 있는가? ☐ ☐ ☐

10. 당신은 더러운 것을 보면 깜짝 놀라거나 매우 싫어하는 편인가? ☐ ☐ ☐

11. 당신은 다른 사람의 집에서 자는 경우 불이 나면 어떻게 탈출할 지에 대해 반드시 생각하는 편인가? ☐ ☐ ☐

12. 당신은 물건이 제자리에 놓여 있지 않으면 쉽게 짜증을 내는 편인가? ☐ ☐ ☐

13. 당신은 돈을 어디에 썼는지 세밀하게 장부에 기록해두는 편인가? ☐ ☐ ☐

14. 당신은 여러 사람이 있는 장소에서 병균에 감염될까 봐 걱정을 많이 하는 편인가? ☐ ☐ ☐

15. 당신은 아무리 사소한 빚일지라도 꼭 갚는 편인가? ☐ ☐ ☐

16. 당신은 일을 잘 하기 위해서 남에게 믿고 맡기기보다는 스스로 하는 편인가? ☐ ☐ ☐

17. 당신은 길 위에 사다리가 놓여 있으면 돌아가지 않고 그 밑으로 가는 편인가? ☐ ☐ ☐

18. 당신은 작은 실수나 틀리는 것을 쉽게 넘겨버릴 수 있는가? ☐ ☐ ☐

19. 당신은 사소한 물건이라도 언젠가 필요할 때를 대비하여 다 모아두는 편인가? □ □ □

20. 당신은 집안이 지저분하면 마음이 몹시 불편해지는 편인가? □ □ □

21. 당신은 다른 사람의 애완견이 당신의 얼굴을 핥으면 그 개를 쫓아버리는 편인가? □ □ □

22. 당신은 남이 시키지 않아도 규칙적으로 행동하는 편인가? □ □ □

23. 당신은 그날 해야 할 일뿐만 아니라 모든 약속을 기록해두는 편인가? □ □ □

24. 당신은 집에 누가 찾아오는 경우 문을 열어주기 전에 항상 머리와 옷을 단정하게 하는 편인가? □ □ □

25. 당신은 대화 도중에 다른 사람의 틀린 말투를 자꾸 고쳐주려고 하는 편인가? □ □ □

26. 당신은 완벽한 것을 추구하는 편인가? □ □ □

27. 당신은 잠을 못 잘 일이 있더라도 잘 시간이 되면 규칙적으로 잠자리에 드는 편인가? □ □ □

28. 당신은 모든 것이 항상 정돈되어 있고 깨끗하게 유지되도록 하는 편인가? □ □ □

29. 당신은 예기치 못했던 일로 매일 하던 일을 하지 못하게 되는 경우 매우 불편감을 느끼는 편인가? □ □ □

30. 당신은 서류가 어디에 있는지 항상 알 수 있도록 정리하는 데 많은 시간을 쓰는 편인가? □ □ □

채점 방법

1~16번, 19~30번 문항에 '예'라고 응답한 경우, 그리고 17번과 18번 문항에 '아니오'라고 응답한 경우 그 문항의 수를 헤아리면 그 전체 문항수가 곧 점수가 된다. 예컨대, 헤아린 문항수가 총 18개라고 하면 18점이 된다.

결과 해석

10~25점이면 강박성 점수가 높은 사람으로, 이런 사람은 모든 일에 세심한 주의를 기울인다. 양심적이고 규칙을 엄수한다. 성실하고 지나치게 꼼꼼하다. 불결하거나 무질서한 것을 보면 기분이 잘 상한다. 강박성 점수가 높은 것과 강박 신경증과는 다르다는 점에서 유의해야 한다. 만약 불필요한 생각이나 행동을 반복하게 될 때는 전문가의 상담을 받을 필요가 있다. 1~9점은 강박성 점수가 낮은 사람으로, 이런 사람은 계획성이 부족하다. 모든 일을 무질서하고 순서 없이 처리한다.

· 출처 : 이현수(1996). 『생활습관이 건강을 좌우한다』. 서울: 학지사.

강박장애와 강박성 성격장애

길을 걸을 때 보도블록의 금을 절대 밟지 않으며 만일 밟게 되면 무슨 일이 일어날 것처럼 불안해하는 사람이 있다. 이런 사람은 그로 인해 불필요하게 많은 시간을 낭비하며, 지나가는 행인들을 귀찮게 한다는 것을 잘 알고 있으면서도 어쩔 수 없다고 느낀다. 하루에 몇 차례씩 한 번에 500번 이상 손을 씻지 않으면 안 되어서 피부가 벗겨지게 하는 행동 등 자신에게도 매우 괴로움을 주며, 다른 사람에게는 기이하게 보이는 행동을 하는 사람도 있다. 또한 문을 닫을 때도 자기만의 어떤 규칙을 따라 하지 않으면 매우 불안해하는 사람도 있다. 이러한 사람들이 보이는 특이한 행동들은 강박장애의 증상에 해당된다.

　　강박장애(obsessive-compulsive disorder)란 지속적이고 통제가 불가능한 생각이 마음속에 가득 차거나, 혹은 고통스럽고 일상생활의 기능을 방해하는 어떤 행동을 반복적으로 하지 않으면 안 되는 불안장애를 말한다. 다양한 모습으로 나타나는 기이한 강박장애 행동들은 모두 어떤 것을 두려워하여 회피하고자 하는 의도와 관련되는 공통점을 가지고 있다. 다른 불안장애에서는 주로 외부의 사물이나 상황이 피하고 자 하는 위험대상이 되지만, 강박장애에서는 싸우는 적이 내부에 있다. 이들은 머릿 속으로 자꾸 침범해 들어오는 원치 않는 생각, 충동, 심상을 대상으로 저항하고 회피 하는 데 처절한 싸움을 하는 사람들이다.

이렇게 개인이 저항하고 제거하고 싶거나 지속적으로 침범해 들어오는 불합리한 사고나 충동, 심상을 **강박관념**(obsession)이라 한다. 다시 말해서 강박관념이란 본인에 게는 비합리적이고 통제할 수 없다고 여겨지는 반복적 사고와 심상으로서 마음속에 자주 떠오르는 것이다. 대부분의 사람들이 이와 비슷한 경험을 잠시 동안 겪기도 하 지만, 강박장애 환자들은 그 강도와 빈도가 너무 커서 정상적 생활에 큰 지장을 받 는다. 강박관념 중에서 가장 빈번하게 발생하는 내용은 오염에 대한 생각, 성적이거 나 공격적인 충동의 표현, 신체의 기능이상에 대한 건강염려증적 두려움 등이다. 또 한 강박관념은 대칭을 이루려는 욕구(물건을 특정한 순서나 위치에 놓여 있게 하려는 욕구 같은 것), 극도의 의심, 꾸물거림 및 우유부단함 등의 형태로 나타날 수 있다. 강박관념은 환자 스스로에게 이질적이고 부적절하게 생각된다는 면에서 망상과 다르다. 그리고 결국 여러 강박행동들을 고안해내어 비효율적인 대처를 하게 된다.

강박행동(compulsion)은 의식적 행동을 몇 번이나 되풀이하여 반복하려는 억제할 수 없는 충동이다. 어떤 행위를 계속해서 반복하는 사람은 그런 행위를 하지 않을 때 나쁜 결과가 발생하지 않을까 하고 두려워하는 경우가 종종 있다. 자주 보고 되 는 강박행동들은 청결하고 가지런히 정돈되어 있어야 된다는 생각과 관련되어 있 다. 이러한 청결과 정돈하기 의식은 오염을 유발할지 모를 물건 혹은 상황과 접촉하 기를 두려워하는 사람들이 발전시키는 경향이 있다. 이들은 이런 의식을 통해 안도 감을 느낀다. 그리고 이미 끝마친 행위가 진짜 제대로 이루어졌는지를 확인하기 위 하여 7~8번 되돌아가서 체크해 보는 것, 즉 전등불을 끄거나 잠금장치 및 수도꼭지 가 잠겼는지, 창문이나 대문이 잠겼는지, 금고가 손님용 테이블보 밑으로 멀리 떨 어져서 감추어져 있는지를 확인하는 행동은 의심과 관련된 강박관념과 연관되어 나 타나는 경향이 있다. 이들이 의심하는 것은 종종 어떤 위험한 결과, 즉 나쁜 사건이나 재앙이 일어나는 두려움과 관련되어 있기 때문에 이런 사태를 막으려는 의도로 강박행동을 하는 경향이 있다. 강박행동은 앞의 예처럼 강박관념에 대해 전혀 논리적으로 상관없는 방식으로 이루어지기도 한다. 이 외에도 숫자세기, 기도하기, 특정 낱말을 특정한 방식으로 배열하기 같은 정신적 의식 활동과 부적 또는 신체의 특정 부위를 만지는 것 같이 주술적(呪術的) 보호 행위를 반복하는 활동도 종종 강박행동으로 나타난다.

강박장애로 말미암아 흔히 발생하는 결과는 다른 사람들, 특히 가족들과 환자의 관계에 부정적인 영향을 미치는 것이다. 10초마다 손을 씻어야 되거나, 지나치는 문마다 그 문고리를 매번 만지지 않을 수 없거나, 목욕탕 바닥 위에 있는 타일을 전부 세지 않을 수 없는 사람은 배우자, 자식, 친구 또는 동료들에게 걱정을 끼치게 하거나 심지어는 불쾌감을 가져다주기 쉽다. 이와 같이 주변의 중요한 인물들이 경험하는 적대적 감정에는 죄책감이 깃들기 쉽다. 왜냐하면 어떤 수준에선가 이들은 강박장애자가 그와 같은 무의미한 일들을 하지 않을 수 없다는 것이 사실이라는 점을 이해하고 있기 때문이다. 다른 사람들에게 바람직하지 못한 영향이 미치게 되면, 강박장애 환자는 우울한 감정과 일반화된 불안감이 발생되어 심지어는 대인관계가 더욱 악화되는 상황을 초래할 수 있다. 그러므로 강박장애가 의심이 되면 전문가적 상담을 받는 것이 중요하며, 만일 강박장애로 진단되면 완치되기가 어렵지만 약물치료와 심리치료를 받아야 한다.

한편, **강박성 성격장애**(obsessive-compulsive personality disorder)란 정리정돈에 몰두하고, 완벽주의, 마음의 통제와 대인관계의 통제에 집착하는 광범위한 행동양식으로서, 사고와 감정이 일치되지 않아 한편으로는 주장적이고 자율적으로 행동하고자 하고, 또 한편으로는 지지와 편안함을 얻고자 순응하는 행동을 보이는 성격의 병리적 형태를 말한다. 이러한 성격은 규율이나 원칙을 고수하는 것이 필요한 군대조직이나 기초과학을 연구하는 분야나 회계, 금융, 컴퓨터와 같은 분야에서는 어느 정도 필요하지만 지나치면 질서, 규칙, 정확성, 완벽함에 과도하게 집착한 나머지 전체적인 조망을 할 줄 모르고 결단력이 부족하게 된다. 따뜻하고 부드러운 감정을 표시하는 데 인식하며 매사가 형식적이고 메마르며 지나치게 양심적이고 윤리적이다.

강박성 성격장애를 가진 사람은 근면하고 유능해 보이나 융통성과 자발성이 부족하며 때로는 고집스럽고 창조력과 상상력이 부족해 보인다. 익숙하지 않은 상황이나 예기치 못한 사건, 일반적인 기준에서 벗어나는 일 등에서 불안이나 공황발작을 보이기도 한다. 세부적인 것과 조직화에 몰두하고 규칙과 절차에 경직되어 있으며 꾸물거리고 우유부단한 행동양상을 보인다. 자신보다 지위가 높은 사람에게는 무조건적으로 충성하고 아랫사람에게는 이성적으로 혹은 매정하게 대한다. 항상 윗사람의 인정을 추구해서 인정받지 못할 때는 심한 좌절과 불안 및 긴장을 경험하기도 한다. 이들의 인지양식을 보면 인지적으로 경직되어 생소하거나 예기치 못한 상황에 취약하며, 편협하고 독단적이어서 새로운 사상이나 방법을 수용하지 못한다. 정서표현은 진지하고 엄숙하며, 전형적인 정서는 냉담하고 활기가 없고 과도하게 심각하다. 통제될 수 없는 억압된 정서가 경험될 것을 두려워하기 때문에 정서를 표현한다는 것이 이들에게는 위협적인 것이 되며, 타인의 정서적 표현도 좀처럼 이해하지 못한다. 그리고 이들은 자신을 양심적이고 근면하며 유능하다고 지각하며, 오판이나 실수를 두려워하여 양심적인 행동을 과도하게 추구하는 경향이 있다. 다음 항목 중에서 4개 이상에 해당되면 강박성 성격장애로 진단된다.

- 사소한 세부사항, 규칙, 목록, 순서, 시간계획이나 형식에 집착하여 일의 큰 흐름을 잃고 만다.
- 일의 완수를 방해하는 완벽주의를 보인다(예: 자신의 지나치게 엄격한 기준에 맞지 않기 때문에 일을 마칠 수가 없다).
- 여가 활동과 우정을 나눌 시간을 희생하면서 지나치게 일과 생산성에만 몰두한다.
- 도덕, 윤리 또는 가치문제에 있어서 지나치게 양심적이고 고지식하며 융통성이 없다.
- 닳아빠지고 무가치한 물건을 감상적인 가치조차 없는 경우에도 버리지를 못한다.

- 타인이 자신의 방식을 그대로 따르지 않으면 타인에게 일을 맡기거나 같이 일하기를 꺼려한다.
- 자신과 타인 모두에게 인색하다. 돈은 미래의 재난에 대비해서 저축해야 된다고 생각한다.
- 경직성과 완고함을 보인다.

주변에 강박적인 성격의 사람들이 있을 때, 이들과 잘 지내기 위해서는 어떻게 해야 할까? 강박적인 성격의 사람들은 생각지도 못한 일이 일어나거나 갑자기 계획을 바꾸는 것을 싫어하므로 그들에게는 잘못을 직설적으로 말하지 않는 편이 좋다. 또한 어떤 일을 의뢰할 때 완벽을 추구하는 상대의 마음을 중요시하고 너무 서두르지 않는 편이 좋다. 뭔가 의뢰를 할 경우는 계획을 세우고 되도록 빨리 그 계획을 알리는 것이 좋다. 강박적인 성격의 사람들과 잘 지내려면 시간에 늦거나 사소한 약속도 어기지 않는 편이 좋다. 그렇지 않으면 곧 무책임한 사람으로 취급받고 신뢰를 잃기 쉽다. 약속을 지키지 못할 경우는 되도록 빨리 알리고 사과해야 한다. 그리고 강박적인 성격의 사람들은 자신이 가족이나 회사의 이익을 위해 일하고 있다고 생각하기 때문에 그들의 행동에 이해심을 나타내고 행동이 지나치다면 시간이 걸려도 구체적인 증거를 내세워 설득하는 것이 필요하다. 또한 강박적인 성격의 사람에게는 회계사무나 법률수속, 상품의 품질관리 등 특별히 잘 맞는 일이 있으므로 그와 같은 일을 맡긴다면 강박적인 성격의 단점이 장점으로 변하고 자신의 능력을 발휘할 것이다.

웃음의 종류

☻ 소년의 웃음	Girl, Girl, Girl
☻ 소녀의 웃음	好, 好, 好
☻ 처녀의 웃음	He, He, He
☻ 총각의 웃음	Her, Her, Her
☻ 요리사의 웃음	Cook, Cook, Cook
☻ 축구선수의 웃음	Kick, Kick, Kick
☻ 범죄자의 웃음	Kill, Kill, Kill
☻ 경찰관의 웃음	Who, Who, Who
☻ 얼음장수의 웃음	夏, 夏, 夏

– 조 박사의 '인테크 사상'에서

나는 자기도취적 성격인가

지시 사항

자기도취적 성격의 사람 중에는 재능이나 매력이 있는 사람이 많다. 그래서 주위 사람은 그의 재능이나 매력에 빠져 그에 대해 어느 정도는 참아주게 된다. 그러나 자기도취적 성격의 문제는 자신의 요구를 끝없이 점점 높이는 것으로 그렇게 되면 주위 사람들도 결국 사귀기 힘들어진다는 점이다. 다음 문항은 당신이 자기도취적 성격인지를 알아보기 위한 것이다. 자기 자신에게 해당되면 '그렇다'에, 자기 자신과 관계가 없으면 '그렇지 않다'에 ✓표 해보라.

	그렇다	그렇지 않다
1. 나 자신은 보통 사람보다 매력적이라고 생각한다.	☐	☐
2. 나 자신이 얻은 것은 모두 자신의 노력이나 재능 또는 매력으로 얻은 것이다.	☐	☐
3. 나는 다른 사람에게 칭찬받는 것을 무척 좋아한다.	☐	☐
4. 나는 다른 사람이 성공하면 질투를 느낀다.	☐	☐
5. 나는 목적을 위해선 어느 정도 부정한 일을 해도 상관없다고 생각한다.	☐	☐

6. 나는 다른 사람을 기다리는 것은 참을 수 없다. ☐ ☐

7. 나 자신의 재능을 보면 더 성공하고 높은 지위에 오
   를 수 있다고 생각한다. ☐ ☐

8. 나 자신에게 경의를 표하지 않는 사람에게는 화가
   난다. ☐ ☐

9. 나는 특별한 대접을 받는 것을 좋아한다. ☐ ☐

10. 나는 규칙이란 다른 사람 때문에 만들어진 것이라고
    생각한다. ☐ ☐

채점 방법

'그렇다'에 응답한 문항의 수를 헤아린다.

결과 해석

'그렇다'에 응답한 문항수가 많을수록 자기도취적 성격이 강하고, '그렇지 않다'에 응답한 문항수
가 많을수록 자기도취적 성격이 약하다.

· 출처 : Lelord, F., & Andre, C.(1996). *Comment gerer les personnalites difficiles*. Editions Odile Jacob.

나르키소스와 나르시시즘

사랑에 대해 말할 때 우리는 상대방을 염두에 둔다. 그리하여 누군가를 사랑하고 있
다고 말한다. 그러나 사랑에는 '타인에 대한 사랑'이 아닌 '자기에 대한 사랑'도 있
다. 자기를 진실로 좋아하고 사랑하는 사람이 타인을 이해하고 존중하며 사랑할 수
있는 것이다. 사실 자기를 좋아하고 사랑한다는 것처럼 행복에 필수적인 조건은 없
다. 문제는 비현실적으로 자기를 과대평가하거나 타인에게도 무한정 받아주기를 원
해서 결국 자신과 남을 피곤하게 할 때 발생한다. 즉, 자기를 사랑하는 것은 좋지만
그 정도가 심하여 자기도취적인 성격으로 발전하면 곤란하다. 자기도취의 정도가

너무 심해서 적응상의 문제를 보이는 사람들을 정신의학에서는 **자기도취적 성격장애**(narcissistic personality disorder)라고 부른다. 요즘 우리 사회에는 제 잘난 맛에 사는 사람들이 많다. 자신이 생각해도 "난 왜 이리 잘났을까?"하고 너무 잘났다는 생각에 도취되어 남들도 그렇게 생각하고 있다고 착각하거나 아니면 그렇게 해주기를 갈망하는 사람들을 가리켜 '공주병' 또는 '왕자병'이라고 일컫는다. 청소년들 사이에 유행하는 이와 유사한 증후들을 소개해보면 다음과 같다.

- **백설공주병** : 최소한 일곱 명 이상의 추종자를 거느릴 정도로 애인이 많아야 만족하는 여자
- **평강공주병** : 자기보다 못한 남자를 찾아서 킹카로 만들겠다고 호들갑을 떠는 여자
- **개천공주병** : 못생긴 친구들을 데리고 다니면서 자기 혼자만 미모를 갖춰 주위 시선을 끄는 여자
- **신데렐라병** : 언젠가는 잘생긴 돈 많은 남자가 나타나 자기에게 반해서 프로포즈할 것이라는 환상에서 벗어나지 못하는 여자
- **공주파** : 같이 어울리는 친구들이 모두가 상당한 공주병에 걸려 있는 집단
- **시녀병** : 왕비에게 절하고 있는데 자기한테 절하는 줄로 착각하는 시녀 같은 여자
- **백마병** : 왕자에게 절하고 있는데 자기한테 절하는 줄로 착각하는 백마 같은 남자
- **도끼병** : 사람들이 쳐다만 봐도 자기를 찍고 있다는 환상에 사로잡힌 사람
- **나무꾼병** : 일단 찍으면 어떤 여자라도 넘어간다고 착각하는 남자

잘난 척을 해도 어느 정도는 애교로 봐줄 수 있는 수준이면 좋은데, 그 정도가 너무 심해서 자기도취적인 성격장애로 발전하면 곤란하다. 자기도취적 성격장애란 말은 그리스 신화에서 숲 속의 샘에 비친 자신의 아름다운 모습에 반했다는 나르키소스(Narcissus)라는 미소년의 이름에서 유래했으면 그 신화의 내용은 대충 다음과 같다.

나르키소스가 태어나자 그의 어머니는 그를 안고 예언자인 테이레시아스를 찾아갔다. "자기의 얼굴을 보지만 않는다면 그 아이는 장수를 누릴 것이오."라고 테이레시아스는 말해 주었다. 나르키소스는 유난히 미남이었기 때문에 어떤 여자든 그를 보기만 하면 사랑에 빠졌다. 수많은 요정들로부터 찬사와 흠모를 받았지만 나르키소스는 그들을 모두 마다했다.

애브라라는 요정도 그중의 한 명이었다. 그녀는 그의 마음을 끌려고 온갖 노력을 했으나 아무런 효과가 없자 복수와 인과응보의 신인 네메시스에게 그도 어느 땐가 사랑이 무엇인지, 또 애정의 보답을 받지 못하는 것이 어떤 것인지를 깨닫게 해주십사고 기도를 올렸다. 복수의 여신은 그 기도를 듣고 나르키소스로 하여금 자신의 용모에 대해 맹렬한 애착을 갖도록 했다.

어느 날 나르키소스는 사냥으로 더위와 갈증에 지쳐 있는 상태에서 숲 속에 있는 샘을 발견했다. 황급히 몸을 굽혀 물을 마시려고 했을 때, 그는 물 속에 비친 자기의 모습을 보게 된다. 그는 그것을 이 샘에서 살고 있는 아름다운 물의 요정인 줄 알았다. 빛나는 두 눈, 디오니소스나 아폴론의 머리카락 같이 곱슬곱슬한 머리타래, 동그스름한 볼, 상아 같은 목, 아름답게 갈라진 입술, 그리고 이 모든 것이 합쳐져 빚어내는 건강하게 단련된 미소년의 빛나는 모습을 정신없이 바라보았다.

그는 그 모습이 못견디게 좋아져서 격렬한 사랑에 빠졌다. 그는 그 얼굴에 키스를 하려고 입술을 댔다. 그리고 사랑하는 사람을 포옹하려고 팔을 물 속으로 집어넣었다. 그러자 그의 얼굴에 물에 젖는 것과 동시에 물결이 일어나 그 요정의 모습은 사라져 버렸다. 그러나 잠시 후 그 요정은 다시 모습을 나타냈다. 그는 그곳을 떠날 수가 없었다. 먹는 것도 잠자는 것도 잊고 언제까지나 샘가를 서성거리며 자신의 그림자를 바라보았다.

그리고는 물의 요정이라고 생각하는 자신의 그림자에게 말을 걸었다. "모든 여자들이 나를 사랑하고, 내가 팔을 내밀면 그대도 내밀고 내가 미소 지으면 그대도 미소 짓지 않는가. 그대도 나에게 관심이 없는 것 같지 않은데 아름다운 그대여, 왜 나를 피하는가?" 그의 눈물이 물 속에 떨어져 그림자가 부서졌다. "제발 부탁이니 기다려주오. 손을 대지 말아야 한다면 그저 바라만 보게라도 해주오." 마침내 슬픔과 절망에 못 이겨 그는 그 연못에 빠져 자살하고 말았다. 그러자 그 자리에서 속은 자줏빛이고 잎이 하얀 한 송이의 꽃이 피어났다. 그것은 수선화(나르키소스: Narcissus)였다.

– 이민규(1999), pp. 58~59

자기에 대한 사랑, 즉 자기애를 가리키는 말로 **나르시시즘**(narcissism)이 있다. 이 말은 엘리스(H. Ellis)가 1898년에 자위를 통해 성적인 욕구를 충족시키는 한 젊은이의 사례를 소개하면서 최초로 사용된 것이다. 그 뒤에 프로이드(S. Freud)가 인간의 심리성적 발달단계를 소개할 때 성적 에너지인 리비도(libido)가 자기에게로 향하는 자기애 단계를 설명하면서 사용되었다. 그리고 오늘날에는 자기의 중요성이나 타인으로부터의 찬사에 대한 과도한 집착과 타인에 대한 공감능력이 결여된 자기도취적 성격장애를 일컬을 때 사용되고 있다.

자기도취적인 성격장애자들은 진정한 자긍심이 결여되어 있어 타인의 비판이나 실패를 견디지 못해 굴욕감과 공허함을 쉽게 경험한다. 기대와 현실 간의 불일치로 인한 지속적인 좌절이 무력감으로 연결되면 우울증에 빠질 수 있는데, 이렇게 자기도취와 관련된 우울증을 **자기애적 우울증**(narcissistic depression)이라고 한다. 뿐만 아니라 이상적인 자아상을 현실에서 인정받지 못할 때는 흥분제와 같은 약물을 복용함으로써 자기도취를 유지시키기도 하며, 자신의 재능이나 외모를 주변 사람들이 시기하고 질투한다고 생각해서 **편집증적 망상**(paranoid delusion)을 형성하기도 한다.

지나치게 자기도취적인 사람들은 이상적이며 낭만적인 사랑의 환상에서 벗어나지 못하는 경우가 많고, 이성관계에 있어서 상대방이 자신의 욕구를 충족시켜 주고 자존심을 높여주기를 바라며 상대방이 헌신을 하거나 희생을 하는 것을 당연한 것으로 여긴다. 따라서 자신이 해야 할 의무는 등한시할 수 있지만 상대방이 자신의 욕구를 충족시키는 데 소홀히 하는 것은 참지 못한다.

어떤 사람도 자기도취적인 사람을 진정으로 좋아하지 않는다. 왕자는 공주를 싫어하고 공주병에 걸린 여자는 자기밖에 모르는 왕자병 남자를 더 싫어한다. 그래서 공주는 외롭다고 하지 않는가! 스스로를 연민하고 업신여기기보다는 자신을 사랑하고 자부심을 갖고 있는 사람은 참으로 아름답다. 그렇지만 비현실적인 자기도취가 심하면 어떤 사람으로부터라도 사랑을 받기 힘들고, 그리고 그 결과 스스로도 결국엔 사랑하지 못하게 만든다는 것을 잊지 말아야 한다.

나의 인간관계 유형은 무엇인가

지시 사항

다음 두 개의 물음에 대해서 자신의 상태를 9점 척도의 기준에 따라 적당한 숫자를 택해 ○표 해 보라.

1. 나는 다른 사람에게 나에 관한 이야기를 잘 하는가? 나는 다른 사람에게 나의 모습을 잘 나타내 보이는가? 나는 다른 사람에게 나의 속마음을 잘 내보이는가?

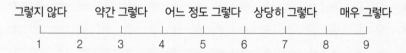

그렇지 않다		약간 그렇다		어느 정도 그렇다		상당히 그렇다		매우 그렇다
1	2	3	4	5	6	7	8	9

2. 나는 다른 사람이 나에 대해 어떤 생각을 가지고 있는지 알려고 노력하는가? 나는 다른 사람이 나에 관해서 하는 말에 귀를 기울이는가? 나는 다른 사람이 나를 어떻게 평가하고 있는지 잘 알고 있는가?

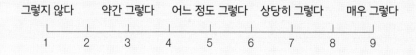

그렇지 않다		약간 그렇다		어느 정도 그렇다		상당히 그렇다		매우 그렇다
1	2	3	4	5	6	7	8	9

채점 방법

앞의 두 물음에 대한 숫자를 적용하여 다음과 같이 정사각형을 네 가지 영역으로 분할한다. 1번 물음에 대한 평정점수(예: 3점)는 사각형의 수직축의 분할점으로, 그리고 2번 물음에 대한 평정점수(예: 7점)는 수평축의 분할점으로 삼는다. 분할점에 따라 상하 좌우로 선을 그으면 사각형은 네 개의 영역으로 분할된다.

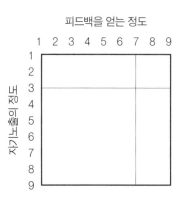

결과 해석

네 가지 영역 중에서 좌측 상단이 가장 넓으면 인간관계가 '개방형'이고, 우측 상단이 가장 넓으면 '자기주장형'이고, 좌측 하단이 가장 넓으면 '신중형'이며, 우측 하단이 가장 넓으면 '고립형'이다.

·출처: 권석만(2004). 『인간관계의 심리학(개정증보판)』. 서울: 학지사.

조해리의 마음의 창문

조라드(S. Jourard)에 의하면, 모든 사람은 두 가지 측면의 '나'를 가지고 살아가고 있다고 한다. 한 측면은 '있는 그대로의 나'이고, 다른 한 측면은 남에게 보이기 위하여 꾸며진 '가식적인 나'이다. 또한 포웰(J. Powell)이 지적했듯이 사람은 모두 정도의 차이는 있지만 미지의 대상에 대한 두려움 때문에 갖게 되는 불안감, 윤리 도덕적 측면에서 악이나 죄에 대한 지속적인 의식으로서의 죄책감, 그리고 스스로를 인간으로서 부적절하다고 느끼는 열등감의 세 가지 기본적인 정서 문제를 가지고 살아가고 있다. 그러므로 우리는 '있는 그대로의 자신'을 부적절하다고 생각하거나 부끄러워함으로써 숨기거나 방어하려고 한다. 다시 말하면, '있는 그대로의 자기'를 용납하고 수용하거나 남에게 개방하기보다는 거부하거나 은폐하려는 수단으로 남을 대할 때 가면을 쓰고 나오거나, 어떠한 척 하려고 하게 된다.

우리는 왜 '있는 그대로의 나'를 숨기려고 하는 것일까? 포웰에 따르면 우리가 남에게 '있는 그대로의 자신'을 은폐하고 가식적인 자신을 나타나려고 하는 유일한 이유는, 만약 '있는 그대로의 자신'을 타인에게 이야기한다면 타인은 자신을 좋아하지 않을 것이며, 또 배척당하게 될지도 모른다는 것을 두려워한 나머지 그렇게 된다는 것이다. 이것은 우리가 다른 사람들을 신뢰하지 못하고 있다는 것을 의미한다. 그래서 우리는 있는 그대로의 자신을 숨기고 위장하기를 배운다. 그렇지만 그러고 있는 동안 우리는 진정한 의미에서 다른 사람과 서로 주고받음이 없는 외로움을 경험하게 될 뿐만 아니라 자기성장에도 방해를 받게 된다. 이와 같은 자기노출의 기피와 자기이해의 부족 등이 이유가 되어 건전한 인간관계의 발달이 잘 이루어지지 않게 되는 것이다.

자기노출과 자기이해의 두 가지 요소를 포함하여 인간관계 발달 전반에 대한 이해에 도움을 얻을 수 있는 것이 **조해리**(Johari)**의 마음의 창문**(window of mind)이다. 조해리의 창문은 현대 미국의 심리학자인 조셉 러프트(Joseph Luft)와 해리 잉햄(Harry Ingham)이 개발했으며, 이들 두 사람의 이름을 합성하여 조해리(Joe + Harry = Johari)의 창문이라고 명명되었다.

조해리의 창문에서는 인간관계에서의 자기노출과 피드백의 중요성을 강조하고 있다. 인간관계를 하다 보면 자연스럽게 자신의 생각이나 감정 또는 경험 등에 대해서 남에게 이야기하게 된다. 이를 통해서 나를 남에게 알리기도 하고 나의 답답한 마음을 해소하기도 한다. 그리고 이러한 일로 남들이 나를 더 잘 이해하게 되고 그 결과로 더욱 친밀한 인간관계가 형성될 수 있다. 이렇게 우리가 자신에 관한 정보를 남에게 알려주는 것을 **자기노출**(self-disclosure, 자기개방 혹은 자기공개라고도 함)이라고 한다. 이러한 자기노출은 인간관계를 발달시키고 심화시키는 요인으로 알려져 있으며, 이렇게 자신을 다른 사람에게 나타내 보이는 점에 있어서 사람마다 차이가 있다.

또 인간관계에서 다른 사람들이 나에 대해 어떻게 느끼고 생각하고 있는지를 잘 아는 일 역시 중요하다. 타인은 나를 비쳐주는 사회적 거울(social mirror)이라는 말이 있듯이, 다른 사람의 반응 속에서 나의 모습을 비쳐보는 일이 중요하다. 이렇게 다른 사람을 통해 나에 대한 피드백(feedback)을 얻음으로써 우리는 자신에 대해서 잘 모르고 있는 부분이나 모습들을 알게 되며, 자신의 행동에 대한 조절능력이 커지게 되는 것이다. 이러한 자기노출과 피드백 측면에서 우리의 인간관계를 간단히 진단해 볼 수 있는 방법이 바로 조해리의 마음의 창문이다.

조해리의 창문은 다음 그림에서 보듯이 개인의 자기노출과 피드백의 특성을 보여주는 네 영역으로 구분되는 창문 모양의 사각형 도형이다. 네 영역은 각각 개방영역, 맹인영역, 은폐영역, 미지영역으로 나누어진다.

첫째, 개방영역(open area)은 나도 알고 있고 다른 사람에게도 알려져 있는 나에 관한 정보를 의미한다. 두 사람 이상의 사람들이 서로 주고받을 수 있으며 함께 일하고 경험을 나눌 수 있는 참만남의 영역이다. 이 영역이 넓을수록 개인의 현실세계와 더 많은 접촉을 하게 되고, 자유롭게 자기의 능력과 요구를 자기와 다른 사람에게 나타낼 수 있으며, 잠재력이 발휘될 수 있다.

둘째, 맹인영역(blind area)은 다른 사람들은 잘 알지만 나는 모르고 있는 나의 정보를 의미한다. 이는 마치 맹인이 자기를 보지 못하는 이유와 같다고 하여 붙여진 이름이다. 사람은 이상한 행동습관, 특이한 말씨나 몸가짐, 독특한 성격과 같이 남들은

	피드백의 정도	
	내가 알고 있는 정보	내가 모르는 정보
타인이 아는 정보	개방영역	맹인영역
타인이 모르는 정보	은폐영역	미지영역

자기노출의 정도

알고 있지만 자신은 모르는 자신의 모습이 있는데, 이를 맹인영역이라고 할 수 있다. 이른바 돈키호테형의 영역이다.

셋째, 은폐영역(hidden area)은 나는 알고 있지만 다른 사람에게는 알려지지 않은 정보를 의미한다. 즉, 나의 약점이나 비밀처럼 다른 사람에게는 숨기는 나의 부분으로, 이른바 햄릿형의 영역이다. 우리가 별로 친하지 않는 관계에서는 남들이 나에 대해서 잘 모르는 것이 정상적이며, 새로운 집단 안에서는 우리가 서로 간에 알지 못하고 신뢰하지 못하기 때문에 이 영역이 매우 넓다. 그러므로 이 부분은 관계가 밀접해 질수록 범위가 좁아진다고 볼 수 있으며, 서로가 있는 그대로의 자기를 상대에게 알리려고 노력하는 것이 필요하다고 할 수 있다.

넷째, 미지영역(unknown area)은 남들은 물론 나 자신도 모르는 나의 부분을 의미한다. 예를 들면, 무의식이나 어린 시절의 경험 또는 심리적 외상 등은 남들이 모르는 것이 당연하지만 나 자신도 잘 모를 수 있다. 따라서 내가 모르는 것들을 가지고 있을 수 있는데 그러한 부분들이 미지영역이다.

사람마다 마음의 창문 모양이 다르다. 개인이 인간관계에서 나타내는 자기노출과 피드백의 정도에 따라 마음의 창문을 구성하는 네 영역의 넓이가 달라진다. 이렇게 다양하게 나타나는 창문 모양은 어떤 영역이 가장 넓은가에 따라 인간관계의 유형을 개방형(개방영역이 가장 넓은 사람), 자기주장형(맹인영역이 가장 넓은 사람), 신중형(은폐영역이 가장 넓은 사람), 고립형(미지영역이 가장 넓은 사람)으로 구분될 수 있다. 각 유형별 특성을 살펴보면 다음과 같다.

개방형

- 대체로 인간관계가 원만함
- 적절하게 자기표현을 잘할 뿐만 아니라 다른 사람의 말도 잘 경청함
- 다른 사람에게 호감과 친밀감을 주게 되어 인기가 있음
- 지나치게 공개영역이 넓은 사람은 말이 많고 주책스런 경박한 사람으로 비쳐질 수도 있음

자기주장형

- 자신의 기분이나 의견을 잘 표현함
- 나름대로 자신감을 지녔으며 솔직하고 시원시원함
- 다른 사람의 반응에 무관심하거나 둔감함
- 독단적이며 독선적으로 비쳐질 수도 있음
- 다른 사람의 말에 좀 더 진지하게 귀를 기울이는 노력이 필요함

신중형

- 다른 사람에 대해서 수용적이며 속이 깊고 신중함
- 다른 사람의 이야기는 잘 경청하지만 자신의 이야기는 잘 하지 않음
- 자신의 속마음을 잘 드러내지 않음
- 계산적이고 실리적인 경향이 있음
- 잘 적응하지만 내면적으로 고독감을 느끼는 경우가 많음
- 현대인에게 가장 많은 유형임
- 자기노출을 통해 다른 사람과 좀 더 넓고 깊이 있는 교류가 필요함

고립형

- 인간관계에 소극적이며 혼자 있는 것을 좋아함
- 다른 사람과 접촉하는 것을 불편해하거나 무관심하여 고립된 생활을 하는 경우가 많음
- 고집이 세고 주관이 지나치게 강한 경우도 있지만, 대체로 심리적인 고민이 많고 부적응적인 삶을 살아감
- 인간관계에 좀 더 적극적이고 긍정적인 태도를 가질 필요가 있음

조해리의 마음의 창문을 통해 볼 때, 인간관계의 개선을 위해서는 맹인영역, 은폐영역, 미지영역을 줄이고 개방영역을 넓혀나가는 것이 바람직하다. 달리 말하면, 효과적인 인간관계의 발달을 위해서는 맹인영역, 은폐영역, 미지영역을 줄이고 개방영역을 넓혀나가는 것이 중요하다. 주위에서 눈치가 없는 사람들을 보면 맹인영역이 넓어서 남들이 보기에는 개선해야 할 점이 많지만 정작 자기 자신은 그와 같은 것을 깨닫지 못하고 스스로 잘난 체하거나 문제가 없는 체하고는 자기도취적으로 살아가고 있는 경우가 많다. 이런 사람들은 자기이해가 부족하여 남들과 생산적인 관계를 발전시키지 못한다. 그러므로 이런 사람들은 피드백을 통해 객관적인 자기이해를 높여야 할 것이다. 그리고 일반적으로 자기표현을 못하기 때문에 그 속에 어떤 생각이나 느낌을 갖고 있는지 알 수가 없어서 쉽사리 접근하기 힘든 사람들은 은폐영역이 넓은 사람들이라고 할 수 있다. 이런 사람들은 민감하여 자기 자신을 비교적 정확히 이해하기는 하지만 스스로 이해하는 자기 자신을 수용하지 못하므로 남에게 있는 그대로의 자기를 내어놓기를 싫어하고 주저하기 때문에 자기은폐를 한다. 그로 말미암아 타인과의 생산적인 관계를 맺는 데 지장을 받을 뿐만 아니라, 일반적으로 불안해하거나 자기은폐에 지나친 신경을 쓰므로 자기의 기능을 충분히 발휘하지 못하여 생산적인 삶을 사는 데 방해를 받기 쉽다. 따라서 이런 사람들에게는 특별히 자기노출의 용기와 훈련이 필요하다고 할 수 있다.

요컨대, 우리는 의미 있는 독서나 대인관계를 통하여 개방영역을 넓히고 맹인영

역, 은폐영역, 미지영역을 줄여나감으로써 자기성장은 물론 타인과의 효과적인 인간관계를 발전시키는 데 힘써야 할 것이다. 물론 무조건 자기노출을 하는 것이 능사는 아니다. 언제나 적절한 때와 장소에 알맞도록 적절하게 상대방에게 있는 그대로의 자기를 노출하는 방법을 배워야 할 것이다. 그러나 궁극에 가서는 우리 모두가 상호간에 좀 더 신뢰하고 개방할 수 있을 때, 자기성장과 인간관계는 효과적으로 이루어질 수 있을 것이다.

나는 낙관주의자인가, 비관주의자인가

지시 사항

당신은 스스로를 낙관주의자라고 보는가, 아니면 비관주의자라고 보는가? 당신은 좋은 일이 일어
날 것을 기대하는가, 아니면 밝은 희망 속에서 암운을 찾는가? 다음 문항들은 당신이 전반적인 삶
에 대해 가지고 있는 태도를 이해하는 데 도움이 될 것이다. 각 문항이 당신의 생각이나 느낌을 잘
나타내는지 여부를 다음 5점 척도의 기준에 따라 왼쪽 빈 칸에 숫자로 적어보라.

○ 매우 동의하지 않음 ⋯ 1

○ 다소 동의하지 않음 ⋯ 2

○ 중간(동의도, 동의하지 않는 것도 아님) ⋯ 3

○ 다소 동의함 ⋯ 4

○ 매우 동의함 ⋯ 5

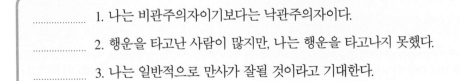

1. 나는 비관주의자이기보다는 낙관주의자이다.

2. 행운을 타고난 사람이 많지만, 나는 행운을 타고나지 못했다.

3. 나는 일반적으로 만사가 잘될 것이라고 기대한다.

4. '고생 끝에 낙이 온다'라고 믿는 사람들은 스스로를 속이고 있는 것이다.

5. 나는 내가 성공할 수 있다고 믿는다.

6. 나는 마신 물이 잔에 반 정도 있을 때, 물이 아직도 반이나 남았다기보다는 반밖에 없다고 생각한다.

7. 나는 일반적으로 일이 잘못될 수 있다면 실제로 잘못될 것이라고 믿는다.

8. 나는 나의 미래에 대해 아주 희망적이다.

9. 삶이 너무 불확실해서 사람은 최선의 노력을 쏟을 때조차도 성공하기가 어렵다.

10. 나에게 미래는 좋아 보인다.

채점 방법

먼저 2, 4, 6, 7, 9번은 역채점한다(1은 5로, 2는 4로, 3은 그대로, 4는 2로, 5는 1로). 다음엔 적은 숫자를 모두 합하여 총점을 구한다.

결과 해석

총점의 범위는 10~50점이 된다. 점수가 높을수록 더 낙관주의적일 가능성이 높다. 약 30점 정도의 점수는 전반적으로 비관적이기보다는 낙관적인 태도를 가리킨다.

○ 40~50점 높은 수준의 낙관주의

○ 30~40점 중간 수준의 낙관주의

○ 20~30점 중간 수준의 비관주의

○ 10~20점 높은 수준의 비관주의

· 출처 : Nevid, J. S., & Rathus, S. A.(2013). *Psychology and the challenges of life: Adjustment and growth* (12th ed.). 오경자 외 옮김(2016). 『심리학과 삶의 도전: 적응과 성장』(제12판). 서울: 시그마프레스.

낙관주의 높이기

비관주의 혹은 염세주의(pessimism)는 세계는 원래 불합리하여 비애로 가득 찬 것으로서 행복이나 희열도 덧없는 일시적인 것에 불과하다고 보는 세계관인 반면, 낙관주의 혹은 낙천주의(optimism)는 비관주의와는 반대로 세계는 최종적으로 선(善)을 향해 나아가기 때문에 명랑하고 즐기면서 살아가는 것이 좋다고 하는 세계관이다. 한 컵 안에 반잔의 우유가 남아 있을 때, 비관주의자는 우유가 반밖에 안 남아 있다고 생각하기 쉽지만, 낙관주의자는 아직도 우유가 반이나 남아 있다고 생각하기 쉽다. 동일한 현실을 보면서 비관주의자는 빠진 것에 주목하면서 보다 부정적인 측면을 택하여 컵의 우유가 반밖에 없다고 생각하는 반면, 낙관주의자는 이용 가능한 것에 주목하면서 긍정적인 입장을 취하여 컵의 우유가 아직도 반이 남아 있다고 생각하는 것이다. 이에 윈스턴 처칠(Winston Churchill)은 "비관주의자는 모든 기회에서 역경을 보고, 낙관주의자는 모든 역경에서 기회를 본다"고 하였다.

낙관주의의 이점

일반적으로 낙관주의적인 사람은 살면서 겪게 되는 크고 작은 불행의 원인에 대하여 그것을 한쪽에 제쳐 두고 정상적인 삶을 이어 간다. 반면에 비관주의적인 사람은 단지 하나의 문제 때문에 모든 면에서 고통을 겪어 결국 인생 전체가 파국을 맞게 되는 경우가 있다. 미국의 어느 신발 업체에서 영업 사원 두 명을 남태평양의 섬에 보내 그곳에서 신발을 팔 수 있을지를 조사하도록 하였다. 현지에 도착한 두 사람은 각각 본사에 팩스를 보냈다. 한 사원은 현지 주민들이 모두 맨발로 다니므로 신발을 못 팔겠다며 돌아가겠다는 내용이었고, 다른 사원은 주민들이 모두 맨발로 다닌다며 신발을 많이 팔 수 있으니까 당장 물건을 보내라는 내용이었다. 어떤 사원이 행운을 붙잡아 성공할지는 자명하지 않은가. 후자의 사원처럼 낙관주의적인 사고방식을 갖고 적극적으로 도전한다면 삶은 더욱 성공적이고 행복해질 것이다.

　낙관주의는 행복과 정신건강에 긍정적 영향을 미치는 것으로 알려져 있다. 낙관주의에 관한 연구들을 개관한 논문에 따르면, 낙관주의는 다양한 영역에서의 성취,

낮은 수준의 불안과 우울, 긍정적인 인간관계, 삶에 대한 통제감, 신체적 건강에 긍정적 영향을 미친다. 또한 낙관주의는 미래에 대한 긍정적 태도, 즉 소망하는 일들이 미래에 실현될 것으로 기대하는 희망적 태도는 긍정적 정서와 활기찬 행동을 통해서 목표 지향적 행동을 촉진하게 되며 성실성, 근면성, 만족지연 능력과 같은 긍정적 성격 요인들과도 밀접한 관계를 지닌다. 사실 인간의 거의 모든 긍정적 측면들이 낙관주의와 연결되어 있는 것으로 나타나고 있다.

낙관주의자도 결점이 없진 않지만, 신체적 및 심리적 이점에 의해서 그 결점을 상쇄하기에 충분하다. 사실 낙관주의와 관련된 바람직한 특성들이 상당히 많이 있다. 낙관주의를 지닌 사람들은 인생의 밝은 면을 보게 되고, 어려움 속에서도 용기와 희망을 잃지 않으며, 목표를 위해 적극적으로 노력한다. 그리고 낙관적으로 생각하기 때문에 적극적인 행동을 하게 되고 목표를 달성할 가능성이 높다. 이런 점에서 낙관주의는 매우 가치 있는 성격적 강점이라고 할 수 있다. 반면에 낙관주의와 희망의 반대가 되는 비관주의, 절망감, 무력감은 모두 부정적인 의미를 지니고 있다. 낙관주의의 성격적 강점을 갖고 있는 사람들과 관련된 심리적 특성을 살펴보면 다음과 같다.

- 낙관주의자들은 비관주의자들보다 불안, 우울 및 고통을 덜 겪는다.
- 낙관주의는 보다 효과적인 대처와 관련 있다. 낙관주의적인 사람들은 문제에 직면했을 때 피하려고 하기보다는 극복하려는 경향이 있으며, 수용과 유머 그리고 긍정적 재구성의 기법을 보다 많이 사용한다.
- 낙관주의는 보다 높은 삶의 만족도와 웰빙 수준과 관계가 있다.
- 낙관주의자들은 보다 강한 면역 체계를 갖고 있으며 심장병 위험률이 더 낮다.
- 낙관주의자들은 수술 회복이 보다 빠르며, 그 예후도 좋다.
- 낙관주의자들은 심각한 질병과 같이 삶의 부정적 사건에 대해서 더 잘 적응한다.
- 우리가 생각하는 것과는 정반대로 낙관주의자들은 질병의 경고 표시를 무시하는 것처럼 문제를 직시하지 못하고 현실을 외면하는 사람들이 아니다.
- 낙관주의자들은 어려운 역경에 처했을 때 쉽게 포기하지 않는 반면에, 비관주

자들은 재앙을 예상하고 쉽게 포기하는 경향이 있다.

• 낙관주의자들은 비관주의자들보다 문제에 직면했을 때 보다 행동 지향적이며 나쁜 현실을 수용하는 경향이 있다.

낙관주의를 높이기 위한 방법

낙관주의의 좋은 심리적 특성을 몇 가지 살펴보았듯이 낙관주의 태도를 취하는 것이 비관주의 태도를 취하는 것보다 훨씬 좋다는 것은 자명하다. 그렇다면 비관주의자들이 보다 낙관적이 되기 위한 방법을 배울 수 있을까? 긍정심리학의 대가 마틴 셀리그먼(Martin Seligman)은 사람들에게 자신이 인생의 사건을 어떻게 설명하는지 주의를 기울이게 하고, 그 원인을 좀 더 긍정적인 방향으로 재귀인하는 방법을 가르침으로써 낙관주의를 증진시킬 수 있다고 제안하면서, 이를 학습된 낙관주의(learned optimism)라고 불렀다. 그는 청소년을 대상으로 낙관주의 증진 프로그램을 실시하여 그 효과를 입증한 바 있으며, 낙관주의 증진을 통해 정신장애를 예방할 수 있고 행복을 증진시킬 수 있다고 주장하였다. 따라서 비록 당신이 이마에 아로새겨진 찌푸린 주름을 갖고 태어났다고 하더라도 이를 염두에 둘 필요가 없다. 즉 기질적으로 비관주의 성향을 갖고 태어났다고 하더라도 다양한 생활 사건이나 후천적 훈련에 의해서 변화될 수 있으니 걱정할 필요가 없다.

그러면 우리는 낙관주의를 어떻게 증진시킬 수 있을까? 낙관주의를 높이기 위한 전략은 밝은 면을 보기, 역경 속에서 희망 찾기, 의심스러울 때 일단 믿고 보기, 그릇된 것보다 좋은 것에 주목하기, 하루하루를 무사히 살아낼 수 있다고 믿기 등 그리 어렵지 않다. 낙관주의자와 비관주의자는 삶의 부정적 혹은 긍정적 사건에 대해서 그 원인이 자신에게 있는지 아니면 상황에 있는 것인지, 그 원인이 영구적인 것인지 아니면 변화 가능하며 일시적인 것인지, 그 원인이 삶과 성격 전반에 영향을 미치는 것인지, 아니면 이번 하나의 상황에 국한된 것인지에 대한 설명양식(explanatory style)이 다르다. 설명양식이란 우리가 자신의 경험이나 자신에게 발생하는 사건을 설명하는 방식을 뜻하며 귀인양식(attributional style)이라고도 한다. 비관주의자는 자신에게 일어난 나쁜 일들의 원인이 영원히 남아 있을 것이라고 생각하고, 따라서 그 나쁜 일들은 악착같이 되풀이되어 자신의 삶을 끝내 망칠 것이라고 여기며 쉽게 포기한다. 반면, 낙관주의자는 나쁜 일들의 원인을 일시적인 것으로 생각하며 쉽사리 절망하지 않는다. 좋은 일을 낙관적으로 보는 태도는 나쁜 일을 낙관적으로 보는 태도와 정반대다. 좋은 일의 원인을 영속적인 것으로 여기는 사람들은 그 원인이 일시적이라고 믿는 사람들보다 훨씬 더 낙관적이다. 낙관주의자는 자신에게 좋은 일들이 일어난 것은 자신의 특질이나 능력이 영속적인 원인 때문이라고 해석한다. 이에 비해 비관주의자는 자신에게 좋은 일이 일어난 원인을 기분이나 노력과 같은 일시적인 것에서 찾는다.

좋은 일이 생긴 이유를 영속적인 것이라고 믿는 낙관주의자는 자신이 성공하면 그다음에는 더욱더 열심히 노력한다. 그러나 좋은 일이 일어난 원인을 일시적인 것에서 찾는 비관주의자는 자신이 성공했을 때조차도 그것을 뜻밖의 행운으로 여긴다. 성공의 기회를 한껏 이용하여 상승세를 타는 사람들은 바로 낙관주의자다. 그리고 자신의 실패를 보편적 혹은 전반적으로 해석하는 비관주의자는 한 가지 일이 잘못되면 삶 전체를 포기하기도 한다. 반면, 한 가지 실패를 특수한 예로 여기는 낙관주의자는 설령 절망할지라도 이내 다른 것을 향해 꿋꿋이 달려간다. 그리고 낙관주의자는 좋은 일들이 자신이 하는 모든 일에 보탬이 된다고 믿는 반면, 비관주의자는 좋은 일이란 특별한 경우에 어쩌다 한 번 일어난 일쯤으로 여긴다.

미국 전역을 비롯하여 세계의 여러 지역에 걸쳐서 낙관주의의 긍정성을 전파하는 모임인 낙관주의자 세계연합(Optimist International)은 다음과 같은 신조를 채택하고 있다. 10번만 반복해서 큰 소리로 읽어보고, 당신도 이와 같은 신조로 삶을 살아가겠다는 마음다짐을 하라.

- 그 어떤 것도 내 마음의 평화를 어지럽히지 못하도록 강해진다.
- 내가 만나는 모든 사람들에게 건강, 행복, 번영에 대해서 이야기한다.
- 나의 모든 친구들이 무엇인가 가치 있는 것을 느끼도록 노력한다.

- 모든 일의 밝은 면을 보고 나의 낙관적 미래가 실현되도록 노력한다.
- 최선만을 생각하고, 최선만을 위해서 일하며, 최선만을 기대한다.
- 나 자신의 성공만큼이나 다른 사람들의 성공에 대해서도 열정을 지닌다.
- 과거의 실수들을 잊고, 미래의 더 큰 성취를 위해 열심히 노력한다.
- 항상 쾌활한 표정을 지으며 마주치는 모든 생명체에게 미소를 짓는다.
- 다른 사람을 비판할 시간이 있으면 그 시간을 나 자신의 향상을 위해서 사용한다.
- 걱정에 대해선 담담하게, 분노에 대해선 고매하게, 공포에 대해선 강인하게, 그리고 행복하게 살아감으로써 고난이 닥치는 것을 허용하지 않는다.

방어적 비관주의

낙관주의는 언제나 좋은 것이고 비관주의는 언제나 나쁜 것인가? 모든 낙관주의가 다 유익한 것은 아니다. 낙관적 기대가 현실과 너무 거리가 멀 때 이익보다는 해를 끼칠 수 있다. 예를 들어 암, 심장마비, 실연, 심각한 사고, 알코올 중독 및 이혼과 같은 부정적인 인생 사건을 경험할 가능성에 대한 평가에서 비현실적인 낙관주의적 편향성이 있음을 여러 연구 결과에서 보여 주고 있다. 대부분의 사람들은 이런 사건들이 언제나 다른 사람들에게 일어나는 것이지만 자신에게는 일어나지 않을 것으로 믿는 경향이 있다. 특히 낙관주의적 귀인양식을 지닌 사람들은 이러한 심각한 사건들이 자신에게 발생할 가능성을 평균 이하로 과소평가한다. 이러한 낙관주의적 편향성이 위로가 될 수는 있지만, 예방적 또는 치료적 대응을 소홀하게 할 수 있다. 자신에게 그런 일이 일어나지 않을 텐데 굳이 걱정할 필요가 없다고 생각하면서 정기적 신체검사를 받지 않고, 계속 담배를 피우고, 피임을 하지 않는다. 이러한 개인적 민감성을 약화시키는 비현실적인 낙관적 태도로 인해 실제로 위험성과 문제를 야기할 수 있다. 따라서 낙관주의가 긍정적 효과를 낳기 위해서는 현실적이어야 한다.

모든 낙관주의가 다 유익한 것은 아니듯이 모든 비관주의가 무조건 나쁜 것만은 아니다. 연구 결과에 따르면, 낙관적이 되고 긍정적 기분을 갖기 위한 방법을 학습하는 것이 별로 도움이 되지 못하는 비관주의자 유형이 있다. 이런 사람은 방어적 비관주의자(defensive pessimist)라 불린다. 방어적 비관주의자들은 대처 기제로써 결과가 나쁘게 될 것이라는 기대를 한다. 그들은 최악의 결과를 예상하고 낮은 기대를 유지하도록 허용될 때 보다 잘 수행한다. 방어적 비관주의는 불안한 사람들에게 자신의 불안을 관리하도록 도와주며, 우리가 생각하는 것과는 반대로 그들을 낙관적이 되도록 하는 것은 실제로 그들의 수행을 더 악화시킨다. 이와 같이 앞으로 할 과제 수행에 대해 매우 불안해하고, 최악을 예상하며, 모든 것이 잘못될 것이라고 예상하지만, 대체로 아주 성공적인 사람들이 있다. 이런 방식의 사고와 행동을 방어적 비관주의라고 말한다. 즉 방어적 비관주의는 잠정적 실패에 대한 불안을 성공적 성취로 나아가게 하는 부정적 생각이다.

어떤 일이든 문제가 있으리라고 예상하는 건 현명한 행동이다. 왜냐하면 무엇인가 나쁜 일이 있으리라는 것을 알면 그 일을 피할 방도를 마련할 수 있기 때문이다. 실제로 나쁜 일이 일어나는 것을 막아야겠다는 행동 동기를 부여 받기 위해 바로 그 나쁜 일을 예상하는 사람들도 있는데, 이런 사람들이 바로 방어적 비관주의자다. 방어적 비관주의자들은 최상의 결과를 기대하는 게 아니라 최악의 상황을 예상하며, 일이 잘못될 수 있는 모든 가능성을 다 상상한다. 기질적 비관주의와 달리 방어적 비관주의는 좋은 성과를 내기 위한 매우 효과적인 전략일 수 있다.

"선거에 질 것이 예상될 때 기질적 비관주의자는 지레 포기를 선언하겠지만, 방어적 비관주의자는 밤을 새워 가며 선거 운동용 포스터를 더 많이 만들 것이다." 이는 미국 켄터키대학교 심리학과 교수인 수잔 세거스트롬(Suzanne Segerstrom)의 말로, 기질적 비관주의자와 방어적 비관주의자의 차이를 설명한 것이다. 이 말처럼 방어적 비관주의자는 나쁜 일이 일어나는 것을 막아내기 위해 그 나쁜 일을 예상해 보는 사람을 말한다. 좋은 결과를 만들어내기 위해 최악의 경우를 대비하는 유형이다. 요컨대, 방어적 비관주의자는 누구보다 현 상황에서 최선의 노력을 다하면서 나쁜 결과를 함께 예상하며 마음의 준비와 차선책을 계획한다. 그래서 결과가 좋지 않을 때도 크게 상처받지 않고 완벽주의적 성향 때문에 크게 실패하지도 않지만, 스스로 만족하지는 않는다.

방어적 비관주의자들은 낙관주의자들만큼 수행을 잘한다. 그러나 아주 다른 전략을 사용한다. 낙관주의자들은 기대 수준이 높고, 미래 결과에 대해 광범위하게 생각하기를 피하며, 모든 것이 잘되어 갈 것으로 확신한다. 반면, 방어적 비관주의자들은 기대 수준이 낮고 불안하며 실패를 걱정하지만 성공하기 위해 철저하게 준비한다. 그렇지만 방어적 비관주의자들은 수행 성공에도 불구하고 특성불안과 신경증 성향과 같은 정서적 대가를 지불할 수 있고, 실패할지 모를 상황에 대한 부정적 생각과 불안이 자기평가로 이어져 낮은 자기존중감과 대인관계에 어려움을 초래할 수 있다. 사람들은 방어적 비관주의자의 끊임없는 걱정, 특히 잘된 일에 대해서조차 걱정하는 것을 달래는 데 지쳐 버릴 수 있다.

심리여행

나는 번아웃 되었는가

지시 사항

과중한 업무량, 지나치게 반복적이고 따분한 업무, 일에 대한 통제 부족, 직장 동료나 상사와의 갈등 등 많은 요인들이 일과 관련된 스트레스를 발생시킨다. 당신은 직장 업무나, 남을 돌보는 일이나, 또는 개인적 목표 달성 과정에서 과도한 책임을 수행하는 데서 오는 정신적·신체적 스트레스 혹은 탈진 상태에 직면한 적이 없는가? 그리하여 감정적으로 매우 지친 상태가 되고 일에 대한 의욕이 저하된 적이 있는가? 다음 문항을 읽고 당신의 경우에 해당되는 것에 ✓표 해보라.

---

1. 내가 맡은 일로 인해 정서적으로 지쳐있음을 느낀다.

   ☐ 전혀 아니다 ☐ 조금 아니다 ☐ 간혹 그렇다 ☐ 때때로 그렇다 ☐ 자주 그렇다

2. 일을 마치고 퇴근할 무렵에는 완전히 소모된 느낌이다.

   ☐ 전혀 아니다 ☐ 조금 아니다 ☐ 간혹 그렇다 ☐ 때때로 그렇다 ☐ 자주 그렇다

3. 아침에 일어나서 출근할 생각만 하면 피곤함을 느낀다.

   ☐ 전혀 아니다 ☐ 조금 아니다 ☐ 간혹 그렇다 ☐ 때때로 그렇다 ☐ 자주 그렇다

4. 하루 종일 일하는 것이 나를 긴장시킨다.

   ☐ 전혀 아니다 ☐ 조금 아니다 ☐ 간혹 그렇다 ☐ 때때로 그렇다 ☐ 자주 그렇다

5. 내가 맡은 일을 수행하는 데 있어서 완전히 지쳐있다.

　　□전혀 아니다　□조금 아니다　□간혹 그렇다　□때때로 그렇다　□자주 그렇다

6. 현재 맡은 일을 시작한 이후로 직무에 대한 흥미가 점점 줄어들었다.

　　□전혀 아니다　□조금 아니다　□간혹 그렇다　□때때로 그렇다　□자주 그렇다

7. 내가 맡은 일을 하는 데 있어서 보다 소극적으로 변했다.

　　□전혀 아니다　□조금 아니다　□간혹 그렇다　□때때로 그렇다　□자주 그렇다

8. 내 일이 무언가에 공헌하는가에 대해 좀 더 냉소적으로 되었다.

　　□전혀 아니다　□조금 아니다　□간혹 그렇다　□때때로 그렇다　□자주 그렇다

9. 내가 맡은 일의 중요성에 의심이 든다.

　　□전혀 아니다　□조금 아니다　□간혹 그렇다　□때때로 그렇다　□자주 그렇다

10. 나는 직무상에서 발생하는 문제들을 효과적으로 해결할 수 있다.

　　□전혀 아니다　□조금 아니다　□간혹 그렇다　□때때로 그렇다　□자주 그렇다

11. 내가 현재 소속된 조직에 효과적인 기여를 하고 있다고 느낀다.

　　□전혀 아니다　□조금 아니다　□간혹 그렇다　□때때로 그렇다　□자주 그렇다

12. 내가 생각하기에 나는 일을 아주 잘하고 있다.

　　□전혀 아니다　□조금 아니다　□간혹 그렇다　□때때로 그렇다　□자주 그렇다

13. 나는 직무상에서 무언가를 성취했을 때 기쁨을 느낀다.

　　□전혀 아니다　□조금 아니다　□간혹 그렇다　□때때로 그렇다　□자주 그렇다

14. 나는 현재의 직무에서 가치 있는 많은 일들을 이루어왔다.

　　□전혀 아니다　□조금 아니다　□간혹 그렇다　□때때로 그렇다　□자주 그렇다

15. 직무상 나는 일들을 효과적으로 처리하고 있다는 자신감이 있다.

　　□전혀 아니다　□조금 아니다　□간혹 그렇다　□때때로 그렇다　□자주 그렇다

채점방법

5단계로 나누어 1~9번 문항에 대한 응답은 '전혀 아니다' ~ '자주 그렇다'까지 점수를 1~5점으로 환산해서, 그리고 10~15번 문항에 대한 응답은 5~1점으로 역으로 계산하여 점수를 더해 본다.

결과 해석

합산한 점수의 범위는 15~75점이 된다. 점수가 낮을수록 번아웃 증상이 약한 것이고, 점수가 높을수록 번아웃 증상이 심한 것이다.

- ○ 60~75점인 경우 ⋯ 번아웃 위험이 매우 크므로 긴급 조치를 취하는 것이 요구됨
- ○ 50~59점인 경우 ⋯ 번아웃 위험이 있으므로 조치를 취하는 것이 요구됨
- ○ 33~49점인 경우 ⋯ 번아웃 증상이 있으므로 주의를 요함
- ○ 19~32점인 경우 ⋯ 심각한 경우를 제외하고는 완전한 번아웃 증상은 없음
- ○ 15~18점인 경우 ⋯ 번아웃 증상이 없음

·출처 : Schaufeli, W. B., Leiter, M. P., Maslach, C., & Jackson, S. E. (1996). Maslch burnout inventory-general survey. In C. Maslach, S. E. Jackson, & M. P. Leiter (Eds.), *The Maslach burnout inventory: Test manual* (3rd, pp. 22-26). Palo Alto, CA: Consulting Psychologists Press. (참조하여 재구성)

번아웃 증후군

번아웃(burnout)은 1974년 독일 출신의 미국 심리학자 허버트 프로이덴버거(Herbert Freudenberger)가 정신건강센터 치료사들의 신체적·정서적 번아웃에 대한 연구와 자신의 직접적인 번아웃 경험을 서술하며 스태프 번아웃(staff burnout)이라는 용어로 최초 사용한 데서 비롯되었다. 번아웃은 과도한 업무 부담으로 인해 자신의 신체적·정신적 에너지가 모두 고갈된 피로 상태를 말하며, 프로이덴버거는 번아웃을 주어진 업무를 헌신적으로 수행했으나 기대했던 보상이나 성과 없이 인간적인 좌절감과 회의감을 겪은 상태라고 정의하였다. 번아웃은 직업을 가진 성인들만이 아니라 공부라는 일을 하는 학생들에게도 나타난다. 주어진 공부가 자신에게 과도한 것도 모르고 참으면서 하다 보면 어느새 모든 것이 고갈된 상태가 된다. 즉, 쉬지 않고 모든 시

간을 공부에 쏟아 붓는 경우 학업 번아웃 상태로 가기 쉽다.

번아웃은 전형적으로 탈진(정서적 고갈), 비인간화(냉소), 성취감 저하(무능감) 등을 나타낸다. 즉, 심리적으로 소진이 되면 어떤 것도 느끼지 못하고, 다른 사람의 입장을 생각해 볼 수도 없으며, 모든 것이 실패한 것 같아 일상생활 적응에 문제가 생긴다. 번아웃은 최근 들어 전 세계에 걸쳐 심리적·사회적 문제로 나타나고 있는 증상 중 하나이며, 의학이나 심리학 분야에서는 번아웃 증후군(burnout syndrome)으로 분류되어 진단하고 있다. 번아웃 증후군은 정신적·신체적 피로로 인해 무기력해지는 증상을 말한다. 번아웃은 '몸의 기운이 다 빠져 없어지다', '모두 타서 없어지다', '점점 줄어들어 다 없어지다'라는 뜻이기 때문에 번아웃 증후군을 탈진 증후군, 연소 증후군, 소진 증후군으로 일컫기도 한다.

번아웃 증후군의 원인과 증상

번아웃 증후군의 원인을 설명하는 대표적인 세 가지 이론 모형이 있는데, 요구-통제 모형과 자원보존 모형, 그리고 노력-보상 모형이 그것이다. 요구-통제 모형에서는 일에서 요구하는 것은 많은 반면, 그것을 자신이 통제할 수 없다고 생각하기 때문에 번아웃 증후군에 빠진다고 본다. 자원보존 모형에서는 일의 요구에 대처하는 자원인 기술, 사회적 지지, 전문성 등이 위협받거나 손상이 생기면 번아웃 증후군이 나타난다고 설명한다. 그리고 노력-보상 모형에서는 노력을 많이 기울이고 있음에도 불구하고 보상이 제대로 주어지지 않을 때 번아웃 증후군 상태가 된다고 본다.

이처럼 직장에서의 과도한 업무와 만성적인 스트레스가 번아웃 증후군의 원인으로 추정되며, 많은 시간을 일에 몰두했지만 기대한 보상을 얻지 못하고 좌절감을 느끼는 경우에도 번아웃 증후군을 겪는 것으로 알려졌다. 특히 서비스직 등의 감정노동자나, 위험하거나 전문성이 필요한 까다로운 직종, 교사나 의사·사회 복지사 등 사회적으로 도덕적 수준에 대한 기대가 높거나, 업무상 스트레스를 많이 받는 직업일수록 번아웃 증후군에 걸리기 쉽다. 회사의 도산이나 구조조정, 가족이나 가까운 사람의 죽음, 과로 등 극도의 스트레스를 유발하는 환경 또한 번아웃 증후군의 원인이 될 수 있다.

번아웃 증후군이 심해질 경우 수면장애나 우울증·두통·심리적 회피와 같은 증상뿐 아니라, 과도한 소비를 하거나 알코올에 의존하는 등 자기통제가 어려워진다. 감정적으로는 심한 무력감과 허무감을 가지게 되어 출근을 거부하거나 갑작스럽게 사직하기도 한다. 단순한 슬럼프와는 달리 가정생활과 사회생활에 영향을 끼치며, 최악의 경우 충동적인 자살이나 돌연사로 이어지는 경우도 있어 주의가 필요하다. 프로이덴버거는 번아웃 증후군을 겪게 되면 지속적인 스트레스로 인해 몸과 마음이 쇠약해지며 의욕을 잃고, 질병에 대한 저항력이 떨어진다고 주장했다. 또한 감정이 황폐해지면서 생기는 대인관계 문제와 무기력으로 인한 직무 능률 저하 역시 번아웃 증후군의 결과로 보았다. 그는 번아웃 증후군이 지속되면 공허감과 삶의 의미가 사라지고 전형적인 우울증 증상을 보이며 자살 충동에 시달릴 수도 있다고 말했다. 번아웃 증후군의 몇 가지 흔한 증상들을 정리해보면 다음과 같다.

- 에너지 상실, 신체적·심리적 피로감
- 짜증과 쉽게 욱함
- 우울, 두통, 요통, 감각적으로 무디어지는 것과 같은 스트레스 관련 문제들
- 집중력 저하 또는 직무로부터 거리감을 느낌
- 동기 상실
- 만족감이나 성취감 결여
- 예전에는 일에 충실했지만 이제 일에 대한 관심이 떨어짐
- 자신이 기여할 수 있는 것이 없다고 느낌

번아웃 증후군을 경험하기 쉬운 사람

번아웃 증후군을 경험하기 쉬운 사람들은 어떤 사람일까? 흔히 일중독자라고 불리는 지나치게 일에 성실한 사람들은 자신을 혹사함으로써 번아웃 상태에 빠지기 쉽다. 번아웃 증후군을 경험하는 사람들은 일에 지나치게 사로잡혀 친구관계나 휴가

와 같은 삶의 다른 영역들을 등한시하기 쉽다. 또한 유능하고 실력 있는 사람들이 자신이 합리적으로 감당할 수 있는 것보다 더 많은 직업적 책임을 맡고, 그 책임과 기대한 만큼 성과를 거두지 못할 것 같다는 인식에 압도당하게 되면 번아웃 증후군의 희생양이 되기 쉽다. 특히 교사, 간호사, 정신건강 근로자, 경찰관, 사회복지사, 형법 또는 이혼 전문 변호사들이 직업적 번아웃 증후군을 경험하기 쉽다.

번아웃 증후군은 역할 갈등, 역할 과부하, 또는 역할 모호성을 높게 경험하는 사람들 사이에서 흔히 나타나기도 한다. 역할 갈등을 겪는 사람들은 시간을 써야 할 곳이 너무 많다 보니 마치 사방팔방에서 자신을 잡아당기는 것처럼 느낀다. 이 모든 것을 충족시키려고 하다 보면 결국 번아웃 상태에 이르게 된다. 역할 과부하를 겪는 사람들은 '안 됩니다'라고 말하는 것이 너무 어렵다. 번아웃 상태에 빠질 때까지 계속 추가적으로 일을 맡게 된다. 역할 모호성을 겪는 사람들은 다른 사람들과 자신에게 무엇을 기대했는지 불확실하기 때문에 모든 사람을 모든 측면에서 만족시키기 위해 무척 애를 쓴다. 번아웃 증후군은 일에 무관심한 사람들이 아닌 일에 매우 충실한 사람들에게서 많이 일어난다.

행동적 측면에서 스트레스를 많이 받는 사람들은 사고에 연루되기 쉽고, 과식이나 과도한 흡연을 하며, 알코올이나 다른 마약에 빠지거나 감정적으로 폭발하는 일이 일어나기도 한다. 이것은 스트레스로 인해 자신에게 해가 될 소지가 있는 것들에 주의를 기울이지 못하기 때문일 수 있다. 또는 스트레스 유발 요인이 신체적으로 해로운 것일 수 있다. 과도한 직업적 스트레스는 인지적으로 집중력과 판단력의 저하를 가져오고, 신체생리학적으로는 고혈압과 적응질환을 가져올 수 있다. 뿐만 아니라 과도한 스트레스는 조직 내에서 습관성의 결근, 동료들로부터의 고립, 생산성 저하, 높은 이직률, 조직에 대한 충성도 상실 등을 유발할 수 있다.

번아웃 증후군의 대처법

번아웃 증후군의 증상이 나타나게 된 원인을 우선 파악해야 한다. 사실 이러한 번아웃 증후군의 증상은 과도한 스트레스가 원인이기 때문에 일상에서의 스트레스를 적게 받도록 노력해야 한다. 지나친 업무나 쌓여있는 학업 등으로 인해 현재 자신도 모르게 심신이 지쳐있을지도 모른다. 만약에 심신이 지쳐있다면 과감한 활동을 중단하고 충분히 심신의 활력이 충전될 만큼 휴식을 취해야 한다. 휴식 시간이 없어 회복하지 못하고 계속 일을 하다 보면 빨리 번아웃 상태에 이르기 쉽다. 일을 쉬지 않고 계속 하는 것은 피로감을 가중시켜 오히려 효과를 떨어뜨리게 된다. 지나치면 오히려 부족한 것과 같아진다는 의미의 과유불급(過猶不及)이란 사자성어는 무엇이든 지나쳐서 좋은 것은 없으니 적당한 휴식이 필요하다는 것을 시사한다. 스트레스 해소를 위한 운동이나 여행 등의 취미생활도 번아웃 증후군에 도움이 된다. 가벼운 운동은 신체를 건강하게 만들뿐 아니라 정신 건강에도 도움을 준다. 운동을 통해 자신에게 동기를 부여하고 긍정적인 감정을 느낄 수 있는 엔도르핀을 방출하면 스트레스를 해소할 수 있다

번아웃을 겪고 있을 땐 주변 사람들과의 교류를 피하지 말고 적극적으로 그들의 지지를 받아내는 것이 좋다. 기본적으로 내가 사랑하는 사람, 좋아하는 사람들과 어울리는 것은 불안감을 극복하는데 큰 도움이 된다. 그들과의 대화와 행동들은 분노, 좌절감, 슬픔과 같은 부정적 감정을 속으로 삭히지 않고 나눌 수 있으며 긍정적인 힘을 기르는데 큰 도움이 된다. 업무는 가급적 회사에서 끝내고 퇴근 후 일에 대한 생각도 최대한 멈춰야 한다. 나머지 업무는 다음 날 일찍 출근하거나 조금 늦게 퇴근하는 방식으로 업무량을 조절하는 게 좋다. 번아웃 증후군으로 잠을 설치는 사람들은 하루의 피로를 제대로 풀지 못해 다음 날 더 심한 피곤함을 느낄 수 있다. 이때 비타민C를 먹으면 활력을 충전할 수 있다. 잠은 스트레스를 해소하고 해결하지 못한 문제에서 벗어날 수 있는 가장 건강한 방법이다. 숙면은 우리의 마음을 편하게 해주고, 편안히 잠든 시간동안 몸과 마음이 휴식을 취하고 활력을 충전 할 수 있다.

또한 합리적인 목표, 우선순위, 한계를 설정하는 것이 도움이 된다. 과도하게 자신을 밀어붙이는 사람들은 번아웃 증후군을 경험하기 쉽다. 현실적인 장단기 목표를 세우고 그 이상 자신을 몰아붙이지 않는 것이 필요하다. 시종일관 일에만 매달리고 있지 않는지, 삶에서 의미 있고 성취감과 만족감을 주는 사람들과의 관계와 활동

에 시간을 할애하고 있는지, 자신에게 정말 중요한 것이 무엇인지 살펴보면서 가치관과 우선순위를 재정비하는 것도 도움이 된다. 그리고 번아웃 증후군을 경험하기 쉬운 사람들은 대체로 거절을 잘 못하고, 일을 확실하고 완벽하게 하려고 하고, 더 많은 책임을 맡는 경향이 있다. 따라서 번아웃 증후군을 방지하기 위해서는 자신의 한계를 파악하여 더 이상 감당하지 못하는 수준까지 일이 쌓이지 않도록 맡은 일을 줄이고, 책임을 다른 사람들과 공유하고 위임할 줄도 알아야 한다. '안 됩니다' 또는 '다음에 하겠습니다'라고 말하며 다른 사람들이 자신의 어깨에 올려놓는 모든 짐 가운데, 자신만의 시간을 가질 필요가 있다.

보스와 리더의 차이점

보스는 혹사시킨다.　　　　　　　리더는 인도한다.

보스는 권위에 의존한다.　　　　　리더는 협동에 의존한다.

보스는 '나'라고 말한다.　　　　　리더는 '우리'라고 말한다.

보스는 공포를 조장한다.　　　　　리더는 자신감을 조장한다.

보스는 방법을 안다.　　　　　　　리더는 방법을 보여준다.

보스는 분개를 야기한다.　　　　　리더는 열정을 야기한다.

보스는 책임을 전가한다.　　　　　리더는 실수를 인정한다.

보스는 일을 고되게 만든다.　　　　리더는 일을 재미있게 만든다.

- 윌리암 글라써(William Galsser)의 '좋은 학교'에서

08
심리여행

나의 감성지수는 어떠한가

지시 사항

다음은 대니엘 골먼이 인터넷을 통해 비공식적으로 실시한 설문조사에서 사용한 질문들이다. 제시된 문제를 읽고, 이러한 문제 상황에서 당신은 실제로 어떻게 행동할 것인지 솔직하게 응답해보라. 옳고 틀린 답이 없으므로 당신의 행동과 가장 근접하는 답지의 번호를 즉시 선택하면 된다.

1. 당신은 지금 극심하게 흔들리는 비행기 안에 앉아 있다. 어떻게 행동할 것인가?
   (a) 대수롭게 생각하지 않고 조용히 읽던 책을 계속해서 읽는다.
   (b) 스튜어디스의 태도를 통해 상황의 심각성을 확인해보는 한편, 신중을 기하기 위해 구명조끼를 한 번 만져본다.
   (c) a와 b의 중간쯤
   (d) 모르겠다. 생각해보지 않았다.
2. 당신은 딸을 데리고 몇몇 이웃 아이들과 함께 놀이터에 갔다. 갑자기 한 아이가 울기 시작하였는데, 다른 아이들이 그 아이와 같이 놀려고 하지 않기 때문이다. 당신은 어떻게 행동할 것인가?

(a) 간섭하지 않는다. 아이들끼리 해결해야 한다.

(b) 어떻게 하면 다른 아이들이 그 아이와 같이 놀아줄까에 대해 우는 아이와 함께 골똘히 생각한다.

(c) 그 아이에게 울지 말라고 친절하게 달래준다.

(d) 가지고 놀 수 있는 다른 것을 보여주어 울고 있는 아이의 관심을 다른 것으로 돌린다.

3. 당신은 대학 중간고사에서 좋은 성적을 기대했던 과목에서 나쁜 성적을 받았다. 어떤 반응을 보이게 될 것인가?

(a) 다음 번 시험에서 성적을 올리기 위한 학습계획을 세우고, 이 계획을 철저하게 지키려고 결심한다.

(b) 앞으로 더 열심히 노력하려고 다짐한다.

(c) 스스로에게 그 과목의 성적은 그렇게 중요하지 않다고 말하며, 그 대신 더 잘 나온 과목에 집중한다.

(d) 교수를 찾아가 면담을 하고 성적을 다시 한번 생각해 달라고 부탁한다.

4. 당신은 전화를 통해 어떤 물건을 판매하는 일을 하고 있다. 그런데 당신이 접촉했던 15명의 고객이 당신의 전화에 거절을 했다. 어떻게 행동할 것인가?

(a) 오늘은 포기하고 내일에는 행운이 따를 것이라고 기대한다.

(b) 성공하지 못한 원인이 무엇인가 골똘하게 생각한다.

(c) 다음 번 전화할 때는 새로운 방법으로 시도하고, 그렇게 빨리 포기해서는 안 된다고 자신을 타이른다.

(d) 이것이 당신에게 적합한 직업인지 스스로 물어본다.

5. 친구가 운전하는 차를 타고 가는데 다른 차가 매우 위험스럽게 갑자기 끼어들자 친구가 흥분하여 화를 냈다. 그 친구를 진정시키기 위하여 당신은 어떻게 행동할 것인가?

(a) 친구에게 사고가 난 것도 아니고 큰 문제가 아니니까 잊어버리라고 말한다.

(b) 그의 마음을 달래기 위해 그가 좋아하는 음악을 들려준다.

(c) 운전하는 친구의 기분을 맞춰주기 위해 끼여들기 했던 운전자에 대한 그 친구의 욕설에 동조한다.

(d) 당신도 최근에 비슷한 경험을 한 일이 있는데, 알고 보니 그 차가 구급차였다고 말해준다.

6. 부부 사이에 언쟁이 벌어져 부부 모두가 기분이 상하고 극도로 화가 나서 진심이 아니지만 욕설을 하는 단계에 이르렀다. 이때 어떻게 행동할 것인가?

(a) 20분간의 휴식을 제의하고, 그 뒤에 토론을 계속한다.

(b) 싸움을 중단하고 더 이상 아무 말도 하지 않는다.

(c) 유감스럽다고 말하고 상대방에게 사과를 청한다.

(d) 잠시 멈추어 생각을 정리한 후, 당신의 입장을 가능한 한 상세하게 설명한다.

7. 당신의 세 살 된 아들은 태어나면서부터 낯선 사람과 환경에 소심한 반응을 보이고 수줍음을 매우 많이 탄다. 어떻게 대처할 것인가?

(a) 그 아이가 선천적으로 수줍어한다는 사실을 인정하고, 그를 자극하는 상황으로부터 어떻게 하면 보호할 수 있을까에 대해 숙고한다.

(b) 아동심리학자와 상담한다.

(c) 아이를 의도적으로 새로운 사람과 상황에 가능한 한 많이 직면하게 하여 불안을 떨치게 한다.

(d) 아이에게 다른 사람과 많이 어울릴 수 있도록 용기를 주는 경험들을 하게 한다.

8. 당신은 어렸을 때 피아노를 배웠으나 오랫동안 치지 않았다. 이제 당신은 피아노를 다시 치려고 한다. 어떻게 하면 가장 빨리 배울 수 있을까?

(a) 매일 엄격한 연습 시간을 정하여 연습한다.

(b) 나의 능력에 비추어 약간만 노력하면 소화해낼 수 있는 작품을 선택하여 연습한다.

(c) 정말로 피아노를 치고 싶은 기분이 들 때만 연습한다.

(d) 나의 능력에 비추어 현재로서는 매우 어려운 작품이지만 끈기 있게 노력하면 숙달될수 있는 작품을 선정하여 연습한다.

채점 방법

각 질문에 대한 항목별 점수와 특정 응답에 대한 해설은 다음과 같다.

○ (질문 1) a = 20점, b = 20점, c = 20점, d = 0점

답변 d는 당신이 스트레스 반응을 의식하고 있지 않다는 것을 보여준다.

○ (질문 2) a = 0점, b = 20점, c = 0점, d = 0점

최상의 답변은 b이다. 감성지능이 있는 부모는 아이들의 부정적 감정을 감성 훈련의 기회로 삼는다. 부모는 아이들에게 흥분하는 원인을 이해하게 하고, 자신들의 감정을 인지하고 다른 방도의 행동 가능성들을 찾도록 도와준다.

○ (질문 3) a = 20점, b = 0점, c = 0점, d = 0점

최상의 답법은 a이다. 스스로의 동기부여는 무엇보다도 행동계획을 세우고 실천시킬 수 있는 능력 속에서 나타난다.

○ (질문 4) a = 0점, b = 0점, c = 20점, d = 0점

최상의 답변은 c이다. 낙관주의는 감성지능의 한 표시이다. 낙관주의자는 실패를 그로부터 학습할 수 있는 도전으로 간주한다. 포기하거나 스스로를 책망하거나 의기소침하기보다는 끝까지 견디며 항상 새로운 것을 시도한다.

○ (질문 5) a = 0점, b = 5점, c = 5점, d = 20점

최상의 답변은 d이다. 몹시 화가 난 사람에게는 그 분노에 대해 설명을 해주면 빨리 진정된다. 분노의 원인으로부터 그 사람의 마음을 돌려놓거나 왜 화를 내는지 충분히 이해가 간다고 말

해주는 것도 도움이 된다.

- (질문 6) a = 20점, b = 0점, c = 0점, d = 0점

  최상의 답변은 a이다. 지각을 왜곡시키고 개인에게 손상을 입히는 개인적 공격이 시작되기 쉬운 생리적 분노의 각성을 정화하는 데는 적어도 20분 이상이 걸린다. 분노를 진정시킨 후에는 보다 알찬 토론이 이루어질 가능성이 높다.

- (질문 7) a = 0점, b = 5점, c = 0점, d = 20점

  최상의 답변은 d이다. 선천적으로 수줍어하는 아이들은 불안을 야기하는 상황에 점차적으로 직면한다면, 자신이 갖고 있는 억제감을 쉽게 떨칠 수 있다.

- (질문 8) a = 0점, b = 20점, c = 0점, d = 0점

  최상의 답변은 b이다. 스스로에게 적당한 도전적인 과제를 제공할 때, 과업을 원활하게 수행할 가능성이 가장 높다. 이런 상태에서 유쾌하고 가장 효과적으로 학습하고 실행할 수 있다.

결과 해석

합산한 점수의 해석은 다음과 같다.

- 120점 이상 : 감성지수가 높음(당신은 상당한 감성지능을 소유하고 있다. 당신은 자신과의 문제가 없으며, 자신의 감정을 잘 다루고 다른 사람을 잘 이해할 뿐만 아니라 다른 사람들과 다감하게 교제하는 편이다)

- 60~120점 : 감성지수가 보통임

- 60점 이하 : 감성지수가 낮음(당신은 감성지능에 관한 책을 읽어야 한다. 지능지수와는 달리 감성지수는 상대적으로 쉽게 향상될 수 있으므로 감성지능을 증진시키기 위해 노력하라)

·출처 : 홍명희 역(1996). 『EQ: 감성지능 개발 학습법』. 서울: 해냄.

감성지능 : 인간이해의 새로운 도전

EQ가 유행하게 된 배경

"IQ보다 EQ가 높아야 성공한다", "EQ의 의미 : 인성과 창의성 교육을 위한 새로운 대안", "지금은 감성지능의 시대" 등의 표현에서 보듯이 최근에 들어와 인간의 성공, 건강, 행복에 대한 새로운 관점을 제공한 **감성지능**(정서지능 혹은 감정지능이라고도 일컬음)과 이의 측정개념인 **감성지수**(Emotional Quotient: EQ)가 세계적인 선풍을 일으키며 관심을 끌고 있다. 이러한 개념이 선풍적으로 유행하게 된 데는 두 가지 계기가 있었다. 하나는 1995년 「뉴욕 타임즈」지의 뇌과학과 행동과학 분야의 전문 칼럼니스트인 대니엘 골먼(Daniel Goleman) 박사가 『감성지능(Emotional Intelligence)』이란 책을 펴내어 베스트셀러가 되었다는 점이고, 다른 하나는 같은 해 10월 9일자 「타임」지에 "당신의 EQ는 어느 정도인가"란 기사가 실렸다는 점이다.

골먼은 그의 저서에서 "한 사람의 성공을 예측할 때 지능검사나 학력평가에 의해 측정된 지적 능력보다는 인성이란 말로 지칭된 마음의 특성이 유용하다"고 주장하였다. 즉, IQ가 높다고 해서 반드시 사회생활에서 성공하는 것이 아니라 감정조절, 동기부여, 타인의 기분 살피기, 시의적절하고 유쾌한 말투와 제스처 등과 같은 대인관계를 원만하게 풀어나가는 EQ적 능력이 개인으로 하여금 집단 속에서 동지를 만들고 힘을 얻어 성공의 반열에 올라설 수 있게 하는 힘이라는 것이다. 그리하여 그는 지금까지 똑똑하다, 영리하다는 개념을 IQ로 설명해 왔지만, 이 개념이 잘못된 것이라는 점을 지적하면서 IQ 대신 EQ 개념이 새로운 정의로 대치되어야 한다고 주장하고 있다. 그는 IQ가 높지만 실생활에서 앞서가지 못하고 허우적대는 사람과 이와는 달리 IQ가 낮으면서도 인생에 성공하는 사람들의 예를 들면서 그 이유가 '감성지능'에 기인한다고 설명하고 있다.

취직은 IQ, 승진은 EQ에 의해

EQ의 중요성을 강조하고 있는 심리학자들은 "취직은 IQ에 의해, 승진은 EQ에 의해

주로 좌우된다"고 말한다. 이들은 인생에서 성공의 20% 정도만이 지적 능력에 의해 좌우되고 나머지 80% 정도는 EQ와 같은 다른 변인에 의해 좌우된다고 본다. 학교에서 중도 탈락하는 아이들을 보면 대부분이 또래친구들과 관계가 원만하지 못하다는 것이다. 또 어른의 경우 자신의 감정을 제대로 조절하지 못하거나 표현하지 못하는 부부들이 이혼하는 사례가 더 많다는 것이다. 즉, 인간의 적절하고도 창의적인 적응생활에 영향을 주는 변인으로서 EQ의 중요성을 강조하고 있다.

EQ가 생활 전반의 적응이나 성취면에서 더 중요한 능력이 된다는 점을 환기시킨 실험의 예가 있다. 미셸(W. Mischel)이라는 심리학자는 네 살짜리 아이들을 빈 방으로 각기 따로 불러 맛있는 과자를 한 개씩 나눠주면서 "지금 내가 볼 일이 있어 잠깐 외출하고 돌아올 테니, 기다리고 있는 동안 이 과자를 먹어도 되지만, 만일 먹지 않고 내가 돌아올 때까지 기다리고 있으면 과자를 두 개 더 줄게요"라고 말하고는 외출하였다. 그 심리학자가 문을 열고 나가자마자 과자를 먹어치운 아이들도 있고, 어느 정도 참다가 마침내는 유혹에 지고 마는 아이들이 있는가 하면, 눈을 감기도 하고 머리를 숙이기도 하며 놀이를 하거나 그만 잠을 자는 등 유혹을 뿌리치며 심리학자가 돌아올 때까지 기다린 아이들도 있었다.

이 실험이 있은 뒤 10년이 조금 넘어 그 심리학자는 그 아이들이 매우 다른 모습으로 성장했음을 발견했다. 즉, 끝까지 잘 참아서 과자를 두 개 더 받은 아이들은 학교에 잘 적응하고, 인기가 있고, 창의적이고 생산적이고, 모험심이 있고, 믿음직하고 신뢰로우며, 자신감이 있는 반면에, 유혹을 못 이겨 이에 굴복한 아이들은 스트레스와 도전적인 일에 쉽게 좌절하고, 친구들을 잘 사귀지 못하고, 고집이 세고, 성취의 욕이 낮고, 성격상 부적응을 나타내며, 외톨이로 지내는 경우가 많은 것으로 밝혀졌다. 뿐만 아니라 대학진학적성검사(SAT)에서도 유혹에 넘어가지 않고 참고 견딘 아이들이 그렇지 않은 아이들보다 평균 210점이나 높은 점수를 받은 것으로 나타났다 (SAT 시험의 두 부문에서 가능한 점수편차는 200~800점임).

이러한 큰 차이에 대해 미셸은 매우 재미있는 해석을 하고 있는데, 그들의 차이는 '머리의 힘' 때문이 아니라 '마음의 힘' 때문에 생긴 것이라는 주장이다. 즉, 과자를 먹지 않고 기다린 그 마음의 힘이 훌륭한 사람으로 성공할 수 있는 원동력이 되었다는 것이다. 전통적으로 머리의 힘은 IQ라는 말로 표현되어 왔고, 이에 상응하는 용어로 마음의 힘을 표현하는 말이 EQ라고 볼 때, 결국 어린 시절의 충동의 힘에 끌리지 않고 이를 조절할 수 있는 능력, 곧 높은 감성지능을 가진 아이들은 쉽게 충동에 넘어가는 낮은 감성지능을 가진 아이들에 비해 여러 면에서 앞서간다는 것이다.

감성지능이란 무엇인가

감성지능은 대체로 "자기 자신뿐만 아니라 다른 사람의 감정도 잘 파악하고 이해하며, 이를 적절히 다스릴 수 있는 능력"이라고 정의하고 있는데, 모든 일을 대할 때 스스로 동기를 부여하게 만드는 것도 감성지능의 힘이다. 그러면 감성지능은 구체적으로 어떤 요인으로 구성되어 있는가? 이에 대해 골먼은 감성지능을 자기인식능력과 충동통제력, 지속성, 열중성, 자기동기화, 사회적 기술, 공감능력과 같은 요인으로 간주하면서 실제 생활에서 성공을 하는 사람들은 말 잘 하고 계산 잘 하는 지적 능력이 뛰어난 사람이기보다는 친밀한 인간관계를 유지할 줄 알고, 자기가 관여하는 분야에서 책임감을 가지고 헌신적으로 일하고, 행동상의 절제력이 있고, 이타주의적이며, 동정심과 관용성이 있는 사람들이라고 하였다.

또한 감성지능을 자기 자신의 감정과 타인의 감정을 교감하는 능력과 삶을 더 풍요롭게 상승시키기 위한 수단으로서 감정조절능력이 중요하다는 것을 설명하기 위해 1990년 감성지능이라는 용어를 처음으로 제안했던 미국 예일대학교 살로베이(P. Salovey) 교수와 뉴햄프셔대학교 메이어(J. Mayer) 교수 역시 골먼과 유사하게 다음과 같은 다섯 가지 영역으로 감성지능을 설명하고 있는데, 이것이 흔히 감성지능의 구성요소로 언급되고 있는 것이다.

첫째는 **자신의 감정을 스스로가 인식하는 것**으로서, 여기에는 **자신의 감정을 인지하고 그 감정에 이름붙이는 능력, 자신의 감정이 발생한 이유를 이해하는 능력, 감정과 행동 간의 차이를 인식하는 능력** 등으로 구성된다. 이같이 자신의 감정을 알아차리는 능력은 감성지능의 근본 바탕이 된다. 순간순간 자신의 정서를 감지할 수 있는 능력은 심리적 통찰과 자기이해의 결정적 요인이 된다. 자기를 안다는 것은 자기의 마음속에서 일어나는 기분과 이 기분에 따라 생각하게 된다는 것을 아는 것이다. 자기의 마음을 살핀다는 것은 자기 내면세계에서 일어나는 감정에 대해 판단하지 않은 채 그대로 살피는 것이다.

흔히 우리가 "이렇게 느껴서는 안돼" 또는 "기운을 내기 위해 생각을 바꿔야 해"라는 따위의 생각은 자기의 감정을 먼저 살핀 후에 나타내는 판단적인 반응이다. 자신의 감정을 알아차린 후 이 감정을 적절하게 바꿀 수 있는 능력이 바로 감성지능인 것이다. 만일 자신의 마음속에 일어나는 감정을 깨닫는 과정 없이 분출하는 감정대로 행동한다면, 이는 바로 충동적 행동으로서 파괴적인 결과를 초래하게 된다. 그러나 지금 자신에게 일어나고 있는 감정이 노여움이란 것을 알게 되면 화난 그대로 행동할 것인지 아니면 분노를 조절하면서 행동할 것인지를 선택할 수 있게 된다.

둘째는 자신의 감정을 관리하고 조절하는 것으로서, 여기에는 자신의 감정을 적절히 표현하는 능력, 공격적인 행동과 자기 파괴적인 행동을 절제하는 능력, 자신과 가족 및 학교에 대해 좀 더 긍정적인 감정을 가지는 능력, 스트레스에 잘 대처하여 다루어나가는 능력, 고독감과 사회적 불안감을 덜 느끼는 능력 등을 포함한다. 희로애락의 감정의 바다 속에 살되 한 쪽으로 치우치지 않고 조화를 이루며 살아가는 것이 중요하다는 것은 동서고금을 막론하고 중요한 교훈이다. 모든 감정에는 그 나름의 가치와 의미가 있기 때문에 이러한 감정들이 서로 어울려 조화를 유지하는 것은 그만큼 우리의 삶을 풍요롭고 의미 있게 해주는 것이다. 정서에 대한 반응이 없으면 멍청하고 무반응적이거나 지나치게 냉담해져서 비인간적인 느낌이 들 수 있다.

한편 통제 불능일 정도로 정서 반응이 심할 경우에는 광적으로 고양된 흥분 반응을 보이거나, 불안감에 빠지게 되거나, 분노감에 휩싸일 수도 있으며, 발작을 일으킬 수도 있다. 그러므로 정서를 적절하게 조절해가는 것이 정서적 안녕을 취하는 데 중요한 일이다. 정서 상태가 극단적으로 행복감과 같은 정서를 갖는 것은 중요한 일이긴 하지만 고통스러운 정서도 때로는 삶을 의미 있게 하고 마음을 평정해주는 데 양호한 기능을 할 수 있다. 따라서 만족감을 얻기 위해 불쾌한 감정을 억지로 회피하려고 할 필요는 없다. 그 대신 강력한 부정적 감정에 아무런 조건 없이 휩쓸려가지 않도록 하면서 되도록 긍정적인 기분으로 바꾸어 나가도록 노력하는 것이 더 중요한 일이다. 요컨대, 적절하게 정서를 다룰 줄 안다는 것은 곧 지각을 더욱 확고하게 해나가는 능력으로서 만연하는 불안, 우울, 흥분과 같은 불쾌한 정서를 대처할 수 있는 능력을 말한다. 만일 이러한 불쾌한 정서에 대처할 수 있는 능력이 부족하면 계속되는 불쾌감 속에서 헤어나지 못할 것이지만, 적절히 대처할 수만 있다면 좌절이나 역경에서 쉽게 벗어날 수 있을 것이다.

셋째는 **자신의 감정을 생산적으로 이용하는 것으로서, 자기 자신에게 동기를 부여하는 능력**이다. 여기에는 좀 더 책임을 지는 능력, 현재 하고 있는 일에 집중하는 능력, 더욱 인내심을 갖고 충동적으로가 아니라 사려 깊게 일을 처리하는 능력, 희망과 낙천적 태도를 갖고 긍정적으로 생각하는 능력 등이 포함된다. 이 같은 능력은 혼신의 힘을 다해 지치지 않고 열심히 일하며, 어떤 장애물이나 난관에 직면해서도 좌절하지 않고, 희망을 갖고, 지속적으로 헤쳐 나갈 수 있는 힘을 말한다. 어떤 분야에 있어서나 최고의 성취를 이룬 사람들은 훈련과 실천을 통해서 어떤 어려운 일이나 따분한 일이라도 스스로 헤쳐 나갈 수 있도록 자기 자신에게 동기를 부여할 줄 아는 능력을 갖춘 사람들이다. 즉, 이들은 목표를 분명히 설정하고, 도전하면 성공한다는 굳은 신념과 낙천적 태도를 가진 것이 특징이다. 정서는 동기적 측면에서 보면 열정적으로 즐겁게 일하고 생활해 나갈 수 있도록 하는 역할을 수행하는 데 감정이 적당히 고양된 상태를 유지하고, 어떤 어려운 역경 속에서도 헤쳐 나갈 수 있다는 희망을 갖고 긍정적으로 생각하며, 온갖 실패와 좌절에도 불구하고 미래의 삶은 궁극적으로 좋아질 것이라고 강력하게 믿는 낙천성이 감성지능의 중요한 하나의 요인이 된다.

넷째는 **다른 사람의 감정을 읽을 줄 아는 것으로서, 여기에는 타인의 감정을 수용하는 능력, 타인의 감정에 민감해지는 능력, 타인의 말에 귀를 기울이는 능력 등이 포함된다.** 다른 사람의 감정을 읽을 줄 아는 능력을 상담 분야에서는 공감(혹은 감정이입)이라고 하는데, 자신의 감정을 잘 표현하면 표현할수록 남의 감정도 잘 읽을 수 있다. 자신이 느끼는 감정을 표현하지 못하는 환자를 의학에서는 '감정표현 불능증 환자'라 일컫고 있는데,

이런 환자는 주변 사람들이 표현하는 감정을 전혀 알아차리지 못한다. 이를테면 이들은 자신의 감정을 표현하지도 못하고 남의 감정을 느끼지도 못하는 이른바 '감정적 벙어리'인 셈이다.

정서적 표현이나 느낌과 같은 것은 말과 행동에 의해 미묘하게 짜여진 옷감과 같은 것으로서 눈에 드러나지 않는 목소리의 변화, 신체 표정이나 자세의 변화 등 미묘한 변화들이 서로 얽혀 있는 것이다. 이러한 미묘한 감정 표현을 잘 못하거나 잘 읽지 못하는 사람은 감성지능에 결함이 있는 것이다. 심리학적 연구결과, 다른 사람이 느끼고 있는 감정을 알아차리는 공감력의 발달은 남을 아끼고 사랑하는 이타심의 발달과 관련이 있는 것으로 밝혀지고 있다. 이런 점에서 보면 남을 괴롭히고 양심의 가책을 받지 않는 극히 잔인한 사람들은 공감력이 없는 사람들이다. 실제로 끔찍한 범죄를 저지르는 사람들에게서 발견되는 공통점 가운데 하나는 모두 공감의식이 없다는 것이다. 즉, 범죄를 저지르고도 피해자가 느끼는 고통을 알지 못하기 때문에 그처럼 잔혹한 범행을 저지르고도 반성하지 않고 계속 새로운 범죄를 저지르게 된다는 것이다.

다섯째는 다른 사람과 인간관계를 맺는 것으로서, 여기에는 대인관계를 분석하고 이해하는 능력, 의견이 상충할 때 갈등을 조정하고 협상하는 능력, 좀 더 능동적이고 적극적으로 의사소통을 하는 능력, 좀 더 사교적으로 되는 능력, 인기를 얻는 능력, 더욱 관용적으로 타인을 대하는 능력, 민주적으로 일을 처리하는 능력 등을 포함한다. 다른 사람과 효과적으로 인간관계를 유지해 나가는 사회적 기술인 대인관계 능력이 없으면 세상을 살아가는 기술이 부족하며 인간관계에서 불행을 초래하게 된다. 지적으로 매우 총명한 사람이라 하더라도 대인관계에서 오만방자하거나 남의 비위에 거슬리는 짓을 한다거나, 또는 쌀쌀한 행동을 함으로써 인간관계를 잘 유지하지 못하는 경우가 많다.

다중지능이론을 제안한 미국 하버드대학교 교육심리학 교수인 가드너(H. Gardner)에 의하면, 대인관계 지능은 조직 구성원들의 자발성을 선도하고 협동성을 장려할 줄 아는 이른바 집단을 조정해 갈 수 있는 능력(지도력), 갈등을 사전에 예방하는 능력과 분쟁이 악화되어 가는 것을 해결해내는 협상능력, 개인의 감정과 관심거리를 알아차리고 이를 연결시켜 주는 인간적 결합능력, 그리고 사람들이 갖는 미묘한 감정과 동기 및 관심 따위를 재빨리 알아차리는 감식력과 통찰력인 사회적 분석능력 등 네 가지 요인으로 구성되어 있다. 이런 능력을 고루 갖춘 사람은 대인관계를 잘할 수 있는 요건을 모두 갖춘 자로서 인기 있고 매력적이며, 사회적으로 성공할 가능성이 크다. 요컨대, 자신의 감정을 잘 표현하고 상호간의 의사교환을 잘할 수 있는 능력이 감성지능의 한 요인이며, 이러한 사회적 기술은 매우 유용한 삶의 기술인 것이다.

앞의 다섯 가지 내용을 종합해 볼 때, 결국 감성지능 혹은 EQ란 자신의 내부에 감정이 발생했을 때 어떤 감정이 어느 수준으로 왜 일어났는가를 인식하는 능력, 자신의 불안이나 분노와 같은 부정적 감정을 달래고 조절하는 능력, 어떤 일을 할 때 자신을 적절히 분발시키는 능력, 상대방의 기분이나 분위기를 파악하고 이해하는 능력, 대인관계를 효과적으로 맺는 능력 등의 의미가 총체적으로 내포된 개념이라고 할 수 있다.

EQ는 차선이 아니라 최선이 되어야

감성지능 혹은 EQ에 대한 이와 같은 개념은 인간이해에 새로운 관점과 지평을 열어 놓았으며, 새로운 인생 항로를 향진하기 위한 지혜를 제공해주고 있다고 볼 수 있다. EQ에 교육학적 의의를 부여한다면 우리의 학교교육에 대한 새로운 반성과 IQ에서 EQ로의 전환 혹은 IQ와 EQ의 상호보완을 요구하고 있다는 사실이다.

우리의 지금 교육은 머리도 인간성도 좋은 인물을 육성하기보다는 머리만 좋고 인간성은 좋지 못한 재승덕박한 인물을 길러내는 데에 마치 혈안이 되어 있는 듯하다. 이제 감정 없이 사고만 하는 기계적 인간 대신 따스한 감정과 사랑을 느낄 줄 알며, 철저한 자기중심적 이해관계를 따지는 컴퓨터적 인간 대신 충동과 욕망을 조절하고 뚜렷한 자기 세계관 위에 꿋꿋이 견뎌내는 참다운 '나'를 구축하기 위해 새로운 삶의 패러다임으로 전환할 필요가 있다.

1등만이 살아남는 치열하고 비정한 경쟁 사회, 인간끼리의 직접 대화를 거부하는 듯한 뉴미디어 사회, 그리고 갈수록 원자화되어 가는 핵가족 내부를 들여다볼 때 EQ는 차선이 아니라 최선이 되어야 할 것이다. 고독의 쓰라림은 공존에의 그리움, 곧 '너' 없이는 존재할 수 없는 '나'의 애달픔이며, 더불어 살아가는 공동체는 IQ가 아니라 EQ에서 나올 것이기 때문이다. 또한 교육의 궁극적 목표가 학생 개개인의 삶의 질을 고양시키는 데 있고, 삶의 질을 결정하는 가장 중요한 변인이 개인의 행복 감이라고 본다면, 개인의 행복감이란 건전한 인격을 바탕으로 창조적인 삶을 영위할 때 얻어지는 지고한 정서상태일 것이기 때문이다. 이런 점에서 우리는 EQ의 교육학 적 의미를 깊게 음미해 보아야 할 것이다.

나의 강점 지능과 약점 지능은 무엇인가

지시 사항

당신의 강점 지능은 무엇이고, 약점 지능은 무엇일까? 최근 교육학 분야에서 주목을 끌고 있는 다중지능이론에 비춰보면 알 수 있다. 각 문항을 읽고 다음 5점 척도의 기준에 따라 자신과 가장 가까운 해당 숫자를 골라 그 숫자를 답안지에 적어보라.

○ 전혀 그렇지 않다 … 1

○ 별로 그렇지 않다 … 2

○ 보통이다 … 3

○ 대체로 그렇다 … 4

○ 매우 그렇다 … 5

1. 내 생각이나 감정을 효과적으로 표현하기 위해 글을 짜임새 있게 구성할 수 있다.
2. 무엇이든 실험하고 검증하는 것을 좋아한다.
3. 내 방 꾸미기나 조립 모형 만들기를 좋아한다.

4. 사람들은 나에게 운동을 잘한다고 한다.

5. 악기를 처음 배울 때 그 연주법을 비교적 쉽게 배운다.

6. 가족이나 직장동료, 상사 등 누구와도 잘 지내는 편이다.

7. 평소에 내 능력이나 재능을 계발하기 위해 노력하고 있다.

8. 내 주위의 동·식물 혹은 사물 등에 대한 관찰력이 뛰어나다.

9. 속담이나 격언, 비유를 사용하여 이야기하는 것을 즐긴다.

10. 학교 다닐 때 수학이나 과학 과목을 좋아했다.

11. 다른 사람으로부터 그림 그리기나 만들기를 잘한다고 칭찬 받은 적이 있다.

12. 평소에 신체를 많이 움직이는 활동을 좋아한다.

13. 다른 사람과 화음을 이루어 노래를 하거나 악기를 연주하는 것을 좋아한다.

14. 사람들의 계층, 권리, 의무 등에 관심이 많다.

15. 나 자신을 되돌아보고 앞으로의 생활을 계획하는 것을 좋아한다.

16. 동물이나 식물 기르는 것을 좋아한다.

17. 글이나 문서를 읽을 때 문법적으로 어색한 문장이나 단어를 잘 찾아낸다.

18. 어떤 문제가 생기면 여러 가지 방법으로 그 원인을 밝히고 해결하려고 한다.

19. 새로운 지식을 습득할 때 그림이나 개념 지도를 그려 가며 외운다.

20. 뜨개질이나 조각, 조립과 같이 섬세한 손놀림이 필요한 활동을 잘할 수 있다.

21. 취미생활로 악기 연주나 음악 감상을 즐긴다.

22. 친구나 가족들의 고민거리를 들어주거나 해결하는 것을 좋아한다.

23. 내 생각이나 감정을 상황에 맞게 잘 통제하고 조절한다.

24. 옷이나 가방을 보면 어떤 브랜드인지 바로 알아맞힐 수 있다.

25. 학교 다닐 때 국어시간이나 글쓰기 시간을 좋아했다.

26. 물건의 가격이나 은행 이자 등을 잘 계산한다.

27. 손으로 물건을 만들고 그림을 그리는 것을 좋아한다.

28. 개그맨이나 탤런트, 주변 사람들의 행동을 잘 흉내낼 수 있다.

29. 악보를 보면 그 곡의 멜로디를 어느 정도 알 수 있다.

30. 다른 사람들로부터 다정다감하다는 소리를 자주 듣는다.

31. 화가 나면 왜 화가 나는지 곰곰이 생각해보곤 한다.

32. 자동차에 관심이 많고 각각의 공통점과 차이점을 잘 알고 있다.

33. 글을 조리 있고 설득력 있게 쓴다는 말을 자주 듣는다.

34. 회사생활에서 발생하는 문제를 해결하는 절차와 방법을 잘 알고 있다.

35. 어림짐작으로도 길이나 넓이를 비교적 정확히 알아맞힌다.

36. 연기나 춤으로 내가 전하고자 하는 것을 잘 표현할 수 있다.

37. 다른 사람의 연주나 노래를 들으면 어떤 점이 부족한지 알 수 있다.

38. 직장 동료나 상사의 기분을 잘 파악하고 적절하게 대처한다.

39. 우울한 기분이 들 때 즐거워지기 위한 나만의 방법을 사용한다.

40. 동물이나 식물에 관하여 많은 정보를 알고 있다.

답안지

A	B	C	D	E	F	G	H
1	2	3	4	5	6	7	8
9	10	11	12	13	14	15	16
17	18	19	20	21	22	23	24
25	26	27	28	29	30	31	32
33	34	35	36	37	38	39	40
세로 항목별 총계							

채점 방법

답안지의 번호가 1인 경우는 1점, 2는 2점, 3은 3점, 4는 4점, 5는 5점을 준다. 그리하여 세로 항목별로 점수 합계를 낸다. 각각의 세로 항목에 해당되는 지능은 다음과 같다.

A : 언어적 지능   B : 논리-수학적 지능   C : 공간적 지능   D : 신체-운동적 지능

E : 음악적 지능   F : 대인관계 지능   G : 자기성찰 지능   H : 자연주의적 지능

결과 해석

보통 18점 이상이면 강점 지능이라 할 수 있고, 12점 이하이면 약점 지능, 그리고 13~17점이면 보통 지능이라 할 수 있다. 또한 개인의 입장에서 상대적으로 점수가 가장 높은 지능이 강점 지능, 점수가 가장 낮은 지능이 약점 지능이라고 볼 수도 있다.

· 출처 : 정종진(2004). 『MIT 다중지능검사』. 서울 : 한국적성연구소.(문항을 일부 발췌·수정 보완하여 단축형으로 재구성한 것임)

가드너의 다중지능이론

오늘날 지능 연구에 있어서 가장 두드러진 특징은 지능의 개념을 협소한 학업적성에서 벗어나 개인이 처한 상황 속에서 발휘되는 정신의 개념으로 폭넓게 이해하려는 경향이다. 이러한 경향은 종래의 지능 개념이 주로 학교상황에서 요구되는 논리력, 기억력, 언어력 등의 인지능력만을 강조하고, 학교 밖의 현실세계에서 가치 있게 여겨지는 다른 능력들을 무시한 것에 대한 반성에서 비롯되었다. 그리하여 최근의 지능 개념은 학업적성 이외에 창의성, 사회적 능력, 예술적 재능, 정서 이해 및 표현 능력, 도덕성, 성격 및 동기 등을 포함시켜 확장되며, 또 과거보다 더 현실세계에서의 수행과 밀접하게 관련되는 특성을 띠고 있다.

이러한 최근 경향을 반영하고 주도하고 있는 대표적인 이론이 하워드 가드너(H. Gardner)가 제안한 **다중지능이론**(Theory of Multiple Intelligences; 흔히 MI이론이라 약칭됨)이다. 가드너는 1983년에 『마음의 틀(Frames of mind)』이라는 그의 저서에서 처음으로 다중지능이론의 전체적 골격과 이론을 제시하였고, 그로부터 10년 뒤인 1993년에 『다중지

능의 이론과 실제(Multiple intelligences : The theory in practice)』에서 이론과 실천의 통합, 연구결과 등을 종합적으로 논의하였고, 또한 과학적 연구의 형태로 접근한 연구결과도 제시하였다.

다중지능이론이란 무엇인가

다중지능이론은 이름 그대로 일반지능과 같은 능력이 아니라 다수의 능력이 인간의 지능을 구성하고 있으며, 그 능력들의 상대적 중요성은 동일하다는 기본적인 가정에서 출발하였다. 따라서 다중지능이론은 한두 가지의 학업능력 위주로 인간의 지능을 평가하는 현재의 지능검사는 불공평한 검사이고, 마찬가지로 한두 가지의 학업능력만을 조장하는 현행 학교교육도 개인의 다양한 적성을 고려하지 않은 불평등한 교육으로 간주한다. 그리하여 지능검사는 각기 다른 장점들이 드러날 수 있도록 달라져야 하며, 학교교육도 개인의 장점이 극대화될 수 있도록 개선되어야 한다는 것이다.

가드너의 이론적 단서는 1970년대까지 지능이론과 실제, 측정에서 중심축을 이끌어왔던 지능검사, IQ, 요인이론에 대한 강렬한 비판과 함께 지능을 단일한 속성으로 개념화한 스피어만(C. Spearman)의 일반요인(general-factor)에 대한 저항에서 출발하고 있다. 즉, 다중지능이론은 지능이 단일하다는 사고(일차원적 접근, one-dimensional approach)에서 벗어나 인간의 정신, 마음을 다원적이라는 시각(다원적 접근, multi-dimensional approach or pluralistic view)에서 접근하고 있다. 지능이 단일한 요인이라고 주장하는 스피어만의 일반요인의 개념이나 지능검사 속의 문항을 푸는 능력을 통해 지능을 측정하려는 단순 접근법을 함께 거부한다. 인간의 지능은 다양한 얼굴을 갖고 있으며, 각 개인도 상이한 인지능력 및 인지유형을 지니고 있다는 신념에서 출발한다.

다중지능이론이 중요시하는 지능의 다원적 개념은 지능이 문화의존적, 상황의존적이라는 성질을 강조하게 된다. 다중지능이론에서는 한 문화·사회에서 그들의 삶에 필요한 기능이 무엇이며, 어떻게 키워나가는가 하는 자연적 정보를 중요시한다.

예컨대, 사냥 사회에서는 신체적 민첩성, 효과적으로 이동하는 능력, 자신을 둘러싼 자연환경에 대한 이해가 수계산 기능보다 더 중요하다. 중세유럽의 도제제도에서는 신체적, 공간적, 대인관계적 능력에 보다 강조를 둔다. 반면에 그로부터 400년 뒤인 오늘날의 서구사회에서는 언어적, 논리-수학적 기능에 더 강조를 두고 있다. 남태평양 뱃사공에게는 별자리를 보고 방향을 가늠하고 무질서하게 몰려오는 파도를 헤쳐가는 능력이 더 중요하며, 이것이 그들에게 중요시되는 지능적 활동이다. 마찬가지로 과학자, 시인, 작곡자, 조각가, 외과의사, 엔지니어, 무용수, 운동경기 코치에게는 각기 다른 인지능력이 요구된다. 이것은 곧 지능이 한 가지가 아니라 여러 가지 종류임을 그리고 다양한 형태의 지능은 문화와 시대에 따라 그 중요성과 가치의 정도가 다르다는 것을 시사한다.

그리하여 가드너는 지능을 "한 문화권에서 가치 있고 의미 있다고 여겨지는 특정 영역의 문제를 해결하는 능력 또는 특정 문화상황 속에서 가치 있게 여기는 어떤 결과(산물)를 만들어내는 능력"으로 정의하였다. 이러한 정의에 바탕을 둔 다중지능이론은 다음 세 가지 원리를 내세운다.

첫째, **지능은 단일한 능력요인 또는 다수의 능력요인으로 구성된 하나의 지능으로 구성된 것이 아니라 서로 별개로 구분되는 다수의 지능으로 구성된다.** 가드너가 처음에 제안한 다수의 지능이란 언어, 논리-수학, 공간, 신체-운동, 음악, 대인관계 및 자기성찰 지능의 7가지 종류이다. 그는 이러한 다수의 지능을 전제함으로써 각각의 지능을 구성하는 능력들이 서로 별개인 것을 강조하고, 또 각각의 지능은 그 자체가 하나의 독립된 체제(system)로서 기능하는 것이지, 소위 '지능'이라 불리는 상위체제의 일부로서 기능하는 것이 아님을 강조한다.

둘째, **이 지능들은 서로 자율적(독립적)이다.** 다시 말해서 이론상 어떤 지능의 조건에서 평가된 능력들은 다른 지능의 조건에서 평가된 능력들을 예측할 수 없다. 즉 인간은 여러 다양한 종류의 내용에 대한 그의 능력은 있지만, 한 내용에 대한 그의 능력은 다른 내용에 대한 그의 능력과는 상관이 없다.

셋째, **지능은 서로 상호작용적이다.** 각각의 지능이 서로 별개로 기능한다고 해서 그들이 다함께 작용할 수 없다는 것을 의미하지는 않는다. 예컨대, 가드너는 언어적 지능과 논리-수학적 지능을 모두 필요로 하는 수학문장제 문제를 풀 때 두 지능의 기능이 서로 독립적이라 해도 다함께 작용해야 문제를 풀 수 있다고 생각한다. 이와 같이 그는 지능이 다수의 지능으로 구성되어 있으며, 각각의 지능은 독립적인 기능이 존재하지만 지능이 요구되는 상황에서는 서로 상호작용하면서 작용한다는 사실을 밝혔는데, 이는 다중지능이론의 기본원리가 되었다.

가드너는 인지와 상징 사용 능력의 발달과 손상에 대한 자신의 연구결과를 바탕으로 피아제(J. Piaget) 학파의 지능 견해에 어떤 결점이 있다고 생각했다. 가령 피아제는 상징 사용의 모든 양상을 단일한 '기호적 기능(semiotic function)'으로 개념화하였지만, 가드너는 언어적, 수리적, 도형적, 동작적 및 기타 다른 종류의 상징체계에는 각각 별개의 심리적 과정이 관여하고 있음을 경험적 연구가 밝혀주고 있다고 지적하면서 인간정신은 그것 자체가 모듈(module)이라고 주장한다. 그래서 하나의 상징을 능숙하게 다루는 사람이 다른 상징을 필연적으로 능숙하게 다루지 않으며, 또한 뇌손상 조건에서 하나의 상징 사용 능력의 손상은 다른 상징 사용 능력을 저하시키지 않는다고 간주한다.

가드너는 각기 다른 형태의 상징 사용 능력은 대뇌피질의 각기 다른 부위에 의해 종속된다고 가정하고 있는데, 이는 단일 지능, 단일한 기호적 기능의 논리를 부정하는 것이다. 또한 가드너는 전통적인 지능이론과 학교형태의 상징 사용 능력은 학업이나 검사상황에서 중요한 것이긴 하지만, 다른 형태의 상징 사용 능력 역시 인간의 인지활동을 위해 중요하며 특히 학교 밖에서는 더욱 그러하다고 간주한다. 만약 그런 두 형태의 상징 사용 능력만을 강조하는 지능검사를 사용한다면, 다른 형태의 상징 사용 능력이 우수한 사람의 지능은 자연히 낮게 측정되므로 그런 검사는 '지능-공평한(intelligence-fair)' 검사가 될 수 없다고 주장한다. 가드너는 만약 다른 종류의 측정방법을 고안한다면 인간지능은 전혀 다른 프로파일(profile)을 보일 것이라고 주장한다.

요컨대, 인간의 지능은 하나의 요인이 아니라 여러 가지 요인들로 구성되고 각 지능 요인들의 결합 형태에 따라 개인의 독특성이 결정되며(지능의 다원성), 각 문화권마다 성인들의 일상생활에서 가치가 인정되는 지적 능력들이 다르기 때문에 지능이란 특정 문화권에서 중요한 문제를 해결하는 능력 혹은 문화적 산물을 창출해내는 능력이며(지능의 문화적 상대성), 각 지능은 비교적 서로 독립적이기 때문에 한 영역의 지능이 높다고 해서 다른 영역의 지능이 높은 것으로 예언할 수 없으며(지능의 독립성), 전통적인 지능검사는 주로 언어적, 논리-수학적 영역에 국한되어 있고, 선다형이나 단답형과 같은 유형의 표준화된 필답고사는 다중지능영역의 많은 부분을 설명해 줄 수 없기 때문에 수행평가나 상황에 기초한 보다 공정한 지능평가도구가 만들어져야 한다(지능평가의 공정성)는 것이 다중지능이론의 기본 관점이라 할 수 있다.

다중지능의 영역 : 8가지 지능

가드너는 다중지능이론 속에 포함시켜야 하는 독립적인 지능의 종류를 식별하기 위해서 종래의 심리측정학자들처럼 요인분석 방법을 사용하지 않았다. 오히려 그는 하나의 후보 지능(능력)이 인간의 인지연구와 관련된 다양한 분야의 문헌에서 하나의 식별 가능한 실재로서 반복적으로 나타나는 정도에 따르거나 혹은 독립적인 능력을 식별하는 여러 개의 준거들을 설정하여 그 준거들을 충족시키는 정도에 따라 지능의 목록에 포함시켰다. 그는 이런 방법을 주관적 요인분석이라 불렀으며, 그 분석에 사용된 준거들은 ① 뇌손상에 의하여 유리될 가능성, ② 백치, 천재, 자폐아 등 예외적인 인간의 존재, ③ 확인 가능한 핵심 조작과 핵심이 되는 활동의 존재, ④ 독특한 발달사와 최고 수준의 전문가로 규정할 수 있는 일련의 수행결과들, ⑤ 진화사와 진화가소성, ⑥ 실험심리학적 연구의 뒷받침, ⑦ 심리측정적 결과의 뒷받침, ⑧ 상징체계를 이용한 부호화 가능성 등이다.

이런 방법을 통해 가드너는 언어적 지능, 논리-수학적 지능, 공간적 지능, 신체-운동적 지능, 음악적 지능, 대인관계 지능, 자기성찰 지능 등 7개의 지능 영역을 분류하였으며, 그 후 자연주의적 지능과 실존적 지능의 2개를 더 추가하였다. 그러나 실존적 지능은 뇌에 해당되는 부위가 없을 뿐만 아니라 아동기에는 거의 나타나지 않기 때문에 가드너는 다른 8가지 지능과 달리 반쪽 지능으로 간주하였다. 그리하여 대체로 실존적 지능을 제외한 8개의 지능으로 보고 있는 것이 일반적인 경향이다. 8가지 다중지능을 간단히 살펴보면 다음과 같다.

- **언어적 지능**(linguistic intelligence): 문학가나 언론인에게서 나타나는 재능으로 언어를 구사하고 말의 뉘앙스, 순서, 리듬, 의미에 대한 이해와 표현능력을 말한다. 이 영역에 높은 지능을 가지고 있는 사람들은 말하기를 좋아하며 이야기를 잘 만들고 글쓰기를 좋아한다. 이름과 장소, 날짜 등을 이유 없이 잘 외우는 사람들은 이 영역에 높은 능력을 가지고 있을 가능성이 높다. 학습의 과정에서 나타나는 대표적인 인지적 특성과 유형은 말하기, 토론하기, 글짓기이다.

- **논리 - 수학적 지능**(logical-mathematical intelligence): 아인슈타인과 같은 수학, 과학, 논리 분야의 천재들에게서 발견되는 능력으로 수리적, 논리적 사고와 관련된 재능이다. 연역적 및 귀납적 사고를 잘 하는 능력, 복잡한 수학적 계산과 사물간의 논리성을 과학적으로 구성하는 추리능력, 추상적인 패턴과 관계들에 대한 인식능력 등이 포함된다. 이 지능이 뛰어난 사람은 문제해결력과 사유기술이 돋보이며, 사건과 사물의 해석을 위하여 논리와 추론이라는 과정을 곧잘 따른다.

- **공간적 지능**(spatial intelligence): 건축가, 기술자, 조각가, 미술가에게서 발견되는 재능으로 현상이나 사물을 시각적 - 공간적 표현방식으로 변형하거나 발전시킬 수 있는 능력을 말한다. 이 지능이 뛰어난 사람들은 그림 그리기, 만들기, 디자인하기, 배열하고 재편성하기를 좋아하며 자신에게 주어지는 정부를 그림이나 이미지, 공간적 배열을 통하여 변경하는 데 관심을 둔다.

- **신체 - 운동적 지능**(bodily-kinesthetic intelligence): 운동선수, 무용가, 마술사에게서 나타나는 재능으로 외부의 자극과 정보, 문제를 자신의 육체를 통하여 인식하고 이해하는 능력과 자신의 신체적 동작을 완벽하게 통제하고 물체를 솜씨 있게 다루는 능력과 관련된다. 이 지능은 특수한 신체적 기능인 조정, 균형, 손재주, 유연함, 신속함, 자기감수체, 촉감 등의 능력을 포함한다. 남들이 쉽게 하지 못하는 몸놀

림이나 표현 등을 어렵지 않게 따라하거나, 물건을 잘 만지거나 돌아다니기를 좋아하며, 몸의 제스처를 자연스럽게 사용하는 사람은 이 영역이 뛰어나다고 할 수 있다.

- **음악적 지능**(musical intelligence) : 작곡가, 연주가, 성악가, 지휘자 등 음악가에게서 발견되는 음악적 재능으로서, 자신의 감정을 음악적으로 잘 표현하며 소리가 갖는 다양한 특질인 높낮이, 리듬, 멜로디, 음색에 매우 민감하게 반응하고 표현할 수 있는 능력을 말한다. 여러 개의 음의 독특한 차이를 매우 정확하게 인식하거나, 남이 의식하지 못하는 주변의 소리자극에 매우 예민하게 반응하는 사람은 이 지능의 영역에 높은 능력을 가지고 있다고 볼 수 있다.

- **대인관계 지능**(interpersonal intelligence) : 카운슬러, 판매원, 석가나 간디, 소크라테스와 같은 종교인, 사상가 등에게서 발견되는 능력으로 사회성 지능(social intelligence)과 유사한 것이다. 다른 사람의 마음, 감정, 느낌을 잘 이해함으로써 다른 사람과 효과적으로 그리고 조화롭게 일할 수 있는 능력을 말한다. 타인의 마음의 현재 상태가 어떠한지 추론할 수 있고, 인간이 가지고 있는 상이한 감정의 다양한 특성을 잘 알고서 그에 맞게 올바른 대처양식을 개발할 수 있고, 여러 사람이 각각 공유하고 있는 차이점을 이해할 수 있으며 그에 근거하여 유창하고 세련된 의사소통 방식을 가지고 있다. 이 영역이 뛰어난 사람은 조직과 집단 내에 협동을 항상 유지하며, 특정 목표를 달성하기 위하여 집단을 형성하고, 리더십을 구사하며, 심지어 갈등이 유발되었을 때도 조정과 협상의 기술을 통하여 사태를 잘 마무리한다.

- **자기성찰 지능**(intrapersonal intelligence) : 자신의 감정을 잘 알고 다스리는 사람, 신체적 컨디션과 행동을 잘 조절하는 사람, 종교인에게서 발견되는 능력으로 자신의 느낌, 장단점, 특기, 희망, 관심 등 자기 자신의 본 모습에 대하여 보다 객관적으로 그리고 심층적으로 잘 파악하고 이해할 수 있는 재능을 말한다. 이 지능이 높은 사람은 자신의 성격, 감정 상태와 변화, 행동의 목적과 의도에 대하여 명료한 평가를 내릴 수 있고, 자아에 대한 애착이 강하고 확신감도 강하기 때문에 독립적으로 문제를 해결하고 일하고자 하는 경향을 가지고 있으며, 마음에 대한 지식과

통제력이 높기 때문에 자신의 감정을 잘 조절할 수 있다.

- **자연주의적 지능**(naturalist intelligence) : 자연주의적 지능은 다양한 꽃이나 풀, 돌과 같은 동식물과 광물을 분류하고 인식할 수 있는 능력으로 자신이 살아가고 있는 환경 및 동식물을 비롯한 방대한 종(種)들에 대한 인식과 분류에 탁월한 전문 지식과 재능을 말한다. 이 지능이 높은 사람은 동식물이나 주변에 있는 사물을 자세히 관찰하여 그 차이점이나 공통점을 찾고 분석할 수 있고, 조개껍질이나 꽃잎 등의 두드러진 개인적 컬렉션, 자연 사진, 곤충이나 애완견, 가축에 대한 관찰 메모, 동식물 스케치 등을 잘 하는 경향이 있다.

이상과 같은 인간의 8가지 지적 능력들에 대한 동등성을 가드너는 강조하였다. 사람들은 흔히 언어적 지능과 논리-수학적 지능은 영리한(smart) 것의 기준으로 여기며, 그 밖의 다른 지능은 재능(talents)으로 생각하는 것은 잘못이라고 지적하였다. 그는 지능을 재능이라고 불러도 문제가 없다고 하였고, 소위 우리가 지능이라 일컫는 인간의 인지적 능력은 재능, 능력, 정신적 기능을 포함하는 것을 의미하는 것이라고 보았다.

다중지능이론의 교육적 시사점

지능에 대한 다중지능이론의 해석은 학교의 역할 및 방향과 관련하여 학교의 목적이 학습자 개인이 가지고 있는 독특한 능력이나 지능을 규명하여 발전시키는 것이 되어야 한다는 점, 학교의 교육과정은 언어와 논리-수학적 지능만을 강조하는 교육과정으로 구성해서는 안 된다는 점, 효과적인 수업이란 학습자가 독특하게 가지고 있는 지식의 습득방법을 적용하고 고쳐시켰을 때 보다 학습자에게 의미가 있고 학습동기가 증가되며 효과적일 것이라는 점, 따라서 수업과 학습의 과정은 학습자의 인지적 학습스타일에 적합한 개별화가 보장되어야 한다는 점, 지능이란 구체적인 생활사태에서 학습자가 문제를 해결해나가는 능력이기 때문에 지능이나 학습자의 능력에 대한 평가는 인위적이고 제한적인 기능을 가지는 전통적인 지필검사법에 의해서가 아니라 보다 진정한 평가방법인 수행평가와 같은 대안적 평가방법 등을 통하여 이루어져야 한다는 점을 시사하고 있다.

보다 구체적으로 다중지능이론이 교육에 주는 시사점을 학교 교육과정과 교수방법 및 평가의 개선과 관련하여 살펴보면 다음과 같다.

첫째, 학교의 교육과정은 교과의 연마라는 목표달성과 함께 학생이 다중지능의 8가지 영역 중에서 어떤 특정영역에서 두각을 나타내고 있는가를 규명할 수 있는 기회를 제공해주어야 한다는 것이다. 그러한 점에서 학교에서 제공되는 수업에서의 활동은 학생의 숨겨진 잠재력을 충분히 드러낼 수 있을 만큼 다양하게 그리고 계속적으로 제공되어야 할 것이다. 또한 각 지능과 관련된 교과목에서의 학생의 수행이 어떤 특징을 나타내고 있는가를 다중지능발달과 관련하여 분석할 필요가 있다.

둘째, 이러한 관찰과 분석에 근거하여 학교는 각 학생에게 적절하고 의미있는 교육과정을 다중지능이론의 관점에서 개발하고 제공해주는 것이 필요하다는 점이다. 학습은 각 학생이 가지고 있는 의미에 부합될 때 가장 성공적으로 일어난다고 보면, 교육의 이상인 독서삼매경과 같은 '주어진 과제에 심취하여 탐구과정에 몰입해 있는 학생'의 이미지는 오직 자신에게 의미있는 주제에 접하게 될 때 일어날 것이다. 학교의 행정가나 교육과정 개발자, 그리고 교사는 이미 만들어진 규격화된 교과중심의 분절적인 지식을 준거로 하여 학생의 발달과 흥미를 볼모로 잡아놓기보다는 다중지능의 영역과 관련하여 학생이 가지고 있는 발달적 강점을 보다 지속적으로 이끌고 강화시킬 수 있는 후속적인/대안적인 학습프로그램을 개발하여 제공해주어야 할 것이다.

셋째, 학생이 정보와 지식을 처리하고 이해하는 데 있어서 적어도 8가지의 상이한 방식이 존재한다는 점이다. 학생이 각자 독특한 방식으로 지식을 수용하고 아울러 특정한 방식이 자신에게 적합할 수 있다는 점은 효과적인 학습전략의 수립과 교수활동과 교수방법의 이론화에 새로운 아이디어를 제공해주고 있다. 교실교사는 자신이 일상적으로 사용하고 있는 수업방법과 학습자료가 각 학생들의 지능과 관련하여 어떤 관련성이 있는지, 장점이 무엇인가를 생각해보아야 한다. 다시 말해 특정하게 선택하여 사용한 교수방법이나 수업전략이 8가지 지능의 영역 중에서 어떤 지능의 연마와 개발에 관런이 되는가를 생각해보고, 그 사용되는 교수방법이나 학습활동이 어떤 학생에게는 유익하고 어떤 학생에게는 바람직하지 않은 것인가를 반성하는 것이 필요할 것이다.

넷째, **통합교과를 구성하여 운영해야 한다는 점이다.** 통합교과가 등장하게 된 여러 가지 이유들 가운데 한 가지는 학교에서 가르치는 교과의 내용이 실생활과 동떨어져 있다는 사실이다. 다중지능이론은 생활에서 가치 있다고 인정하는 것을 지능이라고 규정하기 때문에 다중지능이론에 의해 구성된 통합단원은 학교학습 내용이 실생활과 유리되는 현상을 예방할 수 있다. 그리고 학교에서는 분과된 교과교육을 실시함으로써 지식영역들을 구분하지만, 실생활에서는 여러 지식들이 동시에 동원되어야 하는, 즉 복합적인 지식을 요구한다. 따라서 다양한 교과영역과 지적영역들에서 추출된 학습내용을 통합적으로 경험할 것을 주장하는 다중지능이론은 이런 문제를 해결하는 한 방법이 될 수 있다. 또한 다중지능이론에 의한 통합 단원 구성은 최근 교육 전반에 걸쳐 강조되는 점으로써 이를 성취할 수 있는 하나의 방안으로서 가치가 있다고 할 수 있다.

다섯째, **지능이란 구체적인 생활사태에서 학습자가 문제를 해결해나가는 능력이기 때문에 지능이나 학습자의 능력에 대한 평가는 인위적이고 제한적인 기능을 가지는 전통적인 지필검사법에 의해서가 아니라 보다 진정한 평가방법인 수행평가와 같은 대안적 평가방법 등을 통하여 이루어져야 한다는 점을 시사하고 있다.** 다중지능이론은 학교교육에 만연해 있는 교과내용의 연마정도에 기초한 학습자 평가의 제한점에서 벗어나 학교평가의 중요한 목적을 학습자의 숨겨진 발달적 특성을 다중지능이론의 관점에서 규명하고 발전시키는 것임을 시사하고 있다. 이러한 평가방향의 새로운 철학은 교육자와 현장교사에게 크게 세 가지 점에서 의미가 있다.

1. 학교학습의 전체적 과정은 학생의 다중지능 영역에서의 강점과 특징을 규명하여 그에 맞는 개별화 발달프로그램을 제공하는 것이어야 한다는 점이다. 이러한 목적을 위하여 교육과정과 수업영역은 학생의 잠재된 지능을 발현시키고 강화시킬 수 있는 방향으로 설계될 필요가 있는데, 보다 구체적으로는 교

육과정과 수업의 목표와 내용이 학생의 다중지능 강점을 규명한다는 평가의 목표를 달성하기 위하여 사전에 면밀하게 고려되어져야 함을 나타낸다. 특히 다중지능이론에서 정의 내리는 지능은 실제 문제해결력이기 때문에 수업은 학생의 그러한 능력을 구체적으로 드러나게 해줄 수 있는 활동들로 구성되는 것이 필요하다. 이는 교육과정과 수업, 평가가 독립적으로 작용하기보다는 정확한 평가를 위하여 삼위일체적으로 효과적으로 통합되어야 함을 시사한다.

2. 평가방법과 관련하여 전통적인 평가방법에서 벗어나 학생 지능의 지시자로서 수행능력을 보여줄 수 있는 적절한 평가방법을 개발하고 실행하는 것이 필요하다. 평가와 학습은 사지선다형이거나 단선적 질문이 아니라 보다 대안적 학생 평가방법들을 고려하는 것이 필요하다. 이를 위하여 프로젝트, 포트폴리오, 질적평가방법(면담, 관찰, 내용분석) 등의 방법들이 학생평가를 위한 중요한 평가방법으로 인정되고 적용되어져야 할 것이다.

3. 새로운 평가프로파일을 개발하는 것이 필요하다. 구체적인 상황에서의 학생의 수행, 능력, 인적적 스타일, 지적 탐구력, 흥미를 발견하고, 학생들의 장점과 약점을 기록하기 위해서는 기존의 점수 중심의 보고서는 적절하지 않을 것이다. 대신에 발달프로파일을 작성하여 학생이 가지고 있는 능력은 무엇이고, 그 능력이 어떻게 발견되었는지를 기술하는 것이 평가의 주요 활동이 될 것이다. 이러한 자연주의적 평가방법은 인위적이고 스트레스를 느끼는 평가절차를 거치지 않더라도 학생의 재능, 능력을 학습의 과정에서 발견할 수 있는 장점이 있다. 이러한 대안적 발달프로파일의 작성은 현재 학교에서 실시하고 있는 교과 중심, 학업성취 중심의 학업성취기록방법(성적표)을 보완하거나, 아니면 새로운 형식인 학생의 다중지능의 발달과정과 특성을 자세히 보여줄 수 있는 학생의 다중지능 발달프로파일을 통하여 구현될 수 있을 것이다.

이러한 학생의 다중지능 발달프로파일을 작성하거나 개발하는 일은 학생이 가지고 있는 다중지능에서의 발달적 특성과 강점을 보다 이해하기 쉬울 뿐만 아니라 학생의 능력에 대한 가능성과 진로지도를 위하여 필요한 과정이기도 하다. 또한 성적과 점수 및 교과성취 중심에 기초한 교실의 이미지를 새로운 방향으로 변화시키는 데에도 기여할 것이다. 즉, 교사가 보지 못했거나 찾지 못했던 능력 있는 학생들, 똑똑한 학생들, 자신감과 가망성이 있는 학생들이 다중지능의 관점에서 교사의 눈에 중요하게 발견될 수 있다. 그러한 교실에서는 모든 학급의 구성원들이 성공할 수 있는 가능성을 가지고 있는 학생들로 인식될 수도 있을 것이다. 이러한 교실 이미지 속에서 교사에게 가장 중요한 것은 학생 개개인에게 무엇이 필요하고 무엇이 가능한지를 결정할 수 있는 입장에 있게 된다는 점이다.

다중지능 영역별 적합한 교수-학습방법

지능	교수-학습방법
언어적 지능	이야기하기, 기억놀이하기, 읽기, 글쓰기, 시, 즉석 연설, 단어 게임, 일기 쓰기, 인터뷰하기, 퍼즐이나 철자 맞추기, 학교신문 편집·제작해보기, 토론하기, 대화하기, 워드 프로세서로 컴퓨터 익히기
논리-수학적 지능	숫자 계산하기, 정보들을 분류하고 범주화하기, 소크라테스식 문답법 활용하기, 비유나 유추, 추상적인 패턴이나 관계 다루기, 실험하기, 번호를 매겨가며 암기하기, 단계별로 작업 진행하기, 추론적·귀납적 사고하기
공간적 지능	시각화, 심상화, 색깔이나 패턴 활용하기, 그리기, 만들기, 설계하기, 지도·차트·만화·영화·사진 등을 활용하기, 마인드맵 사용하기
신체-운동적 지능	만지기, 움직이기, 신체언어 사용하기, 극화와 역할놀이, 공간을 활용하며 학습하기, 야외 학습하기, 마임(무언극, 흉내내기)
음악적 지능	악기 연주하기, 노래 배우기, 작사·작곡해보기, 음악과 함께 일하기, 리듬·멜로디·음아 활용하기
대인관계 지능	집단 활동하기, 협동하기, 또래와 함께 공부하기, 게임이나 시뮬레이션, 피드백 주고받기, 대화의 기술 이용하기, 집단 프로젝트
자기성찰 지능	혼자서 자기 페이스에 맞게 학습하기, 자신만의 관심사 추구하기, 자신만의 시간과 공간 가지기, 반성 혹은 명상하기, 직관과 질문 활용하기, 메타인지·사고전략, 고차적 추리
자연주의적 지능	학습자료 수집하기, 종류나 내용별로 분석하기, 교수-학습 자료나 내용에서 요소 간 차이나 공통점 혹은 특징을 발견하기

다중지능 영역별 적합한 적성·직업분야

지능	적성·직업분야
언어적 지능	언어학자, 작가, 연설가, 강연가, 정치가, 외교관, 번역가, 문학평론가, 경영자, 방송인, 기자, 사서, 변호사, 비서, 통역사, 아나운서, 방송 프로듀서, 성우, 시인, 리포터, 개그맨, 판매원, 학원 강사 등
논리-수학적 지능	수학자, 물리학자, 과학자, 논리학자, 통계학자, 컴퓨터 프로그래머, 공인회계사, 생활 설계사, 경리·회계 업무 회사원, 탐정, 의사, 수학 교사, 과학 교사, 법률가, 정보기관원, 엔지니어, 은행원, 구매 대리인 등
공간적 지능	조각가, 예술가, 발명가, 항해사, 디자이너, 엔지니어, 건축가, 설계사, 사진사, 조종사, 공예가, 외과 의사, 치과 의사, 미술 교사, 서예가, 화가, 코디네이터, 애니메이터, 탐험가, 택시 운전사, 요리사, 일러스트레이터, 동화작가
신체-운동적 지능	무용가, 운동선수, 안무가, 뮤지컬 배우, 공학자, 체육학자, 물리치료사, 레크레이션 지도자, 사회체육 지도자, 배우, 무용 교사, 체육 교사, 보석 세공인, 군인, 경락 마사지사, 산악인, 치어 리더, 경찰, 경호원, 카레이서, 조종사, 정비 기술자, 외과 의사, 건축가, 조각가, 도예가 등
음악적 지능	성악가, 연주가, 작곡가, 지휘자, 음악치료사, 음향기술자, 음악평론가, 피아노 조율사, 가수, DJ, 무용가, 음악 교사, 음반 제작자, 반주자, 음악공연 연출가 등
대인관계 지능	사회학자, 정치가, 종교 지도자, 사회 운동가, 경영자, 정신과 의사, 카운슬러, 외교관, 교사, 사업가, 인사담당 회사원, 영업사원, 개그맨, 승무원, 관광 가이드, 웨딩 플래너, 배우, 호텔리어, 방송 프로듀서, 간호사, 사회복지사, 비서, 선교사, 마케팅 조사원, 컨설턴트, 펀드 매니저 등
자기성찰 지능	심리학자, 철학자, 신학자, 성직자, 상담자, 심리치료사, 작가, 발명가, 역술인, 심령술사, 예술인, 작곡가, 자기인식 프로그램 지도자 등
자연주의적 지능	식물학자, 동물학자, 생물학자, 천문학자, 조류학자, 고고학자, 유전 공학자, 생명 공학자, 수의사, 한의사, 의사, 약사, 환경운동가, 조리사, 동물 조련사, 원예가, 생물 교사, 지구과학 교사, 화원 경영자, 약초연구가, 식물도감 제작자, 요리 평론가, 농장 운영자, 동물원 관련직종 등

심리여행

나의 사랑 유형은 무엇인가

지시 사항

당신은 어떤 유형의 사랑을 원하는가? 간단히 자가진단에 의해 테스트를 해보라. 당신이 이전에

사랑을 경험하였거나 현재 진행하고 있는 사랑을 생각하면서 다음 3점 척도에 따라 응답해보라.

'매우 그렇다'라고 생각하면 3에, '대체로 그렇다'라고 생각하면 2에, '아니다'라고 생각하면 1에

○표하면 된다.

---

1. 나는 '첫눈에 반한다'는 것이 가능하다고 생각한다. 3 2 1

2. 한참 지난 다음에야 비로소 내가 사랑하고 있었음을 알았다. 3 2 1

3. 우리들 사이에 일이 잘 풀리지 않으면 나는 소화가 잘 되지 않

   는다. 3 2 1

4. 현실적인 관점에서, 나는 사랑을 고백하기 전에 먼저 나의 장래

   목표부터 생각해 보아야 한다. 3 2 1

5. 먼저 좋아하는 마음이 얼마 동안 있은 다음에 비로소 사랑이

   생기게 되는 것이 원칙이다. 3 2 1

6. 애인에게 나의 태도를 다소 불확실하게 해두는 것이 언제나 좋다. 3 2 1

---

7. 우리가 처음 키스를 하거나 볼을 비볐을 때, 나는 신체에 화학적 반응이 오는 것을 느꼈다. 　　　　　　　　　3 2 1

8. 전에 연애 상대였던 사람들 거의 모두와 나는 지금 좋은 관계를 유지하고 있다. 　　　　　　　　　　　　　3 2 1

9. 애인을 결정하기 전에 인생설계부터 잘 해두는 것이 좋다. 　3 2 1

10. 나는 연애에 실패한 후 너무나 우울해져 자살까지 생각해 본 적이 있다. 　　　　　　　　　　　　　　3 2 1

11. 나는 사랑에 빠지면 하도 흥분이 되어 잠을 이루지 못하는 때가 있다. 　　　　　　　　　　　　　　3 2 1

12. 애인이 어려운 처지에 빠지면 설사 그가 바보처럼 행동한다 하더라도 도와주려고 노력한다. 　　　　　　　3 2 1

13. 애인을 고통받게 하기보다는 차라리 내가 고통을 받겠다. 　3 2 1

14. 연애하는 재미란 둘의 관계를 발전시키면서 동시에 내가 원하는 것을 얻어내는 것을 실험하는 데 있다. 　　　3 2 1

15. 사랑하는 애인이라면 나에 관해 모르는 것이 있다 할지라도 그것 때문에 속상해하지는 않는다. 　　　　　3 2 1

16. 비슷한 배경과 처지를 가진 사람끼리 사랑하는 것이 가장 좋다. 　3 2 1

17. 나는 연애를 시작하기 전부터 나의 애인이 될 사람의 모습을 분명히 정해 놓고 있었다. 　　　　　　　3 2 1

18. 애인이 나에게 관심을 보이지 않으면 나는 온몸이 쑤시고 아프다. 　3 2 1

19. 애인이 행복하지 않으면 나도 결코 행복해질 수 없다. 　3 2 1

20. 제일 먼저 나의 주의를 끄는 것은 대체로 그 사람의 외모이다. 　3 2 1

21. 최상의 사랑은 오랜 기간의 우정으로부터 싹튼다. 　3 2 1

22. 나는 사랑에 빠지면 도무지 일에 집중하기가 힘들다. 　3 2 1

23. 그의 손을 잡았을 때 나의 사랑의 가능성을 감지했다. 　3 2 1

24. 나는 어느 사람하고 헤어지고 나면 그의 좋은 점을 발견하려고 무척 애쓴다. 　　　　　　　　　　　　　　　　　　　3 2 1

25. 나는 애인이 다른 사람하고 같이 있는 것 같은 생각이 들면 도저히 견딜 수가 없다. 　　　　　　　　　　　　　　　　　3 2 1

26. 나는 두 애인이 서로 알지 못하도록 교묘하게 꾸민 적이 적어도 한 번은 있었다. 　　　　　　　　　　　　　　　　　　　3 2 1

27. 나는 매우 쉽고 빠르게 사랑했던 관계를 잊어버릴 수 없다. 　3 2 1

28. 애인을 결정할 때 한 가지 고려해야 할 점은 그가 우리 가정을 어떻게 생각하는가 하는 것이다. 　　　　　　　　　　　　　3 2 1

29. 사랑해서 가장 좋은 것은 둘이 함께 살며, 함께 가정을 꾸리고, 함께 아이들을 키우는 것이다. 　　　　　　　　　　　　　　3 2 1

30. 애인이 원하는 것을 위해서라면 나는 기꺼이 내가 원하는 것을 희생할 수 있다. 　　　　　　　　　　　　　　　　　　　3 2 1

31. 배우자를 결정함에 있어 가장 먼저 고려해야 할 것은 그가 좋은 부모가 될 수 있는가 하는 점이다. 　　　　　　　　　　　3 2 1

32. 우리가 언제부터 서로 사랑하게 되었는지 정확히 알 수 없다. 　3 2 1

33. 나는 매력적인 사람들과 바람피우는 것을 좋아한다. 　　　　3 2 1

34. 애인이 나와 다른 사람들 사이에 있었던 일을 알게 된다면 매우 화를 낼 것이다. 　　　　　　　　　　　　　　　　　　　3 2 1

35. 상대를 선택할 때 고려해야 할 점은 그가 자신의 직업을 어떻게 생각하는가 하는 것이다. 　　　　　　　　　　　　　　　3 2 1

36. 만약 나의 애인이 다른 사람의 아기를 갖고 있다면, 나는 그 아기를 내 자식처럼 키우고 사랑하며 보살펴 줄 것이다. 　　　　3 2 1

채점 방법

사랑의 유형에 따라 해당되는 문항은 다음과 같다. 각 문항에 응답한 숫자의 점수를 더하여 '합계'에 쓰면 각 사랑의 유형별 점수가 나온다. 각자 채점을 해보라.

○ 동료적 사랑 : 2, 5, 8, 21, 29, 32　　　　합계 (　　　　)

○ 낭만적 사랑 : 1, 7, 17, 20, 23, 33　　　　합계 (　　　　)

○ 논리적 사랑 : 4, 9, 16, 28, 31, 35　　　　합계 (　　　　)

○ 소유적 사랑 : 6, 14, 15, 26, 27, 34　　　　합계 (　　　　)

○ 이타적 사랑 : 12, 13, 19, 24, 30, 36　　　　합계 (　　　　)

○ 유희적 사랑 : 3, 10, 11, 18, 22, 25　　　　합계 (　　　　)

결과 해석

어떤 유형의 점수가 다른 유형의 점수보다 크면 클수록 그 유형의 특성을 강하게 지니고 있다고 할 수 있다. 어떤 사랑의 유형 점수가 가장 높게 나왔는가? 가장 낮게 나온 유형은 어느 것인가? 자신의 사랑이 두드러진 하나의 유형에 속하는지 아니면 여러 개의 유형이 넓게 퍼져 있는지의 여부도 확인해보라. 어느 한 사랑의 유형에 꼭 들어맞는 사람은 드물다.

· 출처 : 정종진(2004). 『당신은 사랑을 아는가 : 애정의 심리』. 서울: 양서원.

사랑의 유형과 의미

심리학자들은 사람들이 '사랑'이라는 단어로 기술하는 다양한 행위와 그 특성을 분석하여 왔고, 또 많은 사람들을 대상으로 설문지와 면접을 통해 사랑에 대한 태도와 행동을 연구하여 왔다. 존 리(John A. Lee)는 사랑을 다음과 같이 여섯 가지 유형으로 분류하고 있다.

• **동료적 사랑**(companionate love) : 동료적 사랑이란 오랫동안 함께 지내오다가 사랑하는 관계로 발전되는 유형으로서 친구에게서 느끼는 우정 같은 사랑을 말한다. 그

리스어로 **스토르게**(Storge)라고 한다. 동료적 사랑은 상대방에 대한 뜨거운 열정이나 일방적인 헌신이 개입되지는 않으나 깊은 신뢰와 친근감에 바탕을 둔 사랑이다. 화끈하고 낭만적인 면은 두드러지지 않으나 은근하고 정다우며 서로를 진심으로 원한다. 사랑과 좋아함은 흔히 상대방에 대해 갖는 애정의 강도에 의해서 구분되는데, 동료적 사랑에서 느끼는 감정은 좋아함에 가깝다고 할 수 있다. 이러한 동료적 사랑은 삶 속에서 오랜 기간 동안 밀접한 관계를 가져온 사람에 대해 느끼는 애정과 의리를 의미한다. 갈등이 생기는 경우에는 서로 양보하고 합리적인 해결을 위해 타협한다. 관계가 깨져도 우정은 계속 남아있는 경우가 많다. 평생 동안 인생의 풍파를 함께 헤쳐 온 노부부간의 사랑이 이러한 동료적 사랑의 대표적 예라 할 수 있다.

- **낭만적 사랑**(romantic love) : 낭만적 또는 열정적 사랑은 뜨거운 열정이 중요한 요소가 되는 강렬한 사랑을 말한다. 그리스어로 **에로스**(Aros)라고 한다. 상대를 보자마자 강한 전류에 감전된 것처럼 열정이 솟아난다. 첫눈에 금방 황홀한 사랑에 빠질 뿐만 아니라 한순간의 이별도 견딜 수 없어 한다. 이러한 사랑은 사랑하는 사람과 하나가 되고 싶은 욕망, 사랑하는 사람에 대한 과대평가나 우상화, 강렬한 감정을 수반하는 집착 등의 특징을 지닌다. 사랑이 영원할 것이라는 신념, 사랑하는 사람에 대한 계속적인 생각, 사랑을 위해선 무엇이든지 하려는 충동과 더불어 강렬한 성적인 요소가 개입된다. 이러한 사랑을 하는 사람은 세상에서 낭만적 혹은 열정적 사랑이 가장 중요하다고 믿는다. 이 사랑에는 상대방의 외모가 특히 중요한 요인으로 작용한다. 한 마디로 동화 속 주인공들의 사랑방식이다. 낭만적인 사랑을 꿈꾸는 사람은 자기도 동화 속 주인공처럼 살기를 원한다. 로미오와 줄리엣의 사랑이 낭만적 사랑의 대표적인 예라 할 수 있다. 낭만적 사랑은 대부분의 사람들이 선망하는 사랑의 유형이기도 하다. 그러나 낭만적 사랑은 흔히 불안정하며 지속적이지 못하고 많은 심리적 고통을 수반하는 경우가 많다. 이러한 사랑은 '눈먼 사랑'으로 기술되기도 한다.

- **논리적 사랑**(rational or pragmatic love) : 현명하게 사랑을 하려는 사람들이다. 이성에 근

거한 현실주의적이고 합리주의적인 사랑으로서 실용적 사랑이라고 불리기도 한다. 그리스어로 프라그마(Pragma)라고 한다. "나는 내가 생각하는 남편 및 아버지(혹은 아내 및 어머니)의 조건을 만족시키지 못하는 사람하고는 결코 연애를 하지 않을 것이다"라는 것이 이들의 태도이다. 배우자의 외모, 교육수준, 가정배경 및 성격 등에 대하여 구체적인 기준을 정해 놓고 있을 뿐만 아니라 자기 자신의 장점과 약점까지도 충분히 고려하고 있다. 선이나 중매를 통해 자신에게 적합한 조건을 지닌 상대를 만나고 사랑하게 되는 경우가 이러한 사랑의 예라고 할 수 있다.

- **소유적 사랑**(possessive love) : 사랑이란 상대방을 완전히 소유하는 것이라고 생각하는 동시에 상대방으로부터 내가 소유 당하는 것이라고 생각하는 유형이다. 그리스어로 마니아(Mania)라고 한다. 소유적 사랑에는 흥분과 깊은 절망, 헌신과 불신 같은 질투의 두 가지 극단이 존재하며, 이런 사랑을 하는 사람은 한시도 마음이 편하지 못하다. 이들은 완전히 사랑의 노예가 되어 버린 나머지 상대방의 사랑을 확인하는 일로 모든 시간과 정력을 소모할 뿐만 아니라, 혹시 버림받지 않을까 하는 마음으로 내내 마음을 졸인다. 사랑을 얻기 위해서 헌신적인 노력을 기울이지만, 배신의 기미가 보이면 뜨겁던 사랑이 일순간에 증오로 변한다.

- **이타적 사랑**(altruistic love) : 이타적 사랑이란 무조건적이고 헌신적으로 타인을 위하고 보살피는 사랑을 말한다. 그리스어로 아가페(Agape)라고 한다. 조건 없이 좋아하고 돌보아 주며, 용서하고 베풀어주는 자기희생적 사랑, 아가페적 사랑, 무조건적 사랑, 관음보살의 대자비적 사랑이 이에 속한다. 이타적 사랑은 사랑의 대상이 사랑을 받을 자격을 가지고 있는지의 여부나 그로부터 돌아오는 보상적인 대가에 상관없이 변함없이 주어지는 헌신적인 사랑이다. 이런 종류의 사랑에서는 자기희생이 중요한 요소가 된다. 이타적 사랑은 고전적인 종교적 사랑으로서 성경의 고린도전서 13장에 묘사되어 있듯이 언제나 온유하고 오래 참으며 시기하지 않고 보답을 기대하지 않는 숭고한 사랑을 말한다. 상대방이 자기를 얼마나 필요로 하는가가 사랑의 조건이기 때문에 상대방이 자기를 필요로 하지 않는다는 확신이 들 때 이들의 사랑은 끝이 난다. 신의 사랑, 부모의 사랑이 이러한 이타적 사랑의

대표적인 예라 할 수 있다.

- **유희적 사랑**(playful love) : 유희적 사랑이란 놀이와 같이 재미와 쾌락을 중요시하는 즐기는 사랑을 말한다. 그리스어로 루더스(Ludus)라고 한다. 이러한 사랑에서는 상대방에 대한 강력한 집착이나 관계의 지속을 위한 장기적인 계획이 없다. 사랑이란 즐기기 위한 도전이며, 이기기 위한 시합이다. 이들은 사랑의 약속 같은 것은 하지 않으며, 동시에 두 사람 혹은 그 이상의 애인들과 사랑을 나누는 것이 예사이다. 이들은 한 사람에서 다른 사람으로 쉽게 옮겨가며 어느 한 사람과 심각한 사랑에 빠지거나 특별히 흥분하지도 않는다. 이들은 한 사람과의 관계에 자신의 평생을 바치려 하지 않으며, 상대방과의 관계에서 쾌락과 즐거움이 줄어들면 다른 대상을 찾게 된다. 플레이보이들이 나타내는 사랑이 그 대표적인 예라 할 수 있다.

한편, 에리히 프롬(Erich Fromm)은 그의 저서 『사랑의 기술』에서 사랑이란 인간이 자신을 타인들과 분리시키는 벽을 허물어버리는 데에 사용되는 적극적인 힘이라고 기술하였다. 사랑은 인간을 결속시키며, 인간으로 하여금 고립감과 격리감을 극복하도록 도와주며, 자기 자신의 본연의 모습과 고결한 모습을 유지하도록 해줄 수 있다고 프롬은 지적하였다. 프롬은 사랑의 대상이 다르고 사랑의 깊이와 질이 다를지라도 올바른 사랑의 기본적 요소는 같다고 보았다. 그가 사랑의 기본적 요소로 제시하고 있는 것은 관심, 책임, 존경, 지식 등이다.

관심(care)은 어느 개인의 생명과 성장에 적극적으로 관여하는 것을 말한다. 다시 말하면, 관심은 문제에 직면하여 그 문제의 성격을 규명하고 해결책을 파악하는 것이다. 프롬은 적극적인 관여, 즉 관심이 없는 곳에는 어떠한 사랑도 있을 수 없다고 했다. 관심을 갖는다는 것은 상대방이 처해 있는 상황에서 그 상황이 즐거운 것이든 고통스러운 것이든 간에 자신이 참여하는 것이다. 상대방의 즐거운 상황에 참여하는 것은 기쁨을 주지만, 고통스러운 문제 상황에 참여하는 것은 괴로움을 준다. 사랑은 즐거운 상황은 물론이고 고통스러운 문제 상황에도 기꺼이 마음으로 대면하도록 해준다. 자녀에 대한 부모의 사랑은 이러한 관심을 아주 잘 보여주고 있는 대표적인 예라 할 수 있다.

책임(responsibility)이란 상대방에 반응할 준비가 되어 있다는 것을 의미한다. 책임은 반응과 같은 뿌리를 가지고 있다. 그 어원 respondere는 to answer, 즉 대답하는 것을 뜻한다. 인간을 생산적으로 사랑한다는 것은 개인의 육체적 생존뿐만 아니라 개인의 지속적인 성장과 발달에 지속적인 관심을 가지고 책임을 느끼는 것을 의미한다. 자녀에 대한 부모의 사랑도 그 본질은 관심과 책임인 것이다. 아이의 출생 동안 어머니는 아이를 위해 고생하고, 출생 후에는 아이를 올바르게 성장시키기 위해 지속적으로 노력을 기울인다. 이러한 책임감은 외부로부터 개인에게 주어진 의무가 아니라 바로 자신의 일이라고 느끼는 스스로의 요구에 대한 자신의 반응(response)이다.

존경(respect)이란 상대방이 있는 그대로 성장하고 발전하여야 한다는 것을 인식하는 관심을 말한다. 또한 존경은 착취가 없음을 뜻한다. 사랑하는 사람이 나에게 봉사해줄 것을 바라지 않고, 그가 스스로 성장하며 발전하기를 원한다. 존경은 그 어원인 respicere에서 보면 to look at, 즉 보는 것을 의미한다. 즉, 존경은 있는 그대로의 개인을 바라보는 능력, 개성과 독특성을 인식하는 것을 의미한다. 존경받음으로써 나타나는 상대방의 '나는 귀중한 사람이다'라는 느낌은 그의 정신건강에 매우 중요한 것이다. 상대방에 대한 사랑은 바로 이러한 존경하는 마음이 그 바탕이 되어야 한다. 이러한 존경심은 상대방의 현재 상태를 수용하여 앞으로의 발전방안을 강구하는 데에 도움을 줄 수 있다.

지식(knowledge)이란 상대방의 성장을 도와줄 수 있는 개인의 능력이다. 사랑하는 사람에 대한 존경과 지식이 없다면 사랑은 지배나 소유로 타락하기 쉽다. 어떤 사람을 존경하는 것은 그 사람에 대한 지식이 없다면 불가능하다. 관심과 책임은 개인의 개성에 관한 지식의 안내가 없다면 맹목적이 될 것이다. 사랑하는 사람에 대한 지식이 없다면, 즉 이해가 없다면 허황된 공상에 불과하다.

프롬은 사랑을 인간의 감상적인 측면에서가 아니라 전체적인 측면에서 논의하면서 다음과 같이 다섯 가지 유형의 사랑 관계를 간단히 설명하였다.

- **대등한 사랑** : 이러한 유형의 사랑은 종종 '형제애와 같은 사랑'이라고 불리며, 가장 기본적이고 보편적인 유형의 사랑이다. 이러한 사랑에는 상대방에 대한 관심, 책임감, 존경, 이해 및 그의 삶을 촉진시키고자 하는 소망 등이 있어 항상 대등한 것이 아닌, 즉 이번에는 내가 도와주고 다음에는 상대방이 도와주는 것과 같이 상호간의 도움을 필요로 한다고 프롬은 지적하고 있다. 대등한 사랑은 독점적인 것이 아니라 보편적인 것이다. 이것은 어떤 사람이 단순히 상대방이 인간이라는 이유로 해서 그 사람에게 나타내는 사랑의 형태이다.

- **무조건적인 사랑** : 프롬이 '모성애와 같은 사랑'이라고 불렀던 무조건적인 사랑에서는 아이가 살아서 성장하는 데 필요한 관심과 책임감은 물론이거니와 또한 살아서 존재한다는 것 그 자체가 좋은 것이라는 느낌과 같은 감정의 전달이 포함된다. 모성애와 같은 사랑의 질이나 태도는 전달된다. 즉 어머니가 삶을 사랑하며 자녀를 사랑하는 데서 행복을 느끼게 되면 이러한 감정이 자녀에게 전달된다. 이러한 유형의 사랑은 대등한 관계의 사랑이 아니라는 점에서 형제애와 같은 사랑과는 다르다. 어머니는 언제나 도움을 주기만 하고, 자녀는 도움을 받기만 한다. 진실한 모성애와 같은 사랑에 있어 가장 어려운 문제는 언젠가는 자녀가 부모의 품안에서 떠난다는 불기피한 사실을 인정하고 수용하는 것이다. 왜냐하면 자녀는 성장해야만 하기 때문이다. 자녀는 어머니의 뱃속과 품안에서 벗어나야만 한다. 그리하여 자녀는 결국엔 완전히 독립된 하나의 인간이 되어야만 한다. 모성애와 같은 사랑의 본질은 자녀가 성장하도록 보살펴주는 것이며, 또한 자녀가 부모에게서 독립하게 되기를 원하는 것을 의미하는 것이다. 아무런 조건 없이 어떤 상대방이 행복하게 되기를 바라는 소망은 진실한 모성애와 같은 사랑이다. 많은 부모들은 자녀가 자신에게서 떠나는 것을 거의 원치 않는다. 그렇지만 떠나보냄으로써 자녀가 하나의 독립된 인간으로 되고 계속 성장할 수 있는 것이며, 이것이 바로 무조건적인 사랑의 본질인 것이다.

- **애욕적인 사랑** : 이러한 유형의 사랑은 종종 독점적인 사랑이다. 프롬은 "애욕적 사랑은 타인과 결합해서 하나가 되려고 하는 강렬한 사랑이다. 그리고 이것은 또

한 모든 사랑 가운데 아마도 가장 믿을 수 없는 형태의 사랑일 것이다"라고 기술하고 있다. 애욕적 사랑은 성적 결합을 의미하며, 대개 결혼을 통해서 이러한 관계는 절정에 달한다. 애욕적 사랑은 헌신적이고 기꺼이 경험을 나누고자 하는 태도를 포함하고 있다. 그러나 육체적인 결합은 애욕적 사랑에 내포된 함께 나누는 경험의 하나에 불과할 따름이다. 왜냐하면 육체적 결합의 욕구가 사랑에 의해 유발된 것이 아니라면, 그러한 결합은 생리적 욕구의 방출에 불과한 것이기 때문이다. 애욕적 사랑은 의지를 포함하고 있다. "어떤 사람을 사랑한다는 것은 단순히 강렬한 감정이 아니라 하나의 결정이고 판단이며 약속이다. 만일 사랑이 단순한 감정이라면, 서로를 영원히 사랑하기 위한 약속의 기반이 없어지게 될 것이다. 자신의 행위가 판단 및 결정과 무관하다면, 애욕적 사랑이 영원히 지속되리라는 것을 어떻게 판단할 수 있겠는가?"라고 프롬은 말하고 있다.

- **자신에 대한 사랑** : 사람들은 남을 사랑하는 것은 덕(德)이고, 자기 자신을 사랑하는 것은 악(惡)이라고 생각하는 경우가 종종 있다. 인간은 오랫동안 자기 자신에 대한 사랑을 이기심 및 자만심과 관련시켜 왔다. 그러나 이것은 잘못된 생각이다. 인간은 자기 자신을 건전하게 존중할 줄 알아야만 한다. 성서(聖書)에 표현된 "네 이웃을 네 몸과 같이 사랑하라"는 말이 자기 자신의 고결함과 독특성을 존중하라는 뜻을 내포하고 있는 것이다. 자기 자신의 자아에 대한 사랑과 이해는 타인에 대한 존경과 사랑과 이해와 구별될 수 없는 것이다. 자기 자신에 대한 사랑은 타인에 대한 사랑과 불가분의 관계에 있다. 우리는 자기 자신을 사랑할 것인지 아니면 타인을 사랑할 것인지 선택할 필요가 없다. 왜냐하면 이들 두 가지는 양립 가능한 태도이기 때문이다. 사실 타인을 사랑하기 위해서는 먼저 자기 자신을 사랑할 줄 알아야 한다는 것은 당연한 일이다. 거꾸로 우리가 타인을 사랑할 수 있다면, 우리는 또한 자기 자신을 사랑할 수도 있을 것이다. 만일 우리가 자기 자신을 사랑한다는 것, 즉 관심, 존중, 책임, 이해에 근거한 자신의 삶의 행복의 의미를 정확하게 이해한다면, 우리는 자기 자신에 대한 사랑과 이기심이 정반대의 말이라는 것을 알 수 있을 것이다. 이기적인 사람들은 자기 자신에만 관심이 있고, 타

인에 대한 진실한 감정을 갖고 있지 않으며, 모든 것을 자기 편리한 대로 판단하려고 하는 사람들이다. 프롬은 "이기적인 사람들은 타인을 사랑할 수 없을 뿐만 아니라 자기 자신을 사랑할 수 없음에 틀림없다"라고 설명하고 있다. 진실로 사랑할 줄 아는 사람들은 자기 자신과 타인을 모두 사랑한다.

- **신에 대한 사랑** : 서양에 있어서 신(神)에 대한 사랑은 본질적으로 신에 대한 믿음과 신은 존재하고 정의로우며 사랑을 베푼다는 믿음과 같은 것이다. 신에 대한 사랑은 또한 본질적으로 정신적인 경험을 통해 가능하다. 동양의 종교와 신비주의에 있어 신에 대한 사랑은 유일성(oneness)에 대한 강렬한 감정의 경험이며, 이러한 사랑의 표현은 일상적인 생활과 밀접한 관련을 갖고 있다. 연령과 지역에 관계없이 모든 사람들은 우주를 이해하고 종교적인 사랑을 통해 자신들의 삶에 대한 의미를 부여하려고 노력해 왔다. 신에 대한 사랑은 사람들로 하여금 자신들의 삶에 대한 더 많은 의미를 부여하도록 해준다.

프롬은 또한 인간의 잠재능력 개발이라는 생산성에 근거하여 사랑을 생산적 사랑과 비생산적 사랑으로 구분하고 있다. 비생산적 사랑은 수용형, 착취형, 저장형, 판매형과 같은 비생산적 성격과 관련되어 있다. 성격이 주로 비생산적인 사람은 주는 일을 손해로 생각하며, 따라서 주기를 거부한다. 수용형의 성격은 마조히즘적이고, 착취형의 성격은 사디즘적이고, 저장형의 성격은 파괴적이며, 판매형의 성격은 무관심적이다.

이에 비해 생산적 성격의 사람은 주는 것이야말로 자신이 가지고 있는 잠재력을 최고로 발휘하는 것으로 생각한다. 이런 사람은 주는 행위 속에서 자신의 삶이 표현된다고 보며 받는 것보다 더 기쁘게 생각한다. 여기서 우리는 생산적 성격이 참된 사랑을 할 수 있다는 것을 알 수 있다.

앞에서 살펴본 바와 같이 사랑에는 여러 가지 각기 다른 유형이 있고, 이에 따라 사랑의 의미도 서로 다르다. 그러나 모든 종류의 사랑에 있어서 가장 공통적인 것은 관심, 보호, 상대방에 대한 책임감, 그리고 그의 성장과 행복을 향상시키기 위한 욕망이다. 개인이 한 가지 유형의 사랑만을 갖는 것은 아니지만, 어떤 종류의 사랑이라도 이를 느낄 수 있는 능력을 가진 사람은 다른 사람을 존중하고 타인과 따뜻한 결속을 맺으려는 열망을 지닌 인간에 대한 기본적인 태도가 되어 있는 사람이다. 프롬은 "만일 어떤 사람이 오직 한 사람만을 사랑하고 나머지 사람에 대해서는 무관심하다면, 그의 사랑은 사랑이 아닌 단지 공생적인 애착이거나 이기심이 확대된 것일 뿐이다"라고 말했다.

만일 사랑이 지나친 소유욕으로 변화되거나 사랑하는 사람을 발전시켜 주지 못한다면, 그것은 문제가 되는 관계가 되고 말 것이다. 신경증적이고 비생산적인 사람은 사랑을 주기보다는 받으려고 하는 것과 보다 밀접한 관계가 있다. 그러한 사랑은 사랑을 달라는 형태의 태도이며 자기고양에만 관심을 기울인다. 이러한 요구적인 형태의 사랑은 불가능한 것은 아니지만 충족되기가 어렵다. 왜냐하면 새로운 요구가 계속해서 분출되기 때문이다. 따라서 신경증적이고 비생산적인 성격을 가진 사람은 결국 실망과 쓰라린 고통을 남겨주는 경우가 흔하다. 거짓 사랑은 밝은 달빛, 장미, 영원한 축복 등에 의해서 연상되는 감상적이거나 낭만적인 사랑으로 잘 묘사될 수 있다. 이른바 이러한 형태의 환상적인 사랑은 영화, 연가(戀歌), 또는 연애소설 등을 통한 대리적 경험에 의해 추구될 수도 있다. 이러한 유형의 관계에 있는 연인들은 환상적인 꿈의 세계에 빠져 현실적인 대인간의 접촉을 하지 못하기도 한다.

마오리족의 사랑 이야기

뉴질랜드의 원주민인 마오리족의 사랑에 관한 이야기는 신화와 전설을 통해 전해져 오고 있다. 마오리족의 다음과 같은 천지창조에 관한 전설에서 변함없고 애절한 부부의 사랑을 흠뻑 느낄 수 있다.

태초엔 세상에 빛이 없었다. 세상은 온통 칠흑 같이 캄캄한 암흑뿐이었다. 하늘과 지구는 있었지만 빛은 여전히 어느 곳에서도 보이지 않았다. 남편인 하늘(랑이, Rangi)과 아내인 지구(파파, Papa)는 금슬이 아주 좋은 부부로서 둘은 서로 떨어지는 법이 없이 항상 함께 살고 있었다. 지구는 하늘을 향해 반듯하게 누워서 하늘을 받아들이고 있었으며, 하늘은 지구 위에 몸을 포개어 엎드려 둘은 완전히 결합된 채로 지내고 있었다. 그래서 지구와 하늘 사이에는 아무런 공간도 없었고, 빛도 새어들 수가 없었다. 지구는 벌거벗은 채로 하늘을 받아들이고 있었지만, 하늘과의 결합으로 땅과 숲과 동물과 물고기가 생겨서 알몸을 가릴 수가 있었다.

그 후에 하늘과 지구는 6명의 자식을 낳았는데, 그들은 바람의 신, 바다의 신, 숲의 신, 야생식물의 신, 농작물의 신, 그리고 전쟁의 신이었다. 하늘과 지구는 서로 떨어지는 법이 없었으므로 두 몸 사이에 빛이 들어올 수가 없었고, 따라서 자식들은 아주 오랜 세월을 어둠 속에서 살아야만 했다. 그러나 자식들은 어둠 속에서 지내야 하는 것이 못마땅하기만 했다. 그들은 밝은 세상에서 만물을 눈으로 보며 환하게 살기를 갈망했다. 그래도 부모인 하늘과 지구는 전혀 떨어질 기미를 보이지 않았다. 자식들은 오랫동안 참으며 부모의 몸이 서로 떨어지기를 기다렸지만 별다른 변화가 보이지 않자 한자리에 모여서 아버지와 어머니를 떼어놓을 방도를 모색하기 시작했다. 자식들은 아버지와 어머니의 몸이 서로 떨어지면 그 사이에 빛이 들어올 것으로 믿고 차례로 나서서 부모의 몸을 떼어놓기 위해 몸부림쳤지만 매번 실패하고 말았다.

그러던 중에 숲의 신이 부모의 몸을 떼어놓을 차례가 되었다. 그는 있는 힘을 다해 부모의 몸을 밀고 당겼으나 별 효과가 없자 어깨로 땅을 딛고 두 발로 하늘을 힘껏 밀어 올려서 드디어 지구로부터 하늘을 떼어놓는 데 성공하였다. 그러자 밝은 빛이 그 사이로 봇물처럼 밀려 들어와서 광명의 세상을 얻게 되었다. 그리하여 낮이 새로 생기게 되었고, 그로 말미암아 숲의 신은 낮의 신이라는 칭호를 하나 더 달게 되었다. 하늘과 지구는 결합되어 있었던 두 몸이 떨어지자 깊은 슬픔에 잠기고 말았다. 한번 떨어진 몸이 다시 결합될 길이 없던 하늘과 지구는 비탄해 했지만, 둘 사이의 사랑은 여전히 식지 않고 지속되었다. 하늘은 너무나도 한이 맺혀 눈물을 펑펑 흘리며 울었고, 얼마나 오랫동안 울었던지 눈물은 바다를 이루게 되었다. 그 후 하늘과 지구는 서로 마주보며 항상 슬픔에 잠긴 채 지내게 되었다. 자식들은 어둠 속에서 지내는 것이 하도 싫어서 일을 저지르고 말았지만, 부모의 슬퍼하는 모습을 계속 지켜보며 도저히 지낼 수가 없었다. 그래서 자식들은 부모의 슬픔을 덜어줄 궁리를 하게 되었는데, 차라리 부모가 서로 바라볼 수 없게 되면 슬픔이 덜어질 것이라고 의견을 모으게 되었다.

그리하여 자식들은 어머니인 지구의 몸을 뒤집어 놓고 말았다. 하늘은 여전히 지구를 내려다보며 슬픔을 가눌 길이 없었지만 너무 울면 온 천지가 바다가 될까 봐 실컷 울 수도 없었다. 그래서 하늘은 울음을 참고 있다가 밤마다 사랑하는 아내의 등 위에 이슬을 내리고 있고, 한편 아내는 남편을 사모하는 마음이 예나 변함없이 지극하여 지금도 이른 아침 골짜기에는 한숨이 김으로 모락모락 피어오르고 있다는 것이다.

- 정종진(1998)의 『뉴질랜드의 교육』에서

나의 사랑의 삼각형은 어떤 모양인가

지시 사항

당신의 사랑의 삼각형은 어떤 모양인가? 스턴버그는 사랑의 세 가지 구성요소를 측정하기 위해 사랑의 삼각형 이론 척도를 제작하였다. 현재 사랑하는 사람에 대한 자신의 사랑을 삼각형 이론에 비추어 살펴보고자 한다면, 다음 척도를 사용하여 사랑의 삼각형 모양을 만들어 볼 수 있다. 여기서 빈칸은 사랑하는 사람을 가리킨다. 각 문항에 대해 당신이 사랑하는 사람과의 관계에 대해서 어떻게 느끼고 있는지를 9점 척도에 따라 응답하면 된다. 1 = 전혀 아니다, 5 = 보통이다, 9 = 매우 그렇다는 것을 가리킨다. 따라서 5의 숫자는 여러분이 사랑하는 사람에 대해 느끼는 감정 수준이 중간 수준임을 의미하는 것이다. 해당되는 숫자에 ○표 해보라.

1. 나는 ....의 안녕과 행복을 위해서 적극적으로 지원
   한다.　　　　　　　　　　　　　　　　　1 2 3 4 5 6 7 8 9
2. 나는 ....와 따뜻한 관계를 갖고 있다.　　1 2 3 4 5 6 7 8 9
3. 나는 필요한 경우 ....에게 의지할 수 있다.　1 2 3 4 5 6 7 8 9
4. ....는 필요한 경우 나에게 의지할 수 있다.　1 2 3 4 5 6 7 8 9
5. 나는 ....와 나의 모든 것을 함께 나눌 의향이 있다.　1 2 3 4 5 6 7 8 9

6. 나는 ....로부터 상당한 정서적 지지를 받고 있다. 1 2 3 4 5 6 7 8 9

7. 나는 ....에게 상당한 정서적 지지를 주고 있다. 1 2 3 4 5 6 7 8 9

8. 나는 ....와 말이 잘 통한다. 1 2 3 4 5 6 7 8 9

9. 나는 ....를 내 인생에 있어서 매우 귀중하게 여긴다. 1 2 3 4 5 6 7 8 9

10. 나는 ....와 친밀감을 느낀다. 1 2 3 4 5 6 7 8 9

11. 나는 ....와 편안한 관계를 유지하고 있다. 1 2 3 4 5 6 7 8 9

12. 나는 ....를 정말로 이해하고 있다고 느낀다. 1 2 3 4 5 6 7 8 9

13. 나는 ....가 정말로 나를 이해하고 있다고 느낀다. 1 2 3 4 5 6 7 8 9

14. 나는 ....를 정말로 신뢰할 수 있다고 느낀다. 1 2 3 4 5 6 7 8 9

15. 나는 ....와 나 자신에 관한 매우 개인적인 정보를
함께 나누고 있다. 1 2 3 4 5 6 7 8 9

16. ....를 보기만 해도 나는 흥분된다. 1 2 3 4 5 6 7 8 9

17. 나는 온종일 ....에 대해서 생각하는 나 자신을
자주 발견한다. 1 2 3 4 5 6 7 8 9

18. ....와 나의 관계는 매우 낭만적이다. 1 2 3 4 5 6 7 8 9

19. 나는 ....가 매우 매력적인 사람이라는 것을 느낀다. 1 2 3 4 5 6 7 8 9

20. 나는 ....를 이상적으로 여기고 있다. 1 2 3 4 5 6 7 8 9

21. 나는 ....처럼 나를 행복하게 해주는 다른 사람을
상상할 수 없다. 1 2 3 4 5 6 7 8 9

22. 나는 다른 어떤 사람보다도 ....와 함께 있고 싶다. 1 2 3 4 5 6 7 8 9

23. 나에게 있어서 ....와의 관계보다 더 중요한 것은 없다. 1 2 3 4 5 6 7 8 9

24. 나는 ....와 신체적으로 접촉하는 것을 특히 좋아한다. 1 2 3 4 5 6 7 8 9

25. 나와 ....와의 관계에는 어떤 마술적인 힘이 있다. 1 2 3 4 5 6 7 8 9

26. 나는 ....를 찬미한다. 1 2 3 4 5 6 7 8 9

27. 나는 ....가 없는 인생을 생각할 수 없다. 1 2 3 4 5 6 7 8 9

28. 나와 .... 와의 관계는 열정적이다. 1 2 3 4 5 6 7 8 9

29. 내가 낭만적인 영화나 책을 볼 때면 ....가 생각난다. 1 2 3 4 5 6 7 8 9

30. 나는 .... 에 대해서 공상을 한다. 1 2 3 4 5 6 7 8 9

31. 나는 .... 에 대해서 염려하고 있다는 것을 알고 있다. 1 2 3 4 5 6 7 8 9

32. 나는 .... 와의 관계를 지속시키기 위해 최선의 노력
을 다하고 있다. 1 2 3 4 5 6 7 8 9

33. 나는 .... 에 대해서 헌신을 다하고 있기 때문에 다른
사람들이 우리들 사이에 끼어들지 못하도록 할 것이다. 1 2 3 4 5 6 7 8 9

34. 나는 .... 와의 관계가 흔들리지 않을 것이라는 점에
대해 자신감을 갖고 있다. 1 2 3 4 5 6 7 8 9

35. 나는 어떤 어려움이 있더라도 .... 에게 최선의 노력
을 다할 것이다. 1 2 3 4 5 6 7 8 9

36. .... 에 대한 나의 사랑은 남은 인생 동안 계속될 것
이라고 예상한다. 1 2 3 4 5 6 7 8 9

37. 나는 .... 를 위해서 항상 강한 책임감을 느낄 것이다. 1 2 3 4 5 6 7 8 9

38. 나는 .... 에 대한 나의 사랑이 확고하다고 본다. 1 2 3 4 5 6 7 8 9

39. 나는 .... 와의 관계가 끝나는 것을 상상할 수 없다. 1 2 3 4 5 6 7 8 9

40. 나는 .... 에 대한 나의 사랑을 확신한다. 1 2 3 4 5 6 7 8 9

41. 나는 .... 와의 관계가 영원히 지속될 것이라고 본다. 1 2 3 4 5 6 7 8 9

42. 나는 .... 와 사귀는 것을 잘한 결정이라고 여긴다. 1 2 3 4 5 6 7 8 9

43. 나는 .... 에 대한 책임감을 느낀다. 1 2 3 4 5 6 7 8 9

44. 나는 .... 와의 관계를 계속 유지할 계획이다. 1 2 3 4 5 6 7 8 9

45. 비록 .... 와 대처하기 어려운 문제가 생긴다 하더라도
나는 우리의 관계를 계속 유지하기 위해 최선을 다할
것이다. 1 2 3 4 5 6 7 8 9

채점 방법

1번에서 15번까지 9점 척도에서 체크한 숫자를 모두 합산하면 친밀감 점수가 된다. 마찬가지로 16번부터 30번까지 체크한 숫자를 모두 합산하면 열정 점수가, 그리고 31번부터 45번까지 체크한 숫자를 모두 합산하면 결정/투신 점수가 된다. 세 구성요소의 점수를 각각 삼각형의 세 변의 길이로 하여 삼각형을 만들면, 이것이 여러분의 사랑의 삼각형 모양이 된다.

결과 해석

사랑의 삼각형 크기는 사랑의 크기와 깊이 및 강도를 나타내고, 사랑의 삼각형 모양은 사랑의 균형 상태를 알려준다. 삼각형의 세 변에 해당되는 세 가지 사랑의 요소가 균형적으로 잘 발달한 사랑이 크고 풍성한 사랑이라 할 수 있다. 어느 한 변이 짧다면 상대에 대한 그 사랑의 요소가 부족하다는 것을 의미한다.

·출처 : Sternberg, R. J.(1990). *A triangular theory of love scale*. New Haven, CT : Yale University; Sternberg, R. J.(1997). Construct validation of a triangular love scale. *European Journal of Social Psychology*, 27, 313-335.

사랑의 삼각형 이론

실제 사랑을 해본 경험이 있는 여러 연령층의 사람들을 대상으로 설문조사와 면접을 통해 사랑을 연구한 스턴버그(Robert J. Sternberg)는 사랑의 삼각형 이론(triangular theory of love)을 주장하였다. 그의 이론에 따르면, 사랑은 친밀감, 열정, 결정/투신의 세 가지 요소로 구성되어 있다.

첫째, **친밀감**(intimacy)은 만남의 횟수와 교제기간에 비례하여 서서히 증가하는 것으로서 상대방에 대한 친근감과 관련된 정서적 측면이다. 사랑이 따뜻하고 푸근하게 느껴지는 것은 바로 이러한 친밀감 때문이다.

둘째, **열정**(passion)은 성을 포함한 육체적 접촉에 대한 욕구인 생리적 측면으로서, 사랑하는 대상에 자신의 모든 것을 투자하도록 만드는 강렬한 내적인 힘이다. 열정은 연인들을 생리적으로 흥분시켜 들뜨게 하고 사랑하는 사람과 함께 있고 싶고 일체가 되고 싶은 강렬한 욕망을 불러일으키는 사랑의 뜨거운 측면이다.

셋째, **결정/투신**(decision/commitment)은 상대방을 사랑하겠다는 결정과 행동적 표현, 즉 사랑하는 사람과의 사랑을 지키겠다는 선택이자 결정이며 책임의식이기도 하다. 이러한 결정/투신은 사랑의 차가운 측면인 동시에 인지적 측면을 나타낸다. 사랑의 가장 대표적인 결정/투신 행위는 약혼과 결혼이며, 그밖에 사랑의 약속과 맹세, 사랑의 징표나 선물의 교환, 주위 사람들에게 연인을 소개하는 일, 연인과 함께 고통스런 일을 돕고 견디는 일 등이 이에 속한다.

이러한 사랑의 세 가지 구성요소의 존재 여부에 따라 스턴버그는 다음의 사랑의 분류표와 같이 여덟 가지의 사랑의 종류를 설명하고 있다.

사랑의 분류표			
구성요소			
	친밀감	열정	결정/투신
비사랑 또는 가시적 사랑	−	−	−
좋아함 또는 우정	+	−	−
짝사랑 또는 광적인 사랑	−	+	−
공허한 사랑	−	−	+
낭만적 사랑	+	+	−
동료적 또는 동반자적 사랑	+	−	+
허구적 또는 눈먼 사랑	−	+	+
완전한 사랑	+	+	+

1. **비사랑 또는 가시적 사랑** : 사랑의 세 구성요소의 아무 것도 갖추지 않은 관계로서, 이와 같은 관계는 사랑의 관계라기보다는 일반적인 만남에 불과하며 사랑한다는 말은 거짓이다.

2. **좋아함 또는 우정** : 단지 사랑의 정서적 요소, 즉 친밀감이 존재하는 상태이다. 친구 관계에서 느끼는 우정과 같은 것으로 가까움과 따뜻함을 느끼는 상태이다.

3. **짝사랑 또는 광적인 사랑** : 정서적 요소인 친밀감과 의지와 같은 인지적 측면은 결여된 채 성적욕구가 포함된 생리적 요소인 열정만이 존재하는 상태이다. 우연히 어떤 사람을 보고 첫 눈에 반해 뜨거운 사랑의 감정을 느끼지만 결코 말 한번 걸어보지 못하고 혼자 가슴앓이를 하는 경우가 이 범주에 속한다.

4. **공허한 사랑** : 친밀감과 열정 없이 결정/투신 행위만 있는 경우로서 생각만 하는 의지로서 하는 사랑이다. 사랑 없이 결혼생활을 하는 부부, 친밀감과 열정 없이 돈과 사회적 명예를 가진 나이 든 남자에게 결혼하는 젊은 여자, 친밀감이나 정이 다 떨어지고 열정도 식은 채 단지 자녀를 위해 결혼관계를 유지하는 부부가 이러한 공허한 사랑의 유형에 속한다.

5. **낭만적 사랑** : 결정/투신 행위는 없지만 친밀감과 열정이 있는 사랑의 경우이다. 서로 친밀감과 열정은 느끼지만 결혼과 같은 미래에 대한 약속은 없으며, 휴가나 여행에서 만나 며칠 동안 나눈 뜨거운 사랑이 이에 해당한다. 흔히 첫사랑이라고 불려지는 중·고등학교 시절에 많이 나타나기도 한다.

6. **동료적 또는 동반자적 사랑** : 친밀감과 결정/투신 행위는 있지만 열정이 없거나 식어 버린 경우이다. 이런 사랑으로 결혼을 한 사람은 육체적 매력을 느끼지는 못하지만 일종의 우정을 약속하는 장기간의 형태이다. 오랜 결혼생활을 한 부부간의 관계에는 이런 사랑이 흔하다.

7. **허구적 또는 눈먼 사랑** : 열정과 결정/투신 행위는 있지만 친밀감이 형성되지 못한 경우로서 흔히 헐리우드식 사랑이라고도 한다. 만나지 며칠 만에 열정을 느껴 약혼하고 보름 만에 결혼하는 식의 사랑이 이에 해당한다. 이러한 관계는 두 사람을 이어주는 정서적 감정 요인, 즉 친밀감이 존재하지 않기 때문에 이런 사랑은 오랫동안 지속되기 어렵다.

8. **완전한 사랑** : 사랑의 세 가지 구성요소가 모두 갖추어져 있는 완벽하고 이상적인 사랑이다. 이런 종류의 사랑이 훌륭한 사랑으로 생각되나 여기에는 정도의 차이가 있을 수 있다. 즉, 완전한 사랑 속에는 세 가지 요소가 다 같이 포함되기는 하지만 이들 요소가 가지는 깊이의 정도에 차이가 나기 때문이다.

많은 사랑의 관계는 하나 또는 두 개의 요건이 단지 최소한으로 존재하면서 장기간에 걸쳐 지속된다. 사실 이들 사랑의 구성요소는 시간의 흐름에 따라 변화한다. 사랑이 계속되는 경우 인지적 요소인 결정/투신은 사랑의 강도가 강할 때 최고조에 달했다가 안정을 유지하는 반면에, 친밀감은 시간의 경과와 함께 서서히 생겨나게 된다. 그리고 열정은 시간이 흐를수록 현저한 퇴조를 보이고 비교적 일찍 평정을 유지하게 된다.

스턴버그는 자신이 제시한 친밀감, 열정, 결정/투신의 세 요소로 사랑의 삼각형을 만들었다. 사랑의 세 가지 요소는 사랑 삼각형의 세 변을 구성한다. 각 변의 길이는 그 변이 대표하는 요소인 친밀감, 열정, 결정/투신의 정도나 강도를 의미한다. 이 사랑의 삼각형은 사랑의 깊이(강도, 크기)와 사랑의 균형을 나타내준다. 사랑의 삼각형 크기를 보면 사랑의 깊이를 알 수 있고, 사랑의 삼각형 형태를 보면 사랑의 균형을 알 수 있다.

세 변으로 구성한 삼각형의 넓이는 사랑의 양 또는 크기를 나타낸다. 그리고 삼각형의 모양은 사랑을 구성하는 요소들 간의 균형 정도를 나타낸다. 삼각형의 넓이, 즉 사랑의 크기는 세 가지 요소가 균형 있게 증가할 때 최대한 커지며, 어떤 한 요소가 아무리 크더라도 다른 요소가 함께 크지 않으면 그 넓이가 협소해진다. 그러므로 세 가지 사랑의 요소가 균형적으로 잘 발달한 사랑이 크고 풍성한 사람이 된다는 점을 시사받을 수 있다.

사랑의 삼각형은 여러 관점에서 구성될 수 있다. 먼저 현실적인 사랑과 이상적인 사랑을 나타내는 삼각형을 만들 수 있다. 이 두 삼각형을 비교해 봄으로써 현실적인 사랑과 이상적인 사랑 간의 괴리를 파악해 볼 수 있다. 세 변의 길이뿐만 아니라 삼각형의 넓이와 모양의 비교를 통해서 현실적인 사랑이 이상적인 사랑에 비해 어떤 면에서 차이가 있는가를 시각적으로 평가해 볼 수 있다. 이러한 평가를 통해서 현실적 사랑에 어떤 사랑의 요소가 부족하며, 따라서 어떤 요소를 더욱 발전시켜야 하는지에 대한 시사점을 얻을 수가 있다.

사랑의 삼각형은 사랑하는 두 연인 각자의 관점에서 구성될 수 있다. 즉, 사랑하

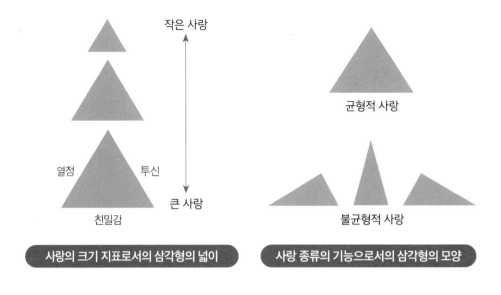

사랑의 크기 지표로서의 삼각형의 넓이

사랑 종류의 기능으로서의 삼각형의 모양

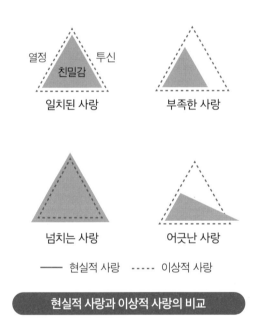

—— 현실적 사랑 ----- 이상적 사랑

현실적 사랑과 이상적 사랑의 비교

는 두 사람이 현재의 사랑에 대해서 각자의 삼각형을 만들 수 있다. 각자가 만든 삼각형의 모양과 넓이에 의해서 서로에 대해 지니는 친밀감, 열정, 결정/투신의 정도를 평가해 볼 수 있으며, 또한 두 사람의 삼각형을 비교해 봄으로써 현재의 사랑에 대한 두 사람의 차이점을 알 수 있다. 이러한 비교를 통해서 어떤 사랑의 요소를 강하게 경험하고 있고 어떤 사랑의 요소가 부족하다고 느끼고 있는가를 알 수 있으며, 따라서 상대방을 위해 어떤 사랑의 요소를 채워주기 위한 노력이 필요한지를 시사받을 수 있다.

현실적인 사랑뿐만 아니라 두 사람이 각자 이상적으로 생각하는 사랑의 삼각형을 그려볼 수 있다. 이러한 이상적인 사랑의 삼각형을 서로 비교해 봄으로써 각자 이상적으로 추구하는 사랑의 형태가 어떤 것인지, 두 사람 간에 어떤 차이가 있는지를 알 수 있다. 그 차이가 클수록 서로 추구하는 사랑이 다르다는 것을 의미하며, 이는 서로에 대해서 기대하고 서로에게 제공하는 사랑의 요소에 괴리가 있음을 뜻하기 때문에 두 사람 사이에 갈등이 생길 가능성이 많다는 것을 시사하는 것이다. 그러므로 서로 지향하는 사랑의 삼각형 모양이 비슷해지도록 서로 대화를 나누고 조정해 나가는 노력이 필요하다고 하겠다.

나의 결혼만족도는 어떠한가

지시 사항

다음은 결혼에 대한 선호도로서 부부의 결혼만족 정도를 측정하기 위한 것이다. 각 문항을 읽고 당신 부부에게 해당되는 것을 다음 4점 척도의 기준에 따라 응답해보라.

○ '전혀 그렇지 않다' … 1

○ '대체로 그렇지 않다' … 2

○ '대체로 그렇다' … 3

○ '매우 그렇다' … 4

1. 나는 결혼생활에 있어서 남편(부인)이 나에게 무엇을 기대하고 있는가를 안다. ⋯⋯⋯⋯⋯

2. 남편(부인)은 가급적 나를 편하게 해주려고 노력한다. ⋯⋯⋯⋯⋯

3. 나는 내 결혼생활에 대해 근심 걱정이 많다. ⋯⋯⋯⋯⋯

4. 만일 내가 다시 결혼한다면 지금의 남편(부인)과 같은 사람과는 하지 않는다. ⋯⋯⋯⋯⋯

5. 나는 남편(부인)을 언제나 믿을 수 있다. ....

6. 내가 결혼하지 않았다면, 나의 인생은 매우 허전했을 것이다. ....

7. 현재의 결혼생활은 나를 너무 구속하고 있다. ....

8. 나는 내 결혼생활이 어떠한지를 알고 있다. ....

9. 남편(부인)과의 결혼생활이 어떠한지를 알고 있다. ....

10. 결혼생활은 나의 건강에 나쁜 영향을 미치고 있다. ....

11. 나는 결혼생활로 인해 발생하는 일들 때문에 화와 짜증이 난다. ....

12. 나는 결혼생활을 잘할 수 있는 능력이 충분히 있다고 생각한다. ....

13. 지금의 결혼생활이 영원히 지속되기를 바라지 않는다. ....

14. 시간이 갈수록 점점 더 나의 결혼생활은 만족스러워질 것이다. ....

15. 나는 결혼생활을 잘해보려고 노력하는 데 지쳤다. ....

16. 나는 결혼생활이 생각했던 것만큼 즐겁다고 생각한다. ....

17. 나의 결혼생활은 다른 무엇보다도 더 나에게 만족감을 준다. ....

18. 결혼생활이 해가 갈수록 더 어려워진다. ....

19. 남편(부인)은 나를 매우 신경질나게 한다. ....

20. 남편(부인)은 내 의사를 충분히 표현할 기회를 주는 편이다. ....

21. 지금까지 나의 결혼생활은 성공적이었다. ....

22. 남편(부인)은 나를 자신과 동등하게 대해 준다. ....

23. 결혼생활 이외에 인생을 가치 있고 흥미롭게 해 주는 것을 추구
해야 한다. ....

24. 남편(부인)은 내가 최선을 다할 수 있도록 용기를 북돋워준다. ....

25. 결혼생활을 통하여 내 성격이 많이 억눌려져 왔다. ....

26. 나의 결혼생활의 미래는 희망적이다. ....

27. 나는 남편(부인)에게 정말로 관심을 기울인다. ....

28. 나는 남편(부인)과 사이가 좋다. ....

29. 나는 남편(부인)과 이혼하여 헤어질까봐 두렵다. ....

30. 남편(부인)은 종종 불공평하게 내 자유시간을 빼앗는다. ....

31. 남편(부인)은 나를 합당하지 못하게 대하는 편이다. ....

32. 나의 결혼생활은 내 자신이 결혼 전에 세웠던 목표를 달성하는

데 도움이 된다. ....

33. 남편(부인)은 우리의 관계가 보다 좋게 하기 위해 애쓴다. ....

34. 남편(부인)과 취미가 달라 괴로움을 겪는다. ....

35. 우리 부부의 애정 표현은 각자의 마음에 드는 편이다. ....

36. 불행한 성관계가 나의 결혼생활에 장애가 된다. ....

37. 남편(부인)과 나는 어떤 행동이 옳고 적합한가에 대해 서로 의견

이 일치한다. ....

38. 남편(부인)과 나는 같은 인생철학을 가지고 있지 않다. ....

39. 남편(부인)과 나는 서로 좋아하는 몇 가지 취미생활을 함께 즐긴다. ....

40. 나는 가끔씩 지금의 남편(부인)과 결혼하지 않았더라면 하고

바랄 때가 있다. ....

41. 지금의 나의 결혼생활은 확실히 불행하다. ....

42. 나는 남편(부인)과 즐거운 마음으로 성관계를 갖기 바란다. ....

43. 남편(부인)은 나를 별로 존중하지 않는다. ....

44. 나는 남편(부인)을 신뢰하기 어렵다. ....

45. 남편(부인)은 내가 생각하고 느끼는 바를 대부분 알아차린다. ....

46. 남편(부인)은 내가 하는 말에 잘 귀를 기울이지 않는다. ....

47. 나는 남편(부인)과 자주 즐거운 대화를 나누는 편이다. ....

48. 나는 분명히 내 결혼생활에 만족한다. ....

채점 방법

긍정적 문항에 대해서는 '전혀 그렇지 않다'면 1점, '대체로 그렇지 않다'면 2점, '대체로 그렇다'면 3점, '매우 그렇다'면 4점을 주고, 부정적 문항에 대해서는 역으로 점수를 주어 총 문항에 대한 점수를 합산한다. 합산한 총점은 최하 48점, 최고 192점이 된다.

○ 긍정적 문항 : 1, 2, 5, 6, 9, 12, 14, 16, 17, 20, 21, 22, 24, 26, 27, 28, 32, 33, 35, 37, 39, 42, 45, 47, 48 (총 25개 문항)

○ 부정적 문항 : 3, 4, 7, 8, 10, 11, 13, 15, 18, 19, 23, 25, 29, 30, 31, 34, 36, 38, 40, 41, 43, 44, 46 (총 23개 문항)

결과 해석

점수가 높을수록 결혼만족도가 높고, 점수가 낮을수록 결혼만족도가 낮음을 의미한다. 대체로 144점 이상이면 결혼생활에 대해 만족하고 있는 편이고, 96점 이하이면 결혼생활에 대해 불만족하고 있는 편이다. 97~143점이면 결혼생활에 대한 만족도가 보통 수준이라고 할 수 있다.

· 출처 : Roach, A. J., Frazier, L. O., Bowden, S. T.(1981). The marital satisfaction scale: Development of a measure for intervention research. *Journal of Marriage and the Family*, 43, 537-546.

행복한 부부와 불행한 부부

부부관계는 결혼의 제도를 통해 이루어지는 관계로서 비혈연적이지만 가장 밀접한 인간관계이다. 서로 다른 가정에서 자란 두 남녀가 만나 이룬 '우리'라는 결합은 결코 그 적응과정이 쉽지 않다. 특히 부부유별, 여필종부를 강조하는 전통적인 부부관계가 현대에 와서 여성의 지위가 향상되고 남녀평등사상이 확산되면서 전통과 현대의 가족가치관 사이에서 역할, 권력, 의사소통 등에서 스트레스와 갈등을 경험하는 부부가 증가하고 있다. 이러한 스트레스와 갈등을 잘 견뎌내지 못하고 붕괴되는 결혼관계도 지속적으로 늘어나, 최근에는 결혼한 3~4쌍 중 한 쌍이 이혼으로 헤어지고 있는 상황에 있다.

조사결과

활기차고 조화로운 부부관계에 있는 행복한 부부와 갈등적이고 활기 없는 부부관계에 있는 불행한 부부의 차이를 이해함으로써 불필요한 실수를 하지 않고서도 부부관계를 향상시킬 수 있을 것이다. 왜 어떤 부부는 행복하고 어떤 부부는 불행한가? 이들에게는 어떤 차이점이 있는가? 부부관계를 강화하거나 부부치료를 목적으로 ENRICH(관계, 의사소통, 행복 증진하기) 프로그램에 참여한 20,531쌍의 부부들을 대상으로 실시된 조사에 의하면, 결혼만족도 점수가 부부 모두 중간이거나 부부 중 한쪽은 높고 한쪽은 낮은 경우를 제외하고 부부 모두 결혼만족도 점수가 높은 5,135쌍의 행복한 부부와 부부 모두 결혼만족도가 낮은 5,127쌍의 불행한 부부를 선별하여 이들 부부의 특성을 비교한 결과, 행복한 부부와 불행한 부부가 의사소통, 부부의 유연성, 부부의 친밀성, 성격문제, 갈등해결, 성관계, 여가활동, 가족과 친구, 재정관리, 종교적 신앙 등 10개 영역에서 뚜렷한 차이를 보였다. 그 세부적인 내용은 다음 표와 같다.

세부내용	행복한 부부	불행한 부부
1. 나는 우리 부부가 대화하는 방법에 대해 만족한다.	90%	15%
2. 우리 부부는 서로의 차이를 건설적인 방식으로 조정한다.	78%	15%
3. 우리 부부는 서로를 매우 가깝게 느낀다.	98%	27%
4. 배우자는 나를 지배하지 않는다.	78%	20%
5. 문제에 대해 논의할 때 배우자는 내 생각과 의견을 존중해준다.	87%	19%
6. 나는 배우자의 애성 성노에 대해 만속한다.	72%	28%
7. 우리 부부는 함께 하는 여가시간과 혼자 하는 여가시간이 균형을 이룬다.	71%	17%
8. 배우자의 친구나 가족이 부부관계를 방해하지 않는다.	81%	38%
9. 우리 부부는 돈을 어떻게 써야 할지에 대해 생각이 일치한다.	89%	41%
10. 나는 우리 부부의 종교적 가치나 믿음을 표현하는 방법에 대해 만족한다.	89%	36%

앞의 표에서 보는 바와 같이, 조사결과 행복한 부부와 불행한 부부는 대화영역에서 가장 큰 차이를 보였다. 이 조사의 대화영역에서는 부부관계를 유지하는 데 있어서 대화의 중요성에 대한 인식, 대화를 통한 감정의 교류 정도, 듣기와 말하기와 같은 대화기술 등을 측정하였다. 그 결과 부부 모두 자신들의 대화방법에 대해 만족하는 것이 행복한 부부를 가장 잘 예측할 수 있는 내용이었다. 즉, 행복한 부부 중 90%가 부부 모두 자신들의 대화방법에 대해 만족하는 반면에, 불행한 부부들은 단지 15%만이 만족하는 것으로 나타났다.

행복한 부부와 불행한 부부를 구별짓는 두 번째 중요한 영역은 부부의 유연성이었다. 부부의 유연성은 변화에 적응하는 부부의 능력을 말하는 것으로, 부부가 권력과 책임을 교환하거나 규칙을 변화시키는 정도로 측정되었다. 그 결과 행복한 부부들의 78%가 서로의 차이를 건설적으로 조정한다고 응답한 반면에, 불행한 부부들은 15%만이 서로의 차이를 건설적으로 조정한다고 응답하였다.

행복한 부부와 불행한 부부를 구별짓는 세 번째 중요한 영역은 부부의 친밀성으로, 이는 분리와 밀착 간의 균형을 이루는 정도와 부부가 경험하는 정서적 친밀감의 수준을 의미한다. 친밀성은 부부가 서로 돕는지, 시간을 함께 보내는지, 친밀감을 표현하는지 등으로 측정되었다. 그 결과가 행복한 부부들의 98%가 친밀감을 느꼈다고 응답한 반면에, 불행한 부부들은 27%만이 친밀감을 느낀다고 응답하였다.

행복한 부부와 불행한 부부를 구별짓는 네 번째 중요한 영역은 성격문제였다. 성격문제 영역은 개인의 기질과 감정표현방법 등과 관련된 것으로 배우자의 습관, 의존성, 지배성향 등으로 측정되었다. 이 중 행복한 부부와 불행한 부부를 결정짓는 세부 내용은 부부간의 지배정도였다. 즉, 행복한 부부들의 78%가 배우자가 지배적이지 않다고 한 반면에, 불행한 부부들은 20%만이 그렇지 않다고 하였다.

행복한 부부와 불행한 부부를 구별짓는 다섯 번째 영역은 갈등해결이다. 갈등해결은 부부관계에서의 갈등의 인식과 해결에 대한 개인의 태도에 초점을 둔 것으로, 갈등해결에 있어서의 개방성과 갈등해결 전략 및 방식에 대한 만족도 등으로 측정되었다. 그 결과, 행복한 부부 중 87%가 어떤 문제에 대해 논의할 때 배우자가 자신의 생각과 의견을 존중해 준다고 한 반면에, 불행한 부부 중 19%만이 그렇다고 하였다.

이 외에도 성관계, 여가활동, 가족과 친구, 재정관리, 종교적 신앙 등이 행복한 부부와 불행한 부부를 구별 짓는 주요한 요소들인 것으로 밝혀졌다.

행복한 부부관계를 위하여

모든 인간관계가 그렇듯이 부부관계 또한 역동적이고 변화무쌍하다. 생활주기, 시간, 부부관계의 내·외적인 사건 등을 포함한 많은 요소들이 부부관계에 긍정적 혹은 부정적 변화를 일으킬 수 있다. 그러므로 부부관계를 향상시키기 위해서는 부부관계가 역동적이며 변화무쌍하다는 것을 이해하는 일이 무엇보다 중요하다.

문제가 많은 부부들이라 하더라도 부부관계를 향상시키려는 의지가 있다면 부부관계를 긍정적으로 변화시킬 수 있다. 따라서 부부는 자신들의 문제를 인식했을 때 낙담하지 말고 그 문제들을 성장과 발전의 기회로 삼아야 한다.

우리는 자신의 행동을 통제함으로써 자신의 삶도 통제할 수 있다. 우리가 병에 걸렸을 때 휴식을 취하거나 긴장을 푸는 등의 행동을 하는 것처럼, 부부관계에 문제가 발생했을 때 부부는 서로 문제를 해결하기 위해 다양한 행동을 취해야 한다. 예를 들어, 부부는 부부간의 정서적인 면을 대표하는 성관계나 의사소통 등에 대한 자신들의 요구나 바람 등에 대해서 보다 많이 대화를 나눔으로써 부부간의 문제를 해결할 수 있다.

지금 부부가 만족한 상태에 있다면, 지금까지 해왔던 대로 계속 행동하면 될 것이고, 만약 변화가 필요하다면 부부가 서로 이전과는 다른 선택과 행동을 해야만 할 것이다. 많은 부부들이 변화를 원하면서도 여전히 예전처럼 행동함으로써 결과적으로 변화를 가져오지 못하는 실수를 반복한다. 부부는 자신과 배우자의 요구에 귀를 기울이며, 새로운 시도를 계속함으로써 만족할 수 있고 행복한 부부관계로 도약해야 한다. 부부의 선택과 행동에 따라 결과가 달라질 수 있다.

시간이 흐르면 인간관계에 대한 시각도 변화기 마련이다. 처음 관계를 맺었을 때, 우리는 상대방의 좋은 점만을 보고 나쁜 점은 보지 못하는 경향이 있다. 그러나 시간이 흐르면서 이런 경향은 바뀌게 되는데 부부관계도 예외는 아니다. 부부관계에 있어서 초점을 어디에 두는가가 중요하다. 긍정적인 면에 초점을 두면 배우자의 긍정적인 면을 더 많이 발견하게 되고, 그 결과 부부관계와 결혼에 대한 만족도가 향상될 것이다. 그러므로 배우자의 강점을 더 많이 발견하여 활기차고 만족스러운 부부관계를 만들어 가길 바란다.

부부관계를 깨뜨리는 4명의 기수

결혼과 부부관계에 대한 전문가인 미국 워싱턴대학교 심리학과 명예교수 존 가트맨 (John Gottman)에 따르면, 상대방에 대한 존중의 경청, 상대방 행동의 수용, 상대방에 대한 기본적 배려, 상대방의 욕구를 수용하고 절충하려는 노력이 부부만족도를 증진시킨다. 만족스러운 부부관계를 위해서는 긍정적 배려의 말과 행동을 많이 하는 것이 중요하다. 그는 다음과 같은 부정적 상호작용의 말과 행동을 삼가 해야 한다고 조언하면서 이를 부부관계를 파괴하는 4명의 기수(Four Horseman)라고 표현하였다.

① 비난하기 : 긍정적인 논평과 소견이나 비언어적 의사소통보다 부정적인 논평과 소견이나 비언어적 의사소통이 더 많다.

② 자기 방어하기 : 배우자의 논평이나 비평을 자신에 대한 공격으로 받아들이고, 자신이 서술하고 있는 배우자의 행동에 대해서 반응하지 않고 자신이 만들어 낸 감정에 대해서 반응한다. 여기에는 "나는 더 이상 믿지 않을 거야"와 같은 방어적인 생각을 되뇌는 것을 포함한다. 일종의 자격지심이다.

③ 염장지르기 : 입을 다물기, 응대하지 않기, 그리고 분노와 적대감 같은 상한 감정을 속에 담아 두기 등을 통한 침묵과 무시, 혹은 무관심으로 일관함으로써 배우자에게 가슴에 못을 박는 처벌을 가한다.

④ 경멸하고 멸시하기 : 언어적 수단과 비언어적 수단(예: 눈알을 부라림)을 통해 경멸과 분노와 거부의 표시를 한다. 그리고 일반적으로는 배우자의 행동, 동기, 성격 등을 멸시하고 매도한다.

심리여행

13

나의 부부갈등은 어떠한가

지시 사항

지난 1년간 당신의 부부 사이에 서로 의견이 맞지 않거나, 서로의 욕구를 충족시키지 못하거나 혹은 서로에게 좋지 않은 일이 일어났던 상황들을 잠시 생각해보라. 다음은 부부생활에서 발생할 수 있는 부부갈등에 관한 내용들을 열거한 것이다. 아래 문항을 잘 읽고 당신의 경우는 어떠했는지 해당되는 것에 ✓표 해보라.

나와 배우자 사이에는 …	전혀 없었다	거의 없었다	가끔 있었다	때때로 있었다	자주 있었다
1. 성격 차이로 인한 문제	☐	☐	☐	☐	☐
2. 생활방식의 차이로 인한 문제	☐	☐	☐	☐	☐
3. 사고방식의 차이로 인한 문제	☐	☐	☐	☐	☐
4. 건강상의 문제	☐	☐	☐	☐	☐
5. 대화가 없거나 통하지 않는 등 의사 소통의 문제	☐	☐	☐	☐	☐
6. 성생활의 문제	☐	☐	☐	☐	☐

7. 애정이나 관심과 지지 부족으로 인한 문제	☐	☐	☐	☐	☐
8. 다른 이성에게 친절하거나 관심을 보임, 혹은 외도로 인한 문제	☐	☐	☐	☐	☐
9. 금전관리와 소비로 인한 문제	☐	☐	☐	☐	☐
10. 가사노동 분담에 관한 문제	☐	☐	☐	☐	☐
11. 주거, 주택 계획에 관한 문제	☐	☐	☐	☐	☐
12. 가족의 여가활동에 관한 문제	☐	☐	☐	☐	☐
13. 친인척으로 인한 문제	☐	☐	☐	☐	☐
14. 자녀양육과 교육에 관한 문제	☐	☐	☐	☐	☐
15. 사회적 활동(동창회, 종교활동 등)으로 인한 문제	☐	☐	☐	☐	☐
16. 직업과 관련된 문제	☐	☐	☐	☐	☐

채점 방법

각 문항에 대하여 응답결과가 '전혀 없었다'면 1점, '거의 없었다'면 2점, '가끔 있었다'면 3점, '때때로 있었다'면 4점, 그리고 '자주 있었다'면 5점을 주어 모두 합산한다.

결과 해석

점수의 범위는 16~80점이 된다. 점수가 낮을수록 부부갈등이 적은 것이고, 점수가 높을수록 부부갈등의 정도가 심각한 것이다.

○ 55~80점인 경우 … 부부갈등이 매우 심함

○ 49~54점인 경우 … 부부갈등이 심함

○ 33~48점인 경우 … 부부갈등이 미미함

○ 16~32점인 경우 … 부부갈등이 없음

·출처 : 정종진(2001). 『심리상태 훔쳐보기』. 대구: 장원교육.

부부갈등을 해결하는 방법

갈등은 인간관계에 필연적으로 존재한다. 사람마다 공통점도 있지만 차이점도 있어서 항상 조화로운 인간관계를 유지할 수는 없다. 따라서 두 사람이 가까워지게 되면 서로의 차이는 불가피하게 갈등을 일으키게 된다. 그러나 친밀한 관계에서 갈등이 존재한다고 해서 그것이 사랑이 없다는 것을 의미하지는 않는다. 갈등을 조정하고 건전한 방식으로 해결하면 도리어 갈등은 두 사람의 관계에 득이 될 수도 있다. 따라서 부부가 분노와 갈등을 효율적으로 처리하는 것은 부부관계를 향상시키는 데 있어서 매우 중요하다. 부부가 갈등을 건설적으로 해결하지 못하면 부부간의 친밀감도 낮아지게 되고 부부관계는 활기를 잃게 된다. 그러므로 갈등 그 자체보다는 갈등을 다루는 방식이 부부관계에서 문제가 될 수 있다는 점을 기억해야 한다.

모든 부부들이 상대방의 말을 헐뜯거나 욕하거나 오해하지 않고 자신들의 문제를 앉아서 차분하고 합리적으로 논의한다면, 세상은 아름다운 곳이 될 것이다. 지성적이고 객관적이며 서로를 사랑하는 부부는 각자 상대방의 관점을 이해하고, 자신들의 문제를 합리적으로 논의할 수 있을 것이다. 그러나 그들도 인간이고 자신들의 정서와 관련되기 때문에 때에 따라서는 합리성과 객관성 없이 자신들의 정서와 감정을 표현하기도 한다.

가지고 있는 감정과 갈등은 서로 의사소통을 할 필요가 있다. 예를 들어, 분노는 무엇인가가 잘못되었다는 단서가 된다. 그러나 단지 표면적인 단서에만 관심을 기울인다면 문제의 근원을 알 수 없게 된다. 분노는 종종 이차적인 정서로서 고통, 거절, 공포, 불신과 같은 다른 보다 위험한 감정을 위장한 것일 수 있다는 것을 기억해야 한다. 이러한 문제를 헤쳐 나가는 것은 의사소통의 좋은 연습이 될 것이다. 왜냐하면, 감정이 의사소통 되지 않으면 비열한 싸움의 방식으로 표현될 수 있기 때문이다.

비열한 싸움이란 감정을 저장해두었다가 일시에 쌓인 감정과 적개심을 표출하거나, 현재 논쟁거리와는 아무런 관계가 없는 일들을 들추어내거나, 상대방을 놀리고 조롱하거나, 상대방이 자신의 고통에 책임을 느끼기를 원하면서 상대방의 행동을 변화시키려고 노력하거나, 상대방의 마음을 괴롭히는 어떤 일을 함으로써 분노를 표출시키거나, 외부 사람들로부터 공격이나 무시 혹은 모욕을 받도록 도모하거나, 상대방이 원하거나 기쁘게 생각하는 모든 것을 거부하거나, 싸움이나 대결을 회피하거나, 상대방의 권리나 자존심을 손상시킴으로써 상대방을 제압하며 우위에 서려고 하는 경우를 말한다.

부부간의 갈등을 어떻게 하면 깨끗하게 해결할 수 있는가? 다음과 같은 몇 가지 기본 규칙을 설정해두는 것이 도움이 될 것이다.

- **공정하고 상호간에 동의할 수 있는 규칙을 가져라.** 갈등이 불가피할 것이라고 인식되면 "우리는 모두 공정하게 싸우기를 원하는가?" 하고 스스로에게 물어 보라. 만일 그렇지 않다면, 권력 투쟁에 몰두해 있는 것이다. 그러나 공정한 규칙을 정말로 원한다면, 상호간에 동의할 수 있는 공정한 규칙을 가져야 할 것이다. 각자에게 공정한 것과 불공정한 것이 무엇이고, 과거의 실수와 친척과 같은 '제한 영역'이나 혹은 다룰 수 있는 영역에는 어떤 것이 있으며, 서로가 비열한 싸움의 기법을 피하기로 동의하고 있는지에 대해서 서로 이야기를 나누어 보라.

- **시기, 외부인, 신체적 조건에 관한 상식을 이용하라.** 문제를 적절하게 다룰 충분한 시간적 여유가 없이 일을 급히 서두르면 욕구좌절을 경험하고 대체로 아무 것도 이루지 못한다. 야구에서의 '치고 달리기'와 같이 고달픈 감정의 결과를 가져올 뿐이다. 만일 여러분이 자신도 모르는 사이에 이러한 상황에 처해 있다는 것을 알게 된다면, 특정한 이후의 시간까지 의식적으로 당면한 문제를 미루고 나서 시간이 경과한 다음에 다시 문제의 해결을 시도하는 것이 바람직하다. 만일 여러분이 주변의 다른 사람들과 불일치의 와중에 처한 적이 있었다면, 그때 자신이 '외부인 (outsider)'이 된 것처럼 느낀 바가 있었을 것이다. 여러분 자신의 싸움에 이웃, 자녀, 친구, 기타 다른 죄 없는 외부 사람들을 관여시키는 것은 불편할 뿐만 아니라 또한 비생산적인 것이다. "피곤하거나 배고플 때에는 싸우지 말라"는 옛 속담은 매우 적절한 말이다. 피곤하거나 배고플 때에 싸우는 사람은 욕먹을 가능성이 크다는 것을 명심하라. 또한 자신의 신체적 조건을 잘 고려해야 할 것이다. 왜냐하면,

아프거나 마음이 편치 못한 사람은 사소한 일에도 필요 이상으로 민감한 반응을 보일 수 있기 때문이다.

- **성격이 아닌 행동에 초점을 두어라.** 별명을 부르거나 비꼬는 말을 하거나 어떤 판단적인 말을 하지 말고 자신을 괴롭히는 것이 무엇인지를 표현하라. "당신은 분별없는 멍청이야!"라는 말보다는 "당신이 늦을 것이라고 왜 미리 연락하지 않았어요? 내가 얼마나 걱정을 했는데"라는 말이 좋다. '나'라는 메시지를 활용하는 것은 대부분의 경우에 있어 효과적인 실마리가 될 수 있다. 여러분은 화나게 만드는 상대방의 행동이 어떤 것인지를 잠시 생각해보고 나서 그 행동을 상대방에게 전달해 보라.

- **양방적인 의사소통을 하라.** 자신의 관점을 충분히 표현하도록 서로에게 허용해야 한다. 그리고 판단이 아닌 감정을 진술해야 한다. 쌍방이 모두 상대방이 한 말을 미리 판단하지 말고 개방적으로 경청하는 것이 특히 필요하다. 만일 여러분이 판단적인 태도를 갖고 갈등에 접근하게 되면, 여러분은 상대방이 자신을 변명하려 한다는 생각을 갖게 되어 결국에는 정확하지 못한 판단이나 가정을 하게 된다. 그리고 "나는 가끔 소외된 느낌이야"라고 말하는 것이 "당신은 나에게 전혀 관심이 없단 말이야"라는 말보다 더 좋은 감정표현이 된다.

- **문제를 규정하라.** 여러분이 사용하는 말의 의미를 상대방이 분명히 이해할 수 있도록 해야 한다. 여러분이 말하는 것과 의미하는 것이 종종 다른 경우가 있음을 기억하라. 그리고 여러분이 말한 것에 대한 상대방의 반응에 주의를 기울여야 한다. 왜냐하면, 상대방의 반응은 그가 여러분의 말을 이해한 의미를 반영하기 때문이다. 따라서 상대방의 반응에 주의를 기울이는 것은 문제를 규정하고 상대방의 관점과 감정을 이해하는 데에 도움을 줄 것이다.

- **상대방의 관점을 재진술하라.** 실질적인 문제에 들어가기 전에 몇 가지 예비적인 문제를 해결할 필요가 있다. 처음의 관점은 연막과 같은 것일 수 있으며, 실질적인 문제는 "내가 당신을 옳게 이해했나? 당신은 내가 낚시를 가기보다는 주말에 나와 함께 도심지를 빠져나가 시골에 가고 싶단 말이지?"라고 상대방의 관점을 재진술함으로써 표면으로 드러낼 수 있다. 쌍방이 실질적인 문제를 설정하기 위하여 서

로 정직하고 사랑하며 이해하는 것이 중요하다.

- **문제에 초점을 두어라.** 때때로 사람들은 "당신은 내 생일을 잊어버렸지, 그렇지 않아?"처럼 결코 완전히 치유될 수 없는 어떤 과거의 상처를 문제 삼는 경향이 있다. 이러한 측면적인 문제는 실질적인 문제의 초점을 흐리게 하며, 현행 문제가 해결되기 전까지 상황을 지배하게 될 것이다. 이러한 측면적인 문제를 다루는 좋은 방법은 "당신의 생일을 잊은 것은 미안하오. 그러나 그것은 이 문제와 아무런 관련이 없잖아요? 그 문제에 대해서는 나중에 논의하도록 합시다."라고 말하는 것이 좋다.

- **상대방의 약점을 공격하지 말라.** 다른 사람과 친밀하게 살다 보면 사람들은 곧 그의 비난받기 쉬운 약점을 알게 된다. 상대방으로 인해 감정이 상하게 되면, 사람들은 상대방의 약점을 알기 때문에 역으로 상대방의 감정을 건드리거나 공격적인 행동을 할 가능성이 많아진다. 그러나 이러한 유혹을 참아라. 앙심을 품고 상대방의 감정을 상하게 하는 사람은 나중에 반드시 후회를 하게 될 것이다. 왜냐하면, 일단 입으로 내뱉은 말은 다시 거두어들일 수가 없기 때문이다. "내가 그렇게 말한 것에 대해 미안하게 생각하오."라고 아무리 반복해 말하더라도 상대방의 약점을 찔러 말한 것이라면 그 상처받은 감정이 쉽게 잊혀지지 않을 것이다. 인간의 말은 파괴적인 힘을 갖고 있으며, 불가능한 것은 아니지만 그 파괴된 관계를 원상복구시키기란 매우 어려운 일이다.

- **타협할 준비를 갖추어라.** 어떤 사람은 타협을 상당히 강조하지만 실제로는 그 나름대로 보복할 기회를 노린다. 타협은 '어떤 희생의 대가로 나오는 평화'가 아니라 상대방에게 기꺼이 양보하려는 것이어야 한다. 만약 두 부부가 타협을 하지만 계속해서 "내가 정말 옳아"라는 감정을 갖고 있다면, 그 결과는 일시적인 휴전에 지나지 않으며 훗날 새로운 탄약이 마련되었을 때 또 다른 전투가 시작될 것이다. 쌍방이 기꺼이 타협할 준비가 되어 있다면, 그 해결을 위해서 상호간에 수용하고 존중하는 것이 필요하다.

- **인내심을 발휘하라.** 인간관계에 있어서 참아야 할 경우가 많이 있다. 그리고 성공적인 결혼관계를 유지해 나가는 과정에서도 참아야 할 경우가 많이 있다. 참아야

할 사람은 때에 따라서 남편일 수도 있고 아내일 수도 있다. 부부가 모두 참겠다는 각오가 되어 있을 때, 거기에는 결혼관계를 최고의 행복한 수준으로 높여주는 공유적인 삶이 있게 된다.

만일 사람들이 누가 잘못했는가에 관심을 집중하기보다는 "우리는 어떻게 이 문제를 해결할 수 있을까?"라는 관점에서 부부갈등에 접근한다면, 그 갈등은 보다 건설적으로 해결될 수 있다. 이상적인 결혼관계라고 해서 반드시 갈등이 없는 것은 아니다. 결혼생활에서의 갈등은 생기 있고 생명력이 있으며, 관심이 많은 두 부부가 생활방식을 공유하는 데에서 그리고 그들 사이에 일어난 문제를 해결하는 과정에서 생긴다. 어떤 부부들은 논쟁을 하여 상호간에 만족스러운 해결에 도달한 후에 더 친밀감을 가지게 된다. 갈등의 해소는 부부를 더 가깝게 맺어주고 그들의 결합을 견고히 하는 데에 기여한다.

건설적 갈등해결과 파괴적 갈등해결		
영역	건설적 갈등해결	파괴적 갈등해결
문제	현재의 문제를 명확히 한다.	과거를 들추어낸다.
감정	긍정적, 부정적 감정을 모두 표현한다.	부정적인 감정만을 표현한다.
정보	있는 그대로의 정보를 제공한다.	제한된 정보만을 제공한다.
초점	사람보다는 문제에 초점을 둔다.	문제보다는 사람에게 초점을 둔다.
책임	모두에게 책임이 있음을 인정한다.	상대방에게 모든 책임을 전가한다.
인식	유사성에 초점을 둔다.	차이에 초점을 둔다.
변화	변화를 추구한다.	변화에 저항한다.
결과	두 사람 모두 이긴다.	한 사람이 지거나 두 사람 모두 진다.
태도	신뢰가 형성된다.	의심을 낳는다.
친밀감	갈등해결을 통해 친밀감이 높아진다.	갈등을 중폭시킴으로써 친밀감이 낮아진다.

부부갈등 해결을 위한 10단계

- 1단계 : 논의할 시간과 장소 정하기

  (예) 이번 주 토요일 오후 2시에 부부가 겪고 있는 문제에 대해 30분 정도 이야기하기로 한다.

- 2단계 : 문제를 명료화하기

  (예) 부부가 논의하기로 한 문제는 남편의 불평이다. 남편의 불평은 지금까지 몇 차례 부부관계에 긴장을 가져왔다. 남편은 아내가 자신의 의견을 듣지도 않고 항상 혼자 결정을 내린다고 생각했기 때문에 불평했다고 말했다.

- 3단계 : 문제에 대한 각자의 책임에 대해 이야기하기

  (예) 아내는 남편의 생각을 물어보지 않고 결정을 내렸음을 인정하고, 남편은 가끔 자신이 결정을 내리지 못하며 아내가 결정을 더 잘한다는 점을 인정한다.

- 4단계 : 과거의 잘못된 문제해결 방식을 기록해보기

  (예) 아내는 남편이 매번 너무 늦게 결정하기 때문에 자신이 모든 결정을 했었다. 남편은 자신의 생각을 말하려 했지만 이미 아내가 결정을 내려서 말하기가 어려웠다.

- 5단계 : 문제해결을 위한 10가지 새로운 방식을 브레인스토밍하기

  (예) 앞으로 아내는 남편의 의견을 묻지 않고는 중요한 결정을 하지 않기로 한다. 남편은 자신이 원하는 것을 좀 더 적극적으로 표현하기로 한다. 또한 부부는 성급하게 결정을 내리지 않기로 한다. 저녁식사 후 부부는 앞으로의 계획에 대해 논의하기로 한다. 그들은 계획에 대해 서로에게 확인하고 재확인하기로 하며, 다음 주에는 어떤 새로운 계획도 세우지 않기로 결정한다.

- 6단계 : 가능한 대안에 대해 논의하고 평가하기

  (예) 부부는 각각의 대안에 대해 이야기하고 그것을 좋아하는지 아니면 싫어하는지 서로 이야기한다.

- 7단계 : 한 가지 대안에 동의하기

  (예) 부부는 저녁식사 후 매일 밤 서로 앞으로의 계획을 이야기하기로 결정한다.

- 8단계 : 대안을 실행하기 위해 각자 무엇을 어떻게 할 것인지에 대해 동의하기

  (예) 아내는 앞으로 남편의 의견을 묻지 않고는 어떤 계획도 세우지 않기로 하며, 남편은 계획에 대해 적극적으로 자기주장을 하기로 한다.

- 9단계 : 변화를 논의하기 위한 다음 만남 정하기

  (예) 부부는 계획을 실천한 후 자신들이 어떻게 느끼는지를 이해하기 위해 다음 주 토요일 오후 2시에 다시 논의할 시간을 갖기로 한다.

- 10단계 : 문제해결을 위한 각자의 노력에 대해 시상하기

  (예) 부부는 문제를 해결하려는 자신들의 노력에 대한 시상으로 외식을 하기로 한다.

결혼생활의 목표는 부부가 같은 생각을 하는 것이 아니라 부부가 함께 생각하는 것이다.

- Robert C. Dodds

생각을 바꾸면 인생이 달라진다

일체유심조(一切唯心造)라는 말이 있다. 이는 세상사 마음먹기에 달려 있음을 의미한다. 새소리를 듣고도 어떤 사람은 '노래한다'고 하고, 어떤 사람은 '운다'고 한다. 똑같은 소리이지만, 사람의 마음가짐에 따라 각기 달리 들리는 것이다. 이처럼 동일한 경험이라도 사람들마다 제각기 다르게 해석하고 나름대로 평가한다. 우리가 삶에 대해 가지는 태도도 삶의 현실 그 자체보다는 그 현실을 우리가 어떻게 지각하고 해석하느냐에 따라 그 의미가 상당히 달라질 수 있다. 불행한 일을 겪고서도 그것을 해석하는 사고방식을 바꿔보면 새로운 해결책이 떠오를 수 있다. '자살'을 거꾸로 읽어보면 '살자'가 되지 않는가! 내 입장에서만 생각하면 상대방에 대해 화가 나는 일도 입장을 바꾸어보면 상대방을 이해하고 용서할 수 있다. I'm OK, you're not OK가 아니라 I'm OK, you're OK인 삶의 태도를 가지자. 생각을 바꾸면 세상이 달라지고 인생이 달라질 수 있기에. 우리는 행복하기 때문에 노래를 부르는 것이 아니라 노래 부르기를 선택할 때 행복해지는 것은 아닐까?

찡그린 표정을 하고 있습니까? 거꾸로 보세요. 밝은 표정이죠?

어떤 그림인지 설명해 보세요. 거꾸로 보세요. 어떤 그림인가요?

심리여행

나의 성취동기 수준은 어떠한가

지시 사항

다음 문항은 당신의 성취동기 수준을 알아보기 위한 것입니다. 다음 5점 척도에 따라 당신 자신에게 해당되는 곳에 ○표 하십시오.

1. 비록 동료들은 그렇지 않더라도 내가 맡은 일을 최대한
   잘 해내는 것이 중요하다.   1 2 3 4 5
2. 나는 내가 할 수 있는 한 최상으로 일하는 데 만족감을
   찾는다.   1 2 3 4 5
3. 나는 일이 훌륭하게 수행될 때 만족감을 느낀다.   1 2 3 4 5
4. 나는 다른 사람을 능가하지는 못했더라도 이전에 내가
   했던 것보다 더 잘 해내는 것에 만족감을 찾는다.   1 2 3 4 5
5. 나는 열심히 일하는 것을 좋아한다.   1 2 3 4 5
6. 내가 즐거움을 느끼는 것 중의 하나는 이전에 내가 했던

것보다 더 잘 해내는 것이다.   1 2 3 4 5

7. 나는 힘들고 까다로운 것보다는 자신 있고 편안한 것을
   하는 편이다.   1 2 3 4 5

8. 내가 속한 집단에서 어떤 활동을 계획할 때, 나는 단지 옆
   에서 보조를 하거나 다른 사람에게 시키는 것보다는 내
   스스로 앞장서는 편이다.   1 2 3 4 5

9. 나는 까다로운 생각을 요하는 게임보다는 쉽고 재미있는
   게임을 즐기는 편이다.   1 2 3 4 5

10. 뭔가 서투른 것이 있으면 내가 잘할 수 있는 다른 것으로
    건너 뛰기보다는 서투른 것을 통달할 때까지 계속 노력
    한다.   1 2 3 4 5

11. 나는 일단 하나의 일을 맡게 되면 끈기 있게 매달린다.   1 2 3 4 5

12. 나는 높은 수준의 기술이 요구되는 상황에서 일하는 것
    을 선호한다.   1 2 3 4 5

13. 나는 내가 잘할 수 있을 것이라고 믿는 일보다는 잘할 수
    있을지 확신이 없는 일을 종종 시도하곤 한다.   1 2 3 4 5

14. 나는 내내 바쁜 것을 좋아한다.   1 2 3 4 5

15. 나는 다른 사람들과 경쟁하는 상황에서 일하는 것을 즐
    긴다.   1 2 3 4 5

16. 다른 사람보다 일을 더 잘 해내는 것이 중요하다.   1 2 3 4 5

17. 나는 업무에서나 게임에서나 이기는 것이 중요하다고 생
    각한다.   1 2 3 4 5

18. 다른 사람이 나보다 더 잘 하는 경우에는 마음이 편치 않다.   1 2 3 4 5

19. 나는 다른 사람과 경쟁하게 되면 다른 때보다 더 열심히
    일한다.   1 2 3 4 5

채점 방법

요인별로 O친 숫자를 합산한다. 단, 7번과 9번 문항은 역으로 계산한다(예:1점은 5점으로).

○ 일요인:열심히 일하고 싶은 욕망과 잘 해내고 싶은 욕망(1~6번)

○ 숙달요인:까다롭고 힘든 일을 더 선호하고 탁월하게 일을 수행해야 한다는 내적 기준을 충족 시키는 것(7~14번)

○ 경쟁요인:대인간 경쟁을 즐기는 것과 이기려는 욕망(15~19번)

결과 해석

앞에 나온 척도는 Spence와 Helmreich(1983)가 만든 것으로, 그들이 서로 다른 네 집단을 통해서 구한 요인별, 남여별 평균은 다음과 같다. 평균 점수보다 높으면 성취동기 수준이 높은 것이고, 평균보다 낮으면 성취동기 수준이 낮은 것이다.

	일		숙달		경쟁	
	남	여	남	여	남	여
대학생	19.8	20.3	19.3	18.0	13.6	12.2
대학 운동선수	21.2	21.9	20.4	20.9	15.7	14.3
실업가	21.1	20.7	22.3	22.1	14.6	13.8
심리학자	21.1	21.9	21.5	22.4	11.7	11.1

· 출처 : Burger, J. M.(2000). *Personality*(5th ed.). Belmont, CA : Wadsworth/Thomson.

성취동기가 높은 사람의 행동특징

동기란 인간행동의 에너지이고 행동의 활성을 증감시키며, 행동의 방향을 정해주는 심리적 요인으로써, 자동차에 비유한다면 엔진과 핸들의 기능에 해당된다. 즉 에너지와 방향이 동기 개념의 핵심적 요소이다. 아무리 자동차가 멋지게 만들어졌어도 엔진에 고장이 있거나 연료가 없으면 작동할 수 없듯이, 마찬가지로 가장 잘 발달된 습관일지라도 적절한 활성화, 즉 동기유발이 이루어지지 않으면 기능하지 않는다. 이처럼 동기는 인간행동의 변수를 야기하는 근원이다.

획득된 동기 중에서 가장 집중적으로 연구된 동기가 **성취동기**(achievement motivation)이다. 성취동기란 도전적인 과제를 성취함으로써 만족을 얻으려고 하는 욕구로서, 학교상황에서는 학업성취에 대한 의욕 또는 동기라고 할 수 있다. 어떤 보상을 위해서가 아니라 단지 성취를 위해서 어떤 분야에서 수월성을 추구하는 사람들은 매우 높은 성취동기를 지닌 것으로 생각되고 있다.

높은 성취동기는 가족과 문화적 요인에 의해 육성되는 것으로 추측되고 있다. 만일 가정에서 성취, 독창성, 경쟁심이 격려되고 강화되거나 부모가 자녀의 실패에 화를 내지 않고 자녀 스스로가 문제를 해결하도록 한다면, 자녀는 좀 더 성취에 대하여 높은 욕구를 발달시키기 쉽다. 그리고 훌륭한 성취에 대해 인정받는 방법을 배우고, 또 자신의 행동이 환경에 영향을 줄 수 있다는 것을 배운 자녀들은 남보다 탁월해지려는 욕구를 가지고 성장하기 쉽다.

성취동기는 개인의 발전적·성취적 행동을 결정하는 가장 중요한 심리적 특성일 뿐만 아니라 경제발전을 포함한 국가발전을 빠른 속도로 촉진시킬 수 있는 심리적 원동력이라는 점에서 중요성을 지닌다. 성취동기란 상식적으로는 훌륭한 일을 이루어 보겠다는 내적 의욕이라고 말할 수 있으나 엄밀하게는 어떠한 훌륭한 과업을 성취해 나가는 과정에서 만족하는 성취 그 자체를 위한 성취의욕이다. 이러한 성취동기가 높은 사람의 행동특징은 다음과 같다.

첫째, **일 자체를 좋아한다는 점이다**(과업지향성). 성취동기가 높은 사람은 어렵고 힘든 일, 자신의 능력을 과시할 수 있는 일에 흥미를 가지며, 그 일을 끝냄으로써 얻을 수 있는 보상이나 사회적 지위보다는 일 그 자체를 성취해 나가는 과정을 즐기고 만족스럽게 여기는 성향을 가지고 있다.

둘째, **적절한 모험을 즐겨한다는 점이다**(적절한 모험성). 성취동기 높은 사람은 어느 정도의 모험성이 포함되는 일에 도전하여 스스로의 힘으로 성취해내는 과정을 크게 만족해한다. 그는 아무런 모험성도 곤란도 내포하고 있지 않은 쉬운 일에는 흥미를 갖지 않는다. 그러나 그는 과업이 자기 능력에 비해 너무 어렵거나 지나치게 모험적일 때도 역시 흥미를 갖지 않는다. 즉, 성취동기가 높은 사람은 자신의 능력과 관련하여 적절한 모험 수준을 즐긴다.

셋째, 일에 대하여 자신감을 갖는다는 점이다(자신감). 성취동기가 높은 사람은 그렇지 못한 사람에 비해 과업 수행에서 보다 높은 자신감을 갖고 있다. 그는 그의 짐작을 정당화할 수 있는 사실적 근거가 뚜렷하지 않은 경우, 과업의 성취가능성에 대한 주관적 판단, 즉 자신감을 더욱 높이 갖게 된다. 이전에 전혀 경험을 해보지 못한 일에 대해서는 성취동기가 높은 사람은 낮은 사람에 비해 일단 높은 자신감을 갖게 된다.

넷째, 새로운 일을 찾으려 한다는 점이다(정력적 혁신성). 성취동기를 탁월한 성취를 하려는 의욕이라 한다면 성취동기가 높은 사람은 보다 정열적으로 그리고 열심히 일하는 사람이라고 할 수 있다. 그는 성취동기가 낮은 사람에 비해 자기가 하는 일에 보다 열중하고 더 많은 새로운 과업을 찾고 계획하여 이를 성취해 나가는 데에 온갖 정력을 동원한다.

다섯째, 일에 대한 책임감이 강하다는 점이다(자기책임감). 성취동기가 높은 사람은 성취하려는 과업이 결과적으로 어떻게 되었건 자기가 계획하고 수행하는 일에 대해서 일체의 책임을 자기 자신이 진다. 자기의 과업이 실패했을 때에도 성공했을 때와 같이 자기의 책임으로 여기며, 책임을 남에게나 여건의 탓으로 돌리지 않는 것이 성취동기가 높은 사람의 행동성향이다. 이처럼 성취동기가 높은 사람은 남에게 의뢰하려 하지 않고 책임을 회피하려 하지 않는다.

여섯째, 일의 결과를 빨리 알려고 한다는 점이다(결과에 대한 관심도). 성취동기가 높은 사람은 그가 수행하는 일의 종류를 불문하고 그 일이 어떻게 진행되고 있으며 예상되는 결과는 어떠한 것인가에 대하여 구체적이고 객관적인 정보를 계속 추구하여 정확한 판단을 하려고 한다. 예상되는 결과가 성공적이건 실패적이건 결과를 보다 정확히 알고 있을 때 성취동기가 높은 사람의 성취활동은 더욱 강화된다.

일곱째, 장기적인 미래에 대한 관심도가 높다는 점이다(미래지향성). 성취동기가 높은 사람은 새로운 일을 이룩하기 위하여 언제나 장기적인 계획을 세우고 미래에 얻게 될 성취만족을 기대하면서 현재의 작업에 열중한다. 그는 미래에 이루어 놓을 성취과업과 성취만족을 기대하면서 현재에 당하는 고통 및 갈등과 끈기 있게 싸워 나간다.

당신은 위와 같은 성취동기가 높은 사람의 행동특징을 갖고 있는가? 만일 당신이 적절한 도전감, 난관을 극복하려는 의지 또는 성공하려는 욕망이 현저하게 결핍되어 있다면 성취동기 육성 프로그램에 의하여 성취동기를 개발할 수 있다. 미국 하버드 대학교 맥클레랜드(D. McClelland) 교수는 많은 심리학적 이론과 연구결과를 종합하여 성취동기를 육성하기 위한 원리를 제시한 바 있다. 그 요지를 간추려 보면 다음과 같다.

- 개인이 동기 육성의 가능성과 필요성을 알고 자기도 성취동기를 육성시켜 보겠다는 의욕과 신념을 사전에 가지고 있을 때 성취동기를 높이기 위한 노력은 성공할 가능성이 높아진다.
- 성취동기가 개인, 조직, 국가의 발전을 위해 현실적으로 요구되고 있다는 사실을 인식하게 되면 성취동기 육성의 가능성은 높아진다.
- 성취동기라는 개념을 명확하게 파악하고 있어야 그 동기를 보다 쉽게 습득할 수가 있다.
- 새롭게 육성한 동기가 일상에 수행하는 행동에 연결될 수 있도록 하면 그것을 육성하려는 노력은 성공할 수 있고 또 그 효과는 오래 지속된다.
- 새로이 형성된 성취적 사고와 행동을 일상생활 장면에 구현시킬 수 있어야 성취동기의 육성은 보다 효과적이고 또 오래 지속될 수 있다.
- 성취적 사고와 행동을 하는 것이 바로 자아영상을 향상시키는 것으로 알게 되었을 때 성취동기는 장래의 사고와 행동에 보다 영향을 크게 줄 가능성이 높다.
- 성취적 사고와 행동을 그 사회의 문화가치관의 향상으로 인식하는 개인에게 성취동기 육성의 가능성은 높아지며, 그 동기는 장래의 사고와 행동에 영향을 미칠 가능성이 높다.
- 어떤 구체적인 성취목표를 설정하고 그 목표를 달성하려고 노력할 때 새로이 형성된 동기는 장래의 사고와 행동에 보다 큰 영향을 미칠 가능성이 높다.

- 개인이 그가 설정한 성취목표의 달성과정을 상세히 기록하고 그 진도과정을 명확히 파악하고 있을수록 새로이 형성된 동기는 장래의 사고와 행동에 계속해서 영향을 미칠 가능성이 높다.
- 개인 자신이 성취적 행동을 스스로 수행할 수 있는 능력을 가진 사람임을 타인에게서 인정을 받고 존경받게 되는 경우 새로이 형성된 동기는 오래 지속된다.

나의 자기효능감 수준은 어떠한가

지시 사항

다음 문항은 당신의 태도와 특성에 대해 알아보기 위한 것이다. 각 문항은 일반적으로 갖고 있는 신념을 나타낸다. 각 문항을 읽고 당신에 대해 어느 정도로 설명하고 있는지 결정해보라. 옳고 그른 답은 없다. 당신은 아마도 어떤 문항들에 대해서는 동의하지만, 다른 문항들에 대해서는 동의하지 않을 것이다. 다음 척도를 참조하여 각 진술문의 왼쪽에 당신의 모습이나 태도 혹은 감정을 가장 잘 설명하고 있는 숫자를 기입하기 바란다.

○ 매우 그렇지 않다 … 1

○ 대체로 그렇지 않다 … 2

○ 그저 그렇다 … 3

○ 대체로 그렇다 … 4

○ 매우 그렇다 … 5

1. 나는 계획을 세울 때 그러한 계획을 완수할 수 있다고 믿는다. ⋯⋯⋯⋯

2. 나의 한 가지 문제는 해야 할 때 바로 일을 착수할 수 없는 것이다. ⋯⋯⋯⋯

3. 나는 첫 번에 일을 잘못하더라도 잘할 수 있을 때까지 계속 시도한다. ⋯⋯⋯⋯

4. 나는 새로운 친구를 사귀는 것이 어렵다. ⋯⋯⋯⋯

5. 나는 나를 위한 중요한 목표를 설정하고서는 거의 완수하지 못한다. ⋯⋯⋯⋯

6. 나는 어떤 일을 완수하기도 전에 포기한다. ⋯⋯⋯⋯

7. 나는 내가 만나고자 하는 누군가를 보면 그 사람이 내게 오기를 기다리는 것보다 내가 그에게 간다. ⋯⋯⋯⋯

8. 나는 어려운 일에 직면하기를 피한다. ⋯⋯⋯⋯

9. 나는 어떤 일이 너무 복잡하게 보이면 그 일을 시도조차 하지 않는다. ⋯⋯⋯⋯

10. 나는 누군가가 관심이 가지만 친구로 만들기에는 매우 까다롭다면 곧바로 그 사람을 친구로 사귀려는 것을 포기할 것이다. ⋯⋯⋯⋯

11. 나는 할 일이 유쾌하지 않을 때조차 그 일을 마칠 때까지 포기하지 않는다. ⋯⋯⋯⋯

12. 나는 어떤 일을 하기로 마음먹으면 곧바로 실행한다. ⋯⋯⋯⋯

13. 나는 새로운 어떤 일을 배우려고 시도해서 처음에 성공적이지 못하면 곧바로 포기한다. ⋯⋯⋯⋯

14. 나는 처음에 호감이 가지 않는 누군가를 친구로 사귀려고 할 때조차 쉽게 포기하지 않는다. ⋯⋯⋯⋯

15. 나는 예기치 않는 문제가 발생했을 때 그 일을 잘 처리하지 못한다. ⋯⋯⋯⋯

16. 나는 새로운 어떤 일이 감당하기에 어렵게 보이면 그 일을 배우려고 하지 않는다. ....

17. 실패는 나로 하여금 더욱 열심히 노력하도록 채찍질할 뿐이다. ....

18. 나는 사교적 모임에서 적절하게 대처하지 못한다. ....

19. 나는 어떤 일을 수행할 나의 능력에 불안감을 느낀다. ....

20. 나는 나 자신을 신뢰한다. ....

21. 나는 나의 사교능력을 통해 친구들을 사귀었다. ....

22. 나는 쉽게 포기한다. ....

23. 나는 살아가면서 부딪칠 대부분의 문제들을 처리하지 못할 것 같다. ....

채점 방법

두개의 하위영역별로 해당 문항에 응답한 숫자를 합산한다. 단, 별표 표시된 문항은 역산 처리한다(1 → 5, 2 → 4, 3 = 3, 4 → 2, 5 → 1)

○ 일반적 자기효능감(17개 문항) ··· 1, 2(*), 3, 5(*), 6(*), 8(*), 9, 11, 12, 13(*), 15(*), 16(*), 17, 19(*), 20, 22(*), 23(*)

○ 사회적 자기효능감(6개 문항) ··· 4(*), 7, 10(*), 14, 18(*), 21

결과 해석

각 영역에서 점수가 높을수록 자기효능감 기대가 높고, 낮을수록 자기효능감 기대가 낮은 것이다.

·출처 : Sherer, M. et al.(1982). The self-efficacy scale : Construction and validation. *Psychological Reports*, 51, 663-671.

자기효능감이란 무엇인가

자기효능감의 개념

사회적 인지이론가인 반두라(A. Bandura)는 동기의 중요한 근원 중의 하나가 행동의 결과에 대한 예측이라고 한다. "나는 성공할까 아니면 실패할까? 나는 호감을 살까 아니면 놀림감이 될까?" 우리는 과거의 경험과 타인에 대한 우리의 관찰에 기반해서 미래의 결과를 상상한다. 이런 예측은 자기효능감(self-efficacy)에 의해서 영향을 받는다. 자기효능감은 주어진 영역에서 개인적 유능감에 대한 스스로의 믿음을 의미한다. 반두라는 자기효능감을 "어떤 목표를 달성하기 위해 요구되는 활동을 조직하고 실행하기 위한 자신의 능력에 대한 믿음"이라고 정의한다. 따라서 높은 자기효능감은 개인이 특별한 행동을 수행할 수 있는 강한 신념을 반영하는 반면에, 낮은 자기효능감은 개인이 그러한 행동을 수행할 수 없다는 신념을 반영한다.

자기효능감을 자기존중감(self-esteem)과 혼동해서는 안 된다. 자기효능감은 개인적 능력의 판단과 관계되지만, 자기존중감은 자기가치의 판단과 관계가 있다. 자기효능감은 수행과는 별도로 발달되며, 한 개인의 행동을 예측할 수 있는 근거를 제시하기도 한다. 대부분의 사람들은 자신이 잘할 수 있다는 생각이 없으면 행동으로 옮기지 않는다. 자기효능감은 사회적 인지이론의 중요한 개념 중의 하나로서, 인간의 사고와 동기 및 행위를 관장하는 데 있어 핵심적인 역할을 한다.

자기효능감의 원천

자기효능감은 한 개인의 능력의 지표라고 여겨지는 과거의 성취 경험, 타인과의 비교를 통한 자신이 지닌 신념을 변화시키는 대리 경험, 신체적 및 정서적 상태, 그리고 사회적 영향력(예:언어적 설득)으로부터 비롯된다.

- 성취 경험:목표를 달성하기 위한 시도에서 비롯된 성공/실패에 대한 과거경험은 자기효능감의 가장 강력한 근원이 된다.

- 대리 경험 : 타인의 성공/실패를 목격하는 것은 유사한 상황에서 개인의 유능감을 평가하기 위한 비교 근거를 제공한다. 다시 말하면, 개인의 관찰 경험이 자기효능감의 중요한 근원이 된다.
- 정서적 각성 : 개인의 자기효능감은 어떤 주어진 수행상황에서 개인이 느끼는 정서적 각성의 정도와 질에 의해 영향을 받는다. 개인이 느끼는 불안의 정도는 어려움, 스트레스, 그리고 어떤 과제가 나타내는 지속성의 지각된 정도에 대한 중요한 정보를 제공한다. 매우 높은 불안 수준은 개인이 매우 잘 한다고 느끼지 못하는 것을 그에게 알려 준다.
- 언어적 설득 : 타인으로부터 어떤 과제를 숙달할 수 있는지 혹은 숙달할 수 없는지에 관해 듣는 것은 또한 자기효능감을 증가 혹은 감소시킬 수 있다. 비록 그러한 언어적 설득의 효과가 약하지만 자기효능감의 결정요인으로서 작용한다.

자기효능감은 개인 자기효능감뿐만 아니라 집단 자기효능감도 있다. 집단 자기효능감은 집단의 목표를 달성하기 위한 행동을 조직하고 수행할 수 있는 능력에 대한 집단의 공유된 믿음을 가리킨다. 집단 자기효능감의 원천과 기능은 개인 자기효능감의 원천 및 기능과 서로 유사하다.

자기효능감과 동기

자기효능감이 높으면 패배에 직면했을 때 더 많은 노력과 지속성을 보일 수 있다. 자기효능감은 또한 목표 설정을 통해서도 동기에 영향을 줄 수 있다. 우리가 어떤 주어진 영역에서 높은 자기효능감을 갖고 있다면 높은 목표를 세울 것이고, 실패에 대한 두려움이 적을 것이며, 사용하던 전략이 실패할 때에 새로운 전략을 찾을 것이다. 그러나 만일 자기효능감이 낮다면 과제 자체를 포기하거나 문제가 생겼을 때 쉽게 포기하게 될 것이다.

자기효능감과 귀인(attribution, 원인 돌리기)은 서로 영향을 주고받는다. 만약 성공이 능력이나 노력과 같은 내적 혹은 통제가능한 요인에 귀인된다면 자기효능감은 높아진다. 그렇지만 만약 성공이 운이나 타인의 도움에 귀인된다면 자기효능감은 높아지지 않을 것이다. 그리고 자기효능감은 귀인에도 영향을 미친다. 어떤 특정한 과제에 대해 강한 자기효능감을 갖고 있는 사람들은("나는 수학에 자신이 있어") 그들의 실패를 노력의 부족으로 그 원인을 돌리는 경향이 있다("내가 한 것을 다시 한번 검토했어야 했는데"). 그러나 자기효능감이 낮은 사람들은("나는 수학을 너무 못해") 그들의 실패를 능력의 부족으로 그 원인을 돌리는 경향이 있다("나는 너무 멍청해"). 그러므로 특정 과제에 대해 높은 자기효능감을 갖는 것은 통제가능한 귀인을 장려하며, 통제가능한 귀인은 자기효능감을 높인다. 만약 어떤 사람이 능력은 변하지 않는다는 고정적 견해와 낮은 자기효능감을 갖고 있을 때, 실패를 능력의 부족으로 그 원인을 돌린다면("나는 이것을 할 수 있는 능력이 없고 결코 학습할 수 없을 거야") 동기가 유발되지 않을 것이다.

자기효능감과 성취에 대한 연구들은 학생들이 향상된 것을 확인하기 쉬운 단기 목표를 설정하고, 주의집중을 돕는 요약이나 개요와 같은 구체적 학습전략을 사용하고, 단순한 참가에 기반한 것이 아니라 수행에 따라 보상을 받았을 때, 학교에서의 수행이 향상되고 자기효능감이 증가된다는 것을 시사하고 있다.

동기에 대한 자기효능감의 영향

구분	높은 자기효능감을 가진 사람	낮은 자기효능감을 가진 사람
과제 지향	• 도전감을 느낄 수 있는 과제 선택	• 도전감을 느낄 수 있는 과제 회피
노력	• 도전감을 느끼는 과제를 할 때 더 노력함	• 도전감을 느끼는 과제를 할 때 덜 노력함
인내심	• 목표에 도달하지 못했을 때 포기하지 않음	• 목표에 도달하지 못했을 때 포기함
믿음	• 자신이 성공할 것이라 믿음 • 목표에 도달하지 못했을 때 생기는 스트레스와 불안감을 통제하고 조절함 • 자신이 환경을 통제하고 있다고 믿음	• 무능하다는 느낌에 집중함 • 목표에 도달하지 못했을 때 스트레스와 불안감을 느낌 • 자신이 환경을 통제하고 있지 못하다고 믿음
전략 사용	• 비생산적 전략이라고 생각되면 사용하지 않음	• 비생산적 전략을 계속 사용함
수행	• 같은 능력을 가정할 때 낮은 자기효능감을 가진 학생보다 높은 수행을 보임	• 같은 능력을 가정할 때 높은 자기효능감을 가진 학생보다 낮은 수행을 보임

학업적 자기효능감

자기효능감이 발현되는 특수하고 구체적인 상황을 학업장면으로 설정하여 탄생한 개념이 학업적 자기효능감(academic self-efficacy)이다. 학업적 자기효능감은 학생이 학업과제의 수행을 위해 필요한 행동을 조직하고 실행하는 능력에 대한 신념 또는 학생이 소유하고 있는 지식과 기술을 효과적으로 적용해 새로운 인지기술을 학습할 수 있는 능력에 대한 신념이라고 정의할 수 있다.

학업적 자기효능감은 활동을 선택하고, 목표를 설정하며, 목표달성을 위한 노력에 관여하기 때문에 학업 및 성취에 영향을 미칠 수 있다. 예를 들어, 수학적 자기효능감이 높은 학생들은 수학과 관련된 활동을 더 많이 선택하는 경향이 있다. 수학 문제집을 풀거나, 온라인 강의를 듣거나, 수학 동아리에 가입하여 활동함으로써 수학적인 지식과 기술을 더욱 높이려는 목표를 갖는다. 이 목표를 달성하기 위해 많은 노력을 기울이게 되고, 노력을 기울이는 과정을 통해 수학 실력을 높이 쌓게 되고 성적도 올라가며, 어려움이 닥치더라도 끈기 있게 노력을 지속하려는 경향을 보인다.

학업적 자기효능감은 이전의 성취 정도에 영향을 받으므로 높아진 수학 실력과 성적을 통해 좀 더 높은 학업적 자기효능감을 형성하게 되고, 이는 계속해서 이후의 활동 선택, 목표설정, 노력과 지속 등에 긍정적인 영향을 미치게 된다.

학습된 무력감

자기효능감과 상반된 개념이 오버미에르와 셀리그만(Overmier & Seligman, 1967)이 명명한 학습된 무력감(learned helplessness)이다. 학습된 무력감은 과거 학습에 기초하여 학생이 행할 수 있는 어떤 것도 자신의 원하는 성취에 도달하는 능력에 영향을 줄 수 없다는 신념을 포함한다. 다시 말하면, 학습된 무력감은 내가 아무리 열심히 노력해도 상황이나 결과에 영향을 미치거나 변화시키거나 통제할 수 없다고 느끼는 것이다. 자기효능감은 '나는 무엇을 잘할 수 있다'는 신념이라면, 학습된 무력감은 '나는 아무것도 할 수 없다'는 신념이다. 즉, 과제를 달성할 능력이 없고 환경을 거의 통제할 수 없다고 믿는 개인을 무력화시키는 믿음이다. 아무리 열심히 노력하더라도 실패를 거듭하면 노력해도 소용이 없다는 인식을 하게 되고, 그 결과 여러 상황에서 노력을 해도 실패할 것이라는 기대를 형성하기 쉽다. 따라서 학습된 무력감이 일단 형성되면 쉽게 바꾸기 어렵다.

학습된 무력감은 마틴 셀리그만(Martin Seligman)과 그의 동료들의 개를 대상으로 한 실험에서 유래한다. 이 실험에서는 개를 우리에 넣어 전기충격을 주었다. 전기충격 때문에 개는 이리저리 뛰면서 전기충격을 피하려고 하였다. 실험자는 개에게 전기충격을 주었다가 잠시 쉬었다가 다시 전기충격을 주는 실험을 반복하였다. 이런 실험이 반복되자 이리저리 전기충격을 피하기 위해 뛰던 개가 움직이지 않고 가만히 있는 현상이 나타났다. 개는 자신의 능력으로는 이 전기충격을 피할 수 없다고, 즉 통제 불가능하다고 인식하여 아무런 행동도 취하지 않았는데, 이것을 학습된 무력감이라고 한다. 셀리그만의 다른 실험에서는 통제 불가능한 상태를 경험한 개와 전기충격을 경험하지 않는 개를 같은 우리에 넣은 후에 다시 전기충격을 가했다. 이번 실험에서는 나지막한 장애물을 넘으면 전기충격이 없는 영역이 있었다. 전기충격을 경험하지 않았던 개는 전기충격을 피하기 위해 이리저리 뛰다가 나지막한 장애물의 건너편으로 이동하였다. 그렇지만 무기력한 상태의 개는 장애물을 넘을 생각을 하지 않고 전기충격을 묵묵히 견디고 있었다.

왜 무력감을 가진 개는 장애물을 넘으려고 시도를 하지 않았을까? 여러 번 실패를 경험한 개는 스스로가 능력이 없다고 판단하여 포기한 것이다. 이러한 셀리그만의 실험을 통해 통제 불가능한 경험을 반복적으로 경험한 개는 무기력한 상태가 됨을 알 수 있다. 학습장면에서 학습된 무력감이 형성되는 과정은 이 실험과 크게 다르지 않다. 학습 초기단계에서 아무리 노력해도 풀 수 없는 문제를 경험한 학생은 쉬운 문제도 해결하려는 시도를 하지 않는다. 왜냐하면 이들은 과거 경험을 통해 결과를 통제할 수 없다는 신념, 즉 학습된 무력감을 형성했기 때문이다. 교사도 학습된 무력감에 빠질 수 있다. 가령 아무리 열심히 가르쳐도 학생의 성적이 전혀 향상되지 않는 것을 경험한 교사는 교수무력감을 형성할 수 있다.

학습된 무력감은 동기, 인지, 정서에 심각한 영향을 준다. 학습된 무력감을 가진 학생들은 실패를 기대하기 때문에 무엇인기 시도하고자 하는 동기가 전혀 유발되지 않는다. 이런 학생들은 학습에 대해 비관적이기 때문에 노력해서 자신의 기술과 능력을 향상시킬 기회를 잃고 비효과적인 전략을 사용하여 더 많은 실패를 하게 되며, 그로 인해서 인지적 결손이 생기게 된다. 또한 그들은 자기개념이 극도로 부정적이고 자존감이 낮으며 종종 우울, 불안, 무관심과 같은 정서적 문제로 고통을 받는다.

똑같은 실패 경험을 하더라도 자기효능감이 높은 학생들은 이런 실패를 잘 이겨내고 다음에 더 잘하려고 노력을 하지만, 학습된 무력감을 가진 학생들은 실패를 할 경우에 자신이 더 바보라고 생각하고 도전적인 상황을 회피하려고 한다. 사실 인간은 누구나 실패 경험이 반복되면 의기소침해지고 무력감 상태에 빠지게 된다. 이러한 무력감이 만성적으로 되지 않도록 교사는 학습된 무력감을 보이는 학생들에게 쉬운 과제를 제시하여 성공경험을 가져 성취감을 맛보도록 해야 하며, 작은 성공을 보이더라도 아낌없는 칭찬을 해주고, 실패했을 경우엔 그들의 능력이 모자라서가 아니라 노력이 더 필요하다는 점을 격려해야 한다.

나는 자기표현을 잘 하는가

지시 사항

많은 사람들이 자신의 권리를 주장하는 데 어려움을 겪고 있다. 불공정한 대우를 받고 있음에도 불구하고 그 부당함을 말하지 못한다. 이러한 사람들은 적절한 상황 하에서 자기표현적인 행동을 증가시킬 필요가 있다. 이러한 사람들 중에 일부는 자기표현훈련이라 불리는 행동수정치료를 통해 도움을 받기도 한다. 다음 자기보고식 척도는 자기표현행동을 측정하기 위해 행동치료자들이 사용하는 것이다. 다음 척도를 참고하여 오른쪽 빈 칸에 숫자를 적어보라.

○ 매우 그렇다 ⋯ +3

○ 거의 그렇다 ⋯ +2

○ 조금 그렇다 ⋯ +1

○ 조금 그렇지 않다 ⋯ -1

○ 거의 그렇지 않다 ⋯ -2

○ 전혀 그렇지 않다 ⋯ -3

1. 대부분의 사람들이 나보다 더 공격적이고 주장적이라고 생각된다.

   ....

2. 나는 수줍음 때문에 데이트를 신청하거나 받기가 망설여진다.

   ....

3. 식당에서 주문한 음식이 만족스럽지 않을 때, 종업원에게 불만을 표시한다.

   ....

4. 평소 다른 사람의 감정을 상하지 않도록 조심하며, 심지어는 내 자신이 상처받았다고 느낄 때에도 다른 사람의 감정을 상하지 않기 위해 조심한다.

   ....

5. 내게 맞지 않는 물건을 보여주며 나를 힘든 곤경에 빠뜨리는 영업사원에게 "싫다"라고 말하는 것이 어렵다.

   ....

6. 어떤 것을 하도록 요구받았을 때, 나는 그 일을 왜 해야 하는지 강력하게 주장한다.

   ....

7. 나는 유익하고 활발한 논쟁을 기대하곤 한다.

   ....

8. 내 지위에 있는 사람들이 대부분 그러하듯이 나도 출세하기 위해 애쓴다.

   ....

9. 솔직히 말해서 사람들은 나를 이용하곤 한다.

   ....

10. 나는 낯선 사람들과 이야기하는 것을 즐겨한다.

    ....

11. 이성의 매력적인 사람에게 어떻게 말을 건네야 할지 종종 잘 모르겠다.

    ....

12. 나는 사업체나 기관에 전화 거는 것을 꺼려한다.

    ....

13. 나는 개인적 면접을 하는 것보다 편지를 써서 일자리를 구하거나 혹은 대학에 지원하는 것을 더 좋아한다.

    ....

14. 나는 물건을 환불받아야 하는 상황이 곤혹스럽다.

    ....

15. 주위의 존경을 받는 친한 친척이 나를 괴롭히면, 나의 불편함을 표현하기보다는 내 감정을 억누른다.

    ....

16. 바보 같다는 소리를 들을까봐 궁금한 것이 있어도 잘 질문하지 않는다. ....

17. 논쟁을 하다가 너무나 화가 나서 폭발할까봐 두려운 적이 가끔 있었다. ....

18. 존경을 받는 유명한 강사라 하더라도 내 생각에는 옳지 않다고 여기는 이야기를 하는 경우에는 청중들에게 나의 견해를 피력할 것이다. ....

19. 나는 점원이나 판매원들과 가격 실랑이를 벌이지 않는다. ....

20. 내가 중요하거나 가치 있는 일을 해냈을 경우에는 다른 사람에게 알리기 위한 시도를 한다. ....

21. 나는 나의 감정에 솔직하고 개방적이다. ....

22. 누군가가 나에 대한 잘못되고 나쁜 이야기를 퍼뜨린다면, 만나서 그 사람과 이야기를 나눌 것이다. ....

23. 나는 종종 "싫다" 혹은 "아니오"라고 말하기가 힘들다. ....

24. 나는 울며불며 야단법석을 떠는 것보다 내 감정을 감추는 편이다. ....

25. 나는 식당이나 그 밖의 다른 곳에서 제공되는 서비스가 좋지 않을 경우 불만을 제기한다. ....

26. 나는 칭찬을 받았을 때 무슨 말을 해야 할지 모를 때가 많다. ....

27. 극장이나 강연회에서 옆자리에 앉은 사람들이 큰소리로 이야기를 하면, 조용히 하거나 다른 곳에서 이야기하라고 부탁한다. ....

28. 나는 새치기를 시도하는 사람에게 줄을 지키라고 말한다. ....

29. 나는 내 의견을 즉각적으로 표현한다. ....

30. 나는 아무 말도 하지 못하는 때가 가끔 있다. ....

채점 방법

각 진술문에 응답한 숫자를 합산한다. 단 1, 2, 4, 5, 9, 11, 12, 13, 14, 15, 16, 17, 19, 23, 24, 26, 30번 문항은 점수를 역으로 계산한다.

결과 해석

+ 점수가 높을수록 자기표현성이 높고, - 점수가 높을수록 자기표현성이 낮은 것이다. 한 조사에 의하면, 여대생의 평균 점수는 대략 8점이고, 남대생의 평균 점수는 대략 10점이다. 여대생의 ⅔ 가 31점에서 -17점 사이에 분포되어 있고, 남대생의 ⅔는 33점에서 -11점 사이에 분포되어 있다. 산출된 점수를 이러한 결과에 비추어 비교하면 자신의 자기표현성이 어떠한지 알 수 있을 것이다.

· 출처 : Burger, J. M.(2000). *Personality*(5th ed.). Belmont, CA: Wadsworth/Thomson.

감정을 표현하는 법

인간은 태어나면서부터 인간관계 속에 던져지고 인간관계 속에서 삶이 펼쳐진다. 삶 속에서 우리가 해결해야 할 중요한 과제는 함께 살아가야 할 여러 부류의 사람들과 불필요한 갈등 없이 친밀하고 협동적인 인간관계를 형성함으로써 우리의 삶을 보다 풍요롭고 행복하게 만들어 나가는 일이다. 즉, 삶의 문제는 인간관계의 문제로 귀착 된다고 해도 과언이 아니다.

그러나 인간관계, 즉 사람과 사람 사이는 미궁과 같이 매우 복잡하고 오묘하다. 그리하여 많은 사람들이 이러한 미궁 속에서 헤매며 인간관계 문제로 고민하고 괴 로워하기도 한다. 인간의 심리적 갈등과 고통의 대부분은 이러한 인간관계 문제에서 잉태되고 파생된다. 사람과 사람 사이에는 필연적으로 갈등과 다툼이 존재하고 미움 과 증오가 생기게 마련이다. 인간관계에서 애정의 욕구는 흔히 좌절되기 마련이므로 우울, 불안, 절망을 경험하게 된다. 다른 사람들로부터 버림받고 따돌림 당하는 것처 럼 괴로운 일도 없다. 그래서 우리는 고독과 소외를 두려워한다. 이러한 미움과 증오, 우울과 불안, 고독과 소외, 배신과 거부, 시기와 질투 등 수없이 많은 심리적 함정이 인간관계 속에 숨어 도사리고 있는 것이다.

그렇지만 다른 한편으로, 인간관계는 만족과 행복의 원천이기도 하다. 다른 사람과 서로 신뢰하고 사랑을 주고받을 때 우리는 행복감과 안정감을 느낀다. 부모로부터, 교사로부터, 친구 혹은 동료로부터, 이성으로부터, 직장상사와 부하직원으로부터 사랑과 인정을 받을 때 자신이 가치 있는 존재로 느껴지고 인생이 살 만한 것으로 느껴져 우리는 뿌듯한 행복감에 젖어들게 된다. 사랑, 우정, 동료애, 가족애, 직장애와 같이 우리를 기쁘고 즐겁게 하는 것은 인간관계에서만 경험할 수 있는 것이기도 하다.

　이처럼 인간관계는 그것 자체가 긍정적인 방향으로 형성될 수도 있고, 부정적으로 형성될 수도 있다. 우리는 서로 갈등과 투쟁으로 말미암아 소모적이고 파괴적이며 불행할 수 있는 부정적이고 비조력적인 인간관계를 맺을 것인가, 아니면 성숙하고 생산적이며 조력적인 인간관계를 맺을 것인가? 그 대답은 자명하지 아니한가! 긍정적이고 생산적인 인간관계를 맺거나 좀 더 개선하기 위해서는 상대방을 잘 이해하고 수용하는 일이 중요하다. 또한 이에 못지않게 자신의 마음상태를 상대방에게 잘 표현하여 알리는 일도 아주 중요하다.

　인간관계에서 어려움을 겪는 사람 중에는 자기표현이 미숙한 경우가 많다. 즉 자기표현을 적절히 하지 못하여 대인곤란이나 대인갈등을 겪는 경우가 종종 있다. 예를 들어, 어떤 사람은 상대방을 좋아하면서도 좋아하는 감정을 표현하는 데 어려움을 겪는다. 이러한 사람들은 막상 상대방 앞에서는 관심이 없는 듯이 행동을 하거나 오히려 속마음과 상반된 행동을 하여 인간관계를 발전시키지 못한다. 또 어떤 사람은 상대방이 불쾌한 행동을 하여 마음이 상해도 이러한 불쾌 감정을 표현하지도 못하고 답답한 마음을 속에 품고 살아간다. 이렇게 불쾌 감정이 표현되지 않아 상대방에게 전달되지 않기 때문에 상대방은 불쾌하게 하는 행동을 지속하게 된다. 그러다가 어느 순간 그동안 쌓인 감정이 폭발하여 인간관계가 일시에 악화되어 와해되고 만다.

　따라서 자기표현을 한다는 것은 인간관계에 있어서 자기개방과 자기노출을 위한 기회가 되기도 하며, 상대방으로 하여금 나를 이해하기 위한 피드백이 될 수도 있다.

그러면 자기표현을 어떻게 해야 할까? 여기서는 인간관계에서 특히 중요한 자기표현 기술인 자신의 긍정적 감정과 부정적 감정을 효과적으로 표현하기 위한 방법을 제시하고자 한다.

긍정적 감정 표현하기

상대방에게 긍정적인 감정을 표현하는 것을 어색해하고 쑥스러워하거나, 자신이 비굴하게 보이는 아첨행위로 생각하거나, 혹은 호감과 애정 표현을 상대방이 받아주지 않으면 어떻게 하나 하고 두려움을 느껴서 자신의 상대방에 대한 긍정적인 감정을 표현하지 않는 사람들도 있다. 그러나 상대방에 대한 진실된 자신의 긍정적 감정을 표현하여 전달하는 것은 바람직한 것이며 인간관계를 발전시키는 매우 효과적인 방법이다. 인간은 자신에게 호감과 애정을 표현하는 사람을 좋아하고 신뢰하게 마련이다. 그러면 어떻게 하면 마음속에 지니고 있는 긍정적 감정을 상대방에게 잘 전달될 수 있도록 표현할 것인가?

첫째, **긍정적 감정을 진실성이 느껴지도록 솔직하고 진지하게 표현해야 한다.** 과장되거나 장난스런 표현은 진실성을 떨어뜨리게 되고 때로는 놀리거나 비꼬는 행위로 비쳐질 수도 있다.

둘째, **모호한 어휘보다는 명료하고 구체적인 어휘를 사용해야 한다.** 구체적이고 명료한 표현일수록 그 전달 효과가 증대되기 때문이다. 예를 들면, "당신이 좋게 느껴져요"라고 말하기보다는 "당신이 믿음직스럽게 느껴져요"라고 말하는 것이 훨씬 더 명료한 표현이 된다.

셋째, **상대방에 대한 나의 판단이 아닌 나의 느낌을 중심으로 표현해야 한다.** 즉, 상대방으로 말미암아 나에게 느껴진 긍정적 감정을 표현하는 것이 효과적이다. 예를 들면, "당신은 다정한 사람인 것 같아요"라고 말하기보다는 "당신은 나에게 다정한 사람으로 느껴져요" 혹은 "당신과 함께 있으면 다정함이 느껴져요"라고 말하는 것이 훨씬 더 호소력이 있는 표현이 된다.

넷째, **막연히 긍정적인 감정을 느꼈다기보다는 구체적으로 어떤 모습과 행동이 그런 긍정**

적 감정을 느끼도록 했는지 긍정적 감정을 느낀 이유나 근거를 함께 전달해야 한다. 예를 들면, "당신은 믿음직스럽게 느껴져요"라고 말하기보다는 "당신이 이렇게 성실하게 일하는 모습을 보니 믿음직스럽게 느껴져요"라고 말하는 것이 훨씬 더 구체적이고 신뢰성을 높이는 표현이 된다.

다섯째, 긍정적 감정은 이러한 언어적 표현뿐만 아니라 관심과 애정이 담긴 눈빛, 얼굴표정, 미소, 자세, 몸동작, 신체적 접촉 등과 같은 다양한 비언어적 표현과 함께 이루어지도록 해야 한다. 또한 선물하기, 음식사기, 도움주기와 같은 행동을 통해 호감과 애정을 전하면서 긍정적 감정을 표현하는 것이 효과적이다. 이처럼 언어적 표현과 더불어 비언어적 표현이 이루어지면 훨씬 더 상대방에게 호소력 있고 긍정적인 감정이 전달될 수 있다.

부정적 감정 표현하기

인간관계를 맺으며 살다 보면 우리는 분노, 실망감, 좌절감, 배신감, 원망감, 섭섭함 등과 같은 다양한 부정적 감정을 경험하게 된다. 이러한 부정적 감정이 적절하게 해소되지 못하면 인간관계를 악화시키거나 와해시키는 원인이 될 수 있다. 부정적 감정을 잘 표현하는 것도 매우 중요한 대인기술이다. 사실 부정적 감정은 긍정적 감정보다 표현하기가 더 어렵다. 상대방으로 인해 불쾌해진 나의 마음을 상대방의 마음을 상하지 않게 하면서 잘 전달하여 그의 행동을 변화시키는 것이 부정적인 감정의 효과적인 표현 방법의 핵심이다.

일반적으로 부정적 감정의 표현이 상대방의 마음을 상하게 하는 이유는 그 표현 방식에 문제가 있기 때문이다. 상대방을 질책하거나 공격하는 방식의 표현은 상대방을 불쾌하게 만들고 상황을 악화시키는 것이 보통이다. 이러한 공격적 표현방식은 다음과 같은 네 가지 요소를 담고 있기 때문에 효과적이지 못하다. ① 공격적 표현은 "너는 나쁜 놈이야" "바보 같은 녀석!" "너는 거짓말쟁이야"에서 보듯이 상대방을 판단하고 비판하는 내용을 담고 있다. ② 공격적 표현은 "너 때문에 이런 좋지 않은 일이 발생했잖아" "이건 모두 네 책임이야"에서 보듯이 잘못의 책임을 상대방에게 전가하고 질책하는 방식으로 표현된다. ③ 공격적 표현은 "앞으로 절대 그런 행동을 하지 마""이젠 그만 거짓말해"에서 보듯이 상대방의 행동을 금지하거나 통제하는 방식으로 표현된다. ④ 공격적 표현은 "주제 파악도 못하는 놈이""넌 그럴 자격이 없어"에서 보듯이 상대방의 인격적 가치를 무시하는 내용을 흔히 포함한다.

이와 같은 공격적 표현은 오히려 인간관계를 악화시킬 뿐이다. 인간은 자신의 잘못을 알고 있더라도 상대방이 이처럼 공격적 표현을 하게 되면 자신을 방어하기 위해 저항적인 태도를 취하게 될 따름이다. 따라서 상대방의 마음을 상하지 않게 하면서 비공격적인 방식으로 부정적 감정을 표현하고 전달하는 것이 중요하다. 그러기 위해서는 어떻게 해야 하는가?

첫째, 상대방의 잘못을 질책하고 비방하는 방식보다는 상대방의 행동으로 인한 나의 불편함과 불쾌감을 전달하는 표현을 해야 한다. 그러기 위해서는 너-메시지(You-message)보다는 나-메시지(I-message)를 사용하는 것이 좋다. 예를 들어, "너는 왜 그 모양이니?", "넌 나쁜 사람이야!""넌 너무 이기적이야!"와 같은 너-메시지는 상대방을 평가하고 통제하는 표현이 되기 때문에 상대방에게 공격적으로 느껴진다. 그러나 "네가 그런 말을 할 때 내가 무시당하는 기분이었어", "네가 그런 행동을 하니 나는 속상하고 화가 났어"와 같은 나-메시지가 진정한 부정적 감정의 자기표현으로서 상대방에게 비공격적으로 느껴진다. 그러므로 부정적인 감정을 표현할 때 이인칭 표현법인 너-메시지보다는 일인칭 표현법인 나-메시지를 사용하는 것이 효과적이다.

둘째, 상대방의 행동을 통제하거나 규제하는 방식보다는 상대방에 대한 나의 바람을 전달하는 표현을 해야 한다. 다시 말하면, 부정적 감정은 상대방에 대한 자신의 기대나 욕구가 좌절되었기 때문에 생긴 것이므로 자신이 상대방에게 기대하는 욕구나 바람을 전달하는 표현방식을 사용하는 것이 중요하다. 예를 들면, "내가 마음이 아팠던 것은 너한테서 인정을 받지 못했다는 생각이 들었기 때문이야""너한테서 존중받고 싶었기 때문에 그때 내가 화가 났던 거야"라는 표현을 통해서 자신이 불쾌한 감정을 느끼게 된 좌절된 욕구를 전달하는 것이 효과적이다. 이러한 표현을 통해서 자신이 바라는 바를 상대방에게 전달할 수 있는 것이다.

셋째, 상대방에게 원하는 바를 분명하고 구체적으로 요청하되, "…하지 말라"라는 부정적 표현보다는 "…해 주기를 바래"라는 긍정적 표현을 사용해야 한다. 왜냐하면 "앞으로 그같은 자존심 상하는 말은 하지 마"와 같은 부정적 표현보다는 "앞으로 날 좀더 존중해주는 말을 해주길 바래"와 같은 긍정적 표현이 훨씬 더 부드러우며 상대방에게 수용되기 쉽기 때문이다.

당신은 현재 이런 상태에 있다

여기 9개의 그림이 있다. 각 그림을 보는 순간 떠오른 느낌을 '예쁜, 멋있는, 조용한' 등과 같이 형용사로 표현하여 적어보라. 이 9개의 그림을 놓고 가볍게 해치우는 사람이 있는가 하면 1시간이 넘도록 쩔쩔매는 사람이 있는데, 자신의 자아상이 불투명한 사람일수록 푸는 시간이 오래 걸린다.

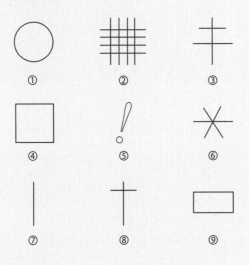

①은 세계관, ②는 이성관계, ③은 자아관, ④는 이성이 자기를 보는 눈, ⑤는 어떤 사람과 친구하고 싶은가, ⑥은 성, ⑦은 미래관, ⑧은 죽음, ⑨는 초야와 관련이 있다. 만약 ⑤번 그림에 '명쾌한'이라고 표현하여 적었다면 당신은 명쾌한 사람과 친구하기를 좋아한다는 뜻이다. ⑦번 그림에 '답답한'이라고 표현하여 적었다면 당신은 자신의 미래에 대해 답답해하고 있다는 뜻이다.

– 한국교육개발원, '교육개발 2000 겨울호'에서

나는 시간관리를 잘 하고 있는가

지시 사항

당신은 얼마나 현명하게 시간관리를 하고 있는가? 다음 문항을 읽고 '그렇다'면 4점을, '그런 편이다'면 2점을, '아니다'면 0점을 오른쪽 빈 칸에 써 넣어보라.

1. 날마다 해야 할 일의 목록을 작성하는가? ....

2. 가장 높은 보상을 가져 올 일의 순서대로 일과표의 우선순위를 정하는가? ....

3. 일과표의 일을 모두 끝내는 편인가? ....

4. 공부와 정해진 목표를 해나가기 위해 일과표를 항상 새롭게 작성하는가? ....

5. 책상은 깨끗하게 잘 정리되어 있는가? ....

6. 물건들을 제자리에 놓아두는가? ....

7. 하고 있는 일이 방해를 받을 때 효과적으로 대처하는가? ....

8. 책장이나 자료함에서 원하는 것을 쉽게 찾을 수 있는가? ....

9. 단호하게 결정하고 행동하는 편인가? ....

10. 하루 중에 방해를 받지 않는 나만의 조용한 시간을 활용하고 있는가?

11. 장황한 얘기를 늘어놓는 친구들에게 효과적으로 대처하는 편인가?

12. 문제가 발생한 후 해결하기보다는 발생하지 않도록 신경을 쓰고 있는가?

13. 시간을 최대한 잘 활용하고 있다고 보는가?

14. 여유를 가지고 마감시간을 지키는가?

15. 약속과 모임에 시간을 정확히 지키는가?

16. 하고 있는 일을 곧잘 위임하는가?

17. 내가 지시한 일들에 대해 후배들이 잘 따라주는가?

18. 방해를 받고 난 후 조금의 시간 낭비도 없이 하던 일로 다시 돌아갈 수 있는가?

19. 장기적인 목표를 달성하기 위해 단계적으로 무엇인가를 정해 놓고 매일 하고 있는가?

20. 자유로운 시간을 일에 대한 걱정 없이 즐길 수 있는가?

21. 사람들은 나에게 연락이 닿을 수 있는 가장 좋은 시간을 알고 있는가?

22. 해야 할 일 중에서 가장 중요한 일을 창의력이 가장 왕성한 시간에 하고 있는가?

23. 하루 정도 내가 없더라도 다른 사람들이 나를 대신하여 주어진 일을 할 수 있는가?

24. 프로젝트를 제때에 시작하고 끝맺는가?

25. 하루에 계획한 일들을 정해진 시간에 다루고 있는가?

채점 방법

.... 에 적은 점수를 모두 더하여 총점을 산출한다.

결과 해석

점수가 높을수록 시간관리를 잘 하고 있는 편이고, 점수가 낮을수록 시간관리를 잘 못하고 있는
편이다.

- ○ 81~100점인 경우 : 시간관리를 아주 잘 하는 편임
- ○ 61~80점인 경우 : 시간관리를 비교적 잘 하는 편임
- ○ 41~60점인 경우 : 귀중한 시간을 놓치고 있는 편임
- ○ 21~40점인 경우 : 시간을 대충 보내고 있는 편임
- ○ 0~20점인 경우 : 집중력이 없고 지금 스트레스를 받고 있는 편임

· 출처 : 아주대학교 사회봉사 및 학생상담센터. 『창조적인 시간관리』.

효율적 시간관리법

누구에게나 똑같은 하루 24시간이 주어지지만, 사람마다 그 시간에 대한 사용과 관
리는 다르다. '시간은 금이다'라는 말이 있듯이 똑같이 주어지는 귀중한 시간을 얼
마나 보람 있게 사용하고 관리하는 가에 따라서 인생을 보람 있게 살 것인지 여부가
결정된다고 할 수 있다. 미국 독립선언서의 기초를 작성한 벤자민 프랭클린(Benjamin
Franklin)이 과거 서점의 점원으로 있을 때, 손님 한사람이 책값을 물었다. 프랭클린은
5달러라고 했다. 서점을 나갔던 그 손님이 잠시 후 다시 와서 그 책값을 다시 물었
고, 책을 읽고 있던 프랭클린은 6달러라고 대답했다. 손님이 아까는 5달러라고 했는
데 왜 이제는 6달러라고 하냐고 묻자, 프랭클린은 "시간은 돈이다(Time is money)"라고
대답했다. 자신의 책 읽는 귀중한 시간을 빼앗기 때문이라는 것이다. 여기서 나온 말
이 "시간은 금이다(Time is gold)"이다. 하루 24시간 주어진 시간은 누구에게나 같지만,
동일 시간을 사용하는 방법이나 효율성에 있어서는 차이가 있다. 주어진 시간을 효
율적으로 사용하고 관리해야 성공하고 행복한 삶을 영위할 수 있다.

많은 일을 한다는 것과 요령 있게 일을 한다는 것은 다르며, 바쁘게 산다고 해서 반드시 생산성이 높은 것도 아니다. 바쁘지 않게 일하면서도 생산성을 높이는 사람이 있는가 하면, 항상 바쁘게 지내지만 도대체 되는 일이 없는 사람도 있다. 시간을 낭비하지 않고 효율적으로 사용한다는 것은 언제나 일만 해야 한다거나, 휴식하는 데 시간을 쓰지 말라는 말이 결코 아니다. 인생을 풍요롭게 살아가는 사람은 확실히 시간을 쓰는 요령이 다르다.

주어진 상황에서 무엇을 선택하는가는 곧 시간을 어떻게 사용할 것인지를 선택하는 일이다. 무엇을 새로 시작하기에 너무 늦어버린 경우는 없다. 지금부터라도 인생을 낭비한 죄를 다시 범하고 싶지 않다면 새로 시작해야 한다. 그렇다. 지금이라도 늦지 않다. 늦었다고 생각할 때가 가장 빠르다는 말도 있지 않은가!

시간관리를 위한 점검 사항

시간관리를 위해서 다음과 같은 사항을 점검해 볼 필요가 있다.

첫째, **목표를 설정하고 계획이 수립되어 있는가?** 목표 설정은 효율적인 시간 사용의 첫 단계이다. 현재 생활에서 가치 있고 의미 있는 부분이 무엇인지, 또 추가하여 확장하고 싶은 영역이 무엇인지를 확인하여 목표를 세울 필요가 있다.

둘째, **어떤 유형의 시간관리자인가?** 먼저 자기 자신이 아침 활동형인지 아니면 저녁 활동형인지를 점검해 보아야 한다. 아침 활동형은 상쾌한 기분으로 일어나서 하루 출발을 한다. 이들은 자발적으로 일어나는 경향이 있다. 정오 이전 시간은 매우 생산적인 시간이지만, 오후에는 덜 생산적이다. 저녁 활동형은 늦게 일어나서 11시쯤에야 완전히 조절이 되어 중요한 업무에 들어간다. 이들은 오전 시간이 거의 의미가 없게 된다. 다음 자기 자신이 업무지향적인지 아니면 인간지향적인지를 점검해 보아야 한다. 업무지향형은 사람과 관계된 일보다는 논리적인 것, 문제해결적인 일들을 잘 처리하는 반면에, 인간지향형은 사람들과 관계되어진 일들을 더 즐겁게 잘 처리한다. 또한 집중형인지 아니면 지속형인지를 점검해 볼 필요가 있다. 집중형은 짧은 시간 동안 일에 열중할 수가 있어서 매우 생산적이며, 규칙적으로 휴식을 취할 시간이 필요하다. 반면에 지속형은 과제를 완성하는 데 시간이 많이 걸리지만 휴식을 그다지 필요로 하지 않는다. 그러므로 지속형은 서두르지 않고 일을 완성할 수 있도록 충분한 시간을 확보해야 한다.

셋째, **행동을 미루지는 않는가?** 미루는 행동을 삼가야 한다. 거의 모든 사람은 미루는 행동 때문에 스트레스를 받는다. 사실 미룬다는 것은 중요하지 않고 급한 일이 아닐 경우엔 좋을 수도 있을 것이다. 그렇지만 그 일이 긴급하고 중요한 일이라면 지금 당장 실행하는 것이 최선의 선택이다.

효율적인 시간관리 요령

효율적이고 창조적인 시간을 어떻게 만들 것인가? 그 몇 가지 요령을 제시하면 다음과 같다.

첫째, **가능한 한 즉시 처리하라.** 메모, 편지, 보고서 등이 당신의 책상 위에 도착했을 때 나중에 처리하기 위해서 서랍 속이나 책상 위에 두지 않는 것이 좋다. 그때그때 처리하지 않고 미루어 둔 일은 그것을 잊어버리지 않기 위해서 자주 확인하고 기억해야 하기 때문에 불필요한 시간의 낭비를 초래할 수 있다. 자동응답기의 메시지든, 우편물이든, 숙제든, 언젠가 해야 할 일이라면 가능한 한 즉시 처리하는 것이 좋다. 일을 즉시 처리하되, 100% 에너지를 써서 전력 질주하라. 아침 일찍 출근해서 커피 마시고 신문 보고 잡담하고 이것저것 뒤적이면서 몇 시간씩을 보내는 사람들이 있다. 공부를 할 때도 머리 만지고, 안경 닦고, 음료수 마시며 준비하는 데 많은 시간을 쓰는 학생들이 있다. 소위 갓끈 매다 장 파하는 사람들이다. 일을 하기로 했으면 미적거리지 말고 즉시 본론으로 들어가야 한다.

둘째, **마감시간을 설정하라.** 누군가로부터 프로젝트의 마감시간을 지시받지 않았다 하더라도 자율적으로 마감시간을 정해두어야 한다. 그리고 주위 사람들로 하여금 정한 마감시간을 알리도록 한다. 그리고 일이 끝나면 반드시 몇 분 동안 정리 정돈하는 습관을 들여야 한다. 하던 일이 끝났을 때 뒷정리를 개운하게 해두면 일의 진척정도를 눈으로 확인할 수 있어서 좋아진다. 온갖 자료를 흩트려 놓은 상태로 퇴근하면 다음 날 즉시 일에 착수할 수가 없다.

셋째, **해야 할 일의 우선순위를 정하라.** 하루를 살다 보면 여러 가지 일들이 동시다발적으로 몰려온다. 그러나 우리에게 주어진 시간과 에너지는 한정되어 있다. 중요하지 않은 일에 소중한 시간을 낭비하면 정말 중요한 일에 투자할 시간은 당연히 모자란다. 따라서 먼저 해야 할 일을 최우선 과제로 삼고 중요도에 따라 일을 처리해나가야 한다. 우선순위가 잘못 선정되면 낭패를 보기 십상이다. 창조적인 자기성장을 도모하기 위해 시간을 투자하기 위해서는 우선순위가 떨어지거나 비중이 낮은 일들을 과감하게 포기하거나 생략하는 지혜가 필요하다. 주어진 모든 일들을 다 해결하려다 보면 정작 중요한 일을 놓치거나 소홀히 하기 쉽다.

넷째, **시간일지를 작성하라.** 시간일지에 자기가 행한 하나하나의 일에 대해 그것을 행한 시간과 필요로 한 시간을 기록해둔다. 기록은 아침부터 시작하고 30분 단위로 한다. 하나도 빠뜨리지 않겠다는 강박감을 가지고 할 필요는 없다. 가장 중요한 일, 가장 오랜 시간이 걸린 일을 기록해둔다. 나중에 시간일지를 검토하여 생산적인 활동과 비생산적인 활동에 투자된 시간을 확인하여, 시간을 효율적으로 사용하기 위해 앞으로 어떤 활동을 자제해야 되는지를 찾아보도록 한다.

다섯째, **자투리 시간을 효과적으로 활용하라.** 병원에서 진료시간을 기다릴 때나 버스 혹은 전철 안에서 많은 유휴시간을 그냥 흘려보내지 않도록 한다. 자투리 시간에 볼 수 있는 책, 듣고 싶은 테이프, 생각할 수 있는 주제를 가지고 다녀라. 엘리베이터를 이용하지 않고 걸어 올라가는 것도 자투리 시간을 이용해서 운동을 할 수 있는 한 방법이다.

전화에 소요되는 시간낭비를 극복하는 비결

- 하루 중 전화하는 데 소요되는 시간은 어느 정도인가? 전화 통화에 소요되는 시간이 많다면 통화하기 전에 다시 한번 생각해보라. 이 상황에서 전화를 하는 것만이 시간적으로 가장 효과적인가를 생각해보라.
- 사업상의 전화와 일상적 전화를 구분하라. 많은 사람들은 1, 2분간 전화로 업무

를 수행하고 그 후 어떻게 지내는지 안부를 묻게 되면서 통화가 길어지는 경향이 있다. 통화는 용건만 간단히 한다.

- '전화만 하는 시간'을 위해 전화할 것을 모아두어라. 별다른 생각 없이 전화를 받을 때 대부분의 사람들은 그것 때문에 하고 있는 일이 방해를 받는다는 것을 인식하지 못한다.
- 전화한 상대방이 부재중일 때는 정확한 메시지를 남겨두어라. 그렇게 함으로써 다시 전화를 걸지 않아도 된다. 가능하면 메시지를 받는 사람에게 당신의 이름, 전화 번호, 용건, 기대하는 답신의 유형 등을 밝혀 두는 것이 좋다.

대화에 소요되는 시간낭비를 극복하는 비결

- 대화의 결론으로 들어가라. 대화나 회의에 들어가기 전에 관련이 없는 대화는 나중으로 돌려라.
- 처음 의사표현을 분명히 하라. 말을 할 때 너무 서둘러서 이야기하게 되면 전달내용이 불충분해질 뿐만 아니라 상대방이 당신의 말을 정확하게 파악하지 못할 수 있다.
- 명확히 지시를 하라. 지시사항에 특정 목적과 목표를 포함시킬 필요가 있다. 그리고 지시받은 사람이 마감시간과 의도를 정확히 이해했는지 확인할 필요가 있다.
- 대화 내용과 회의 결과를 간략하게 요약하라. 끝맺을 때는 동의한 것, 누가 무엇을 할 것인지, 마감날짜와 차후의 모임을 정확히 요약하는 것이 혼란을 피할 수 있다.

'오늘'

시간을 아껴야 합니다.

식사를 기다리는 동안, 차를 기다리는 동안 같은

부스러기 시간에도 자신을 영글게 하는 데 써야 합니다.

하루를 무심히 지내면

백 년 천 년을 살아도 시간을 다 잃어버립니다.

하루하루를 덧없이 보내버리면

인생은 허무한 것 외에 아무 것도 아닙니다.

쉬면서도 쉬지 않는 숨처럼

언제나 깨어 정성을 다해야 합니다.

지나간 것은 찌꺼기라 돌볼 것이 못 됩니다.

내일을 찾으면 안 됩니다.

내일은 아직 도착하지 않은 손님입니다.

언제나 오늘, 오늘 하루를 사는 것입니다.

인생은 어제에 있는 것도 아니고 내일에 있는 것도 아니며

오직 오늘에 있습니다.

내가 '지금-여기'에 있다는 것을 아는 것은

대단히 훌륭한 발견입니다.

아무리 넓은 세상이라도 '여기'이고

아무리 오랜 세상이라도 '지금'입니다.

– 월간지『뉴 휴먼』에서

나는 융통적이고 창의적인가

지시 사항

틀을 깨면 못 보던 세계가 보인다. 고정관념에서 탈피하여 융통적이고 창의적으로 생각하는 것이 성공의 열쇠가 될 수 있다. 당신은 평소 고정관념에서 벗어나 얼마나 융통적이고 창의적으로 생각하는가? 다음 각 문항을 읽고 자신의 생각이나 행동과 일치하면 □ 안에 ✓표 해보라.

1. 사건 그 자체보다는 그것에 대한 해석이 더 중요하며, 기분과 행동은 마음먹기에 따라 달라진다. □

2. 일에 대한 호기심이 많고 새로운 것을 탐구하는 정신이 강하다. □

3. 어떤 일이든 정답이나 해결책은 하나만 있는 것이 아니라 다양할 수 있다. □

4. 여유가 없고 답답하다는 말보다는 재치와 유머감각이 있다는 말을 자주 듣는다. □

5. 사람을 판단할 때 그의 학력이나 경력 등에 큰 비중을 두지 않는다. □

6. 음식, 대인관계, 여가활동 등 어떤 분야에서든 습관에서 벗어나 뭐든 새롭게 시도하는 편이다. □

7. 보수적이고 권위적이기보다는 개방적이며 모험심이 강하다. ☐

8. 단순하고 뻔한 일보다는 복잡하고 예측하기 힘든 일을 즐겨한다. ☐

9. 다른 사람들의 평가에 민감하기보다는 나 자신의 평가를 더 중요시 한다. ☐

10. 규칙과 관습을 따르지 않고 가끔 엉뚱하게 행동한다. ☐

11. 어리석고 틀리면 안 된다고 생각하기보다는 바보스러운 생각도 더러 는 필요하다고 믿는다. ☐

12. 대충 보고 선입견으로 판단하기보다는 일상적인 일도 새로운 관점에 서 바라본다. ☐

13. 남들이 소홀하게 여기는 것도 눈여겨 볼 것이 있는지를 찾으려고 한다. ☐

14. 내 분야가 따로 정해져 있다고 생각하지 않는다. ☐

15. 좋지 않은 일이 발생할 때도 거기서 얻을 수 있는 뭔가가 있는가를 찾는다. ☐

16. 과거에 연연하지 않고 끊고 맺는 것이 분명하다. ☐

채점 방법

안에 ✓표시한 수를 합계한다.

결과 해석

11개 이상이면 대체로 유연한 사고방식을 지니고 있으며 창의적인 성향이 풍부하고, 5개 내지 10개이면 어느 정도 융통성을 갖고 있지만 고정관념에서 벗어나 발상전환을 위한 다소간의 노력이 필요하며, 5개 미만이면 사고방식이 경직되어 있어 융통성과 창의성을 함양하기 위한 많은 노력이 요구된다고 하겠다.

· 출처 : 이민규(1999). 『발상을 바꾸면 인생이 달라진다』. 서울: 교육과학사.

창의성 : 고정관념에서 벗어나기

'아이디어 경쟁은 창의성에서 승부가 난다', '누가 뭐라던 창의적인 일에 관심', '창의적인 사람만이 살아남을 수 있다', '다가오는 시대에 성공하기를 원한다면 창의적인 사람이 되라', '변화의 속도가 빠른 21세기의 경쟁 무기는 바로 창의성' 등의 표현은 모두가 최근 방송이나 신문에서 접할 수 있는 창의성 혹은 창의력을 강조하는 머리기사들이다. 사실 우리는 그 어느 때보다도 창의성이 강조되고 있는 시대에 살고 있으며, 앞으로의 시대는 더욱더 창의적인 사람을 요구하고 있다.

창의성에 대한 신화 : 그릇된 이해

우리는 창의성과 관련하여 몇 가지 신화(神話)적인 믿음을 가지고 있다. 신화적인 믿음이란 아무런 사실적인 충분한 근거나 비판의 여지도 없이 어떤 가정(假定)을 당연한 것으로 받아들이는 태도를 말한다. 물론 신화적인 믿음들이 모두 거짓이라거나 잘못된 생각이라고 일방적으로 부정할 수는 없다 하더라도 그것을 지나치게 맹신하는 일은 창의성을 올바로 이해하는 데에 큰 장애요소가 될 수 있다. 이러한 신화적인 믿음을 창의성과 관련하여 살펴보는 일은 창의성의 본질을 이해하기 위한 첫걸음이 될 수 있다.

첫째, **창의성은 지능 또는 영재성과 동일하다는 믿음**이다. 그러나 창의성과 지능과의 관계에 대한 경험적 연구결과에 의하면 창의성과 지능은 각각 나름의 고유성을 지니고 있는 정신적 실체라는 점이다. 즉, 인간의 삶에 있어서 창의성과 지능은 모두가 고유한 역할을 담당하는 정신능력이라는 것이다. 통상적인 지능은 주로 재인, 회상, 재적용 등에 의존하며, 무엇보다도 사실에 관한 풍부한 지식, 새로운 사실의 효율적인 획득, 기억내용에 대한 신속한 접근, 사실적 질문에 대한 최선의 답을 찾는 데 있어서의 정확성, 기존 지식의 논리적 적용 등을 요구한다. 반대로 창의성은 새로움의 산출, 즉 사실로부터의 이탈, 새로운 길의 발견, 해답의 창안, 그리고 기대하지 않은 해결책의 발견 등을 요구한다.

지적 능력으로서의 사고력에는 두 가지가 있다. 하나는 왼쪽 뇌의 기능에 속하는 추리력, 판단력, 비판력 등 이른바 논리적 사고력이고, 다른 하나는 오른쪽 뇌의 기능에 속하는 창의적 사고력이다. 창의적 사고력은 상상력이며 바로 창의성에 해당된다. 지금까지 우리는 논리적 사고력을 중시하고 개발·육성하는 데는 많은 노력을 기울여왔지만 창의적 사고력, 즉 창의성을 기르는 데는 소홀히 해 왔다고 볼 수 있다. 왼쪽 뇌의 능력, 즉 논리적 사고력을 재는 것이 지능지수(IQ)이다. 창의성은 오른쪽 뇌의 기능을 재는 것이며, 순발력, 직관력, 상상력을 재는 것이다. 창의성이 높으면 생각하는 속도도 빠르고, 생각하는 폭도 넓고, 생각하는 깊이도 깊어야 한다. 사람들은 지능지수가 높으면 창의성도 높다고 생각하지만 그것은 잘못된 생각이다. 지능이 낮아도 창의성이 높을 수 있고, 지능이 높아도 창의성은 낮을 수 있다. 그것은 지능과 창의성을 재는 방법이 다르고 재는 부위도 다르기 때문이다. 현재 대부분의 지능검사들이 보편적인 창의성검사들에 포함된 내용을 측정하지 않으며, 창의성검사들 또한 일반적인 지능검사에 포함된 내용을 측정하지 않는다. 즉, 지능이 높으려면 2 + 2 = 4라고 빨리 말할 수 있어야 하지만, 창의성이 높으려면 2 + 2는 반드시 4가 아니라 22도 되고, 넌센스 퀴즈식으로 '덧니'라고 말할 수 있어야 한다.

영재성 역시 창의성과 동일하지 않다. 영재성이 발휘되려면 평균 이상의 능력, 과제집착력, 그리고 창의성의 세 요소에서 뛰어나야 하지만, 창의성은 영재성이 발휘되기 위해 꼭 필요한 것이지만 그 자체만으로 영재성이 될 수는 없다.

둘째, 창의성은 흔히 '무'에서 '유'를 만들어내는 능력이라는 믿음이다. 아무리 창의성이 새로운 것을 창안해내는 것이라고 할지라도 무에서 유를 창조하는 것은 아니다. 오히려 창의성은 '유'에서 '유'를 만들어내는 능력, 곧 재구성력, 재결합력이다. 새로운 것은 기존의 어떤 것을 바탕으로 만들어질 수밖에 없다(기존에 있던 것에 어떤 변형을 가한다거나 기존의 것을 조합하여 새로운 것을 만들어낸다거나 기존의 것을 다른 용도로 사용하는 등). 이 세상 삼라만상이 그렇게 다양하고 변화무쌍하지만 원소라는 물질의 다양한 배치를 통해서 이루어진 것이다. 원소들이 없다면 아무 것도 만들 수 없는 것과 마찬가지로 창의성도 무에서 유를 만들어내는 것이 아니라 유에서 다른 유를 만들어내는 것이라고 보아야 한다. 창의성은 우리가 이미 머릿속에 축적하고 있는 지식과 경험과 정보를 바탕으로 하여 그것들을 재구성하고 재결합하여 아이디어를 산출하는 능력인 것이다.

따라서 창의성을 위해서는 지식과 정보와 경험의 축적이 많을수록 유리하다. 이는 마치 만화경의 원리와 같다. 즉, 만화경 놀이를 해보면 만화경 속에 많은 색종이를 오려 넣을수록 다양한 변화를 일으킬 수 있는 것과 같이, 머릿속에 많은 지식과 경험과 정보가 축적되어 있을수록 그것들을 결합하고 재구성하여 새롭고 다양한 아이디어를 낼 수 있는 것이다. 이처럼 창의성이란 기존의 일반적인 생각이나 산물을 다른 목적이나 관점에서 재구성하는 능력, 즉 기존의 가치관이나 고정관념을 깨는 생각이나 산물을 만들어낸다거나, 다양한 내용들을 종합하여 새로운 생각이나 산물을 만들어내는 능력인 것이다.

셋째, 창의성이란 무질서한 태도이며 괴상한 것이며, 천재 혹은 특별한 사람들만 갖고 있는 특별한 능력이라는 믿음이다. 창의성을 무질서한 태도 혹은 하고 싶은 일을 마음대로 할 수 있는 능력이라고 이해하는 것은 큰 오산이다. 즉, 창의적인 사람들 중에는 무질서하게 충동적으로 행동하는 사람도 물론 있지만 그렇게 하는 것이 결코 창의성과 동일하지 않다. 창의성에 대한 또 다른 그릇된 생각으로 괴상함(eccentricity)을 드는 학자도 있다. 단지 괴이하게 생긴 것을 만들어낸다거나, 비인습적으로 소속된 사회의 규범을 거절한다거나, 끊임없이 다른 사람들과 다르게 행동하는 것만이 창의적인 행동이 되는 것이 아니다. 괴상하고, 비인습적이며, 다르다는 것은 창의성의 필요조건이지 충분조건이 아니다.

넷째, 창의성은 흔히 과학자나 예술가와 같이 특정한 사람에게만 필요하거나 특정한 사람만이 가지고 있는 능력이라고 생각하는 것은 잘못된 것이다. 창의성은 누구나 태어날 때부터 갖고 태어나는 보편적인 능력이다. 그것은 창의성이 오른쪽 뇌의 기능에 속한다는 점에서도 알 수 있다. 오른쪽 뇌가 없는 사람은 없지 않은가! 따라서 창의성이 없는 사람은 없다. 다만 능력의 차이에 개인차가 있을 뿐이다. 그러므로 창의성은 천재만이 갖는 것은 아니다. 어떤 면에서 바보도 창의성을 가질 수 있다. 바보들이 던지는 질문은 보통 사람은 생각하지도 못한 점이 많다. 그 질문이 결코 무의미하거나 중요하지 않은 것이 아니다. 또한 창의성이 과학자나 발명가 혹은 예술가에게만 있는 능력이며, 그들에게만 필요한 능력이라고 생각하는 것도 잘못된 생각이다. 창의성은 누구나 일상생활을 하는 가운데 발휘하고 있으며 활용하고 있다. 창의성은 천재나 특별한 사람들만 갖고 있는 특별한 능력이 아니라 인간이면 누구나 가질 수 있는 능력이요, 새로운 문제를 해결하는 데 필요한 지극히 보편적인 능력인 것이다.

창의성의 요소

창의성은 다음과 같은 요소로 구성되어 있다.

- **민감성 : 창의성의 기본** 뭔가 좋은 문제가 있는지, 해결이 불충분한 것이 무엇인지를 찾아내고 보통 사람이 특별히 문제가 되지 않는 것으로 생각하고 그냥 지나치는 문제를 민감하게 알아내는 능력이다. 즉, 주변의 환경에 대해 민감한 관심을 보이고 이를 통해 새로운 탐색 영역을 넓히는 힘이다. 문제에 대한 민감성을 높이기 위해서는 일상적인 상황이나 사물을 그냥 지나치지 않고 유심히 관찰하거나 문제 제기를 하는 것이 필요하다. 또한 사물이나 일에 항상 관심을 가지도록 하는 것이 중요하다. 민감성의 예는 다음과 같다.
  ○ 자명한 듯한 현상에서도 문제를 찾아보기
    (예) 하늘은 왜 푸른가?
  ○ 이상한 것을 친밀한 것으로 생각하기
    (예) 나와는 친숙하지 않은 대상(예 : 무용)을 친숙한 것으로 간주해 본다.
- **유창성 : 마르지 않는 아이디어의 샘** 특정한 문제 상황에서 가능한 한 많은 양의 아이디어를 산출하는 능력이다. 우리는 흔히 사고의 상황에서 옳고 훌륭한 단 하나의 답을 얻기 위해 긴 시간 동안 머리를 짜내며 고민한다. 그러나 아무리 애를 써도 바라는 바의 좋은 생각이 떠오르지 않아 낙담하게 되는 경우가 종종 있다. 이는 의식적, 무의식적 강박 관념이 일단 떠오르는 모든 생각들을 수용하고 활용할 여유를 허락하지 않기 때문에 생기는 현상이다. 창의적 사고의 궁극적 목적이 보다 독창적이며 질적으로 우수한 사고를 산출하는 데 있다고 하더라도 사고의 과정

에서 우선은 사고의 한계를 설정하지 않고 아이디어를 가능한 한 많이 산출하게 하는 단계를 거칠 필요가 있다. 어떤 주제에 대하여 다양한 아이디어를 내기 위한 방법으로 흔히 쓰이는 것이 브레인스토밍(brainstorming)이다. 유창성의 예는 다음과 같다.

○ 어떤 대상이나 현상들로부터 가능한 한 많은 것을 연상하기

   (예) 두 개의 원을 보고 이것을 이용하여 만들 수 있는 물건을 가능한 한 많이 생각하기(예:안경)

○ 특정한 문제 상황에서 해결책을 될 수 있는 대로 많이 제시하기

   (예) 교통 체증을 해소할 수 있는 대안을 가능한 한 여러 가지 생각하기

• **융통성**(유연성)**:아이디어 변형의 힘** 고정적인 사고방식이나 시각 자체를 변환시켜 다양한 해결책을 찾아내는 능력, 즉 남들과 전혀 다른 사고수준의 아이디어를 창출해내는 능력이다. 이것은 종래의 타성적인 사고방식과 고집성에서 벗어나서 다양한 아이디어를 만들어내기도 하고 평범한 방법이 아닌 다른 형태의 사고방식으로 문제를 해결하는 능력이다. 흔히 우리는 사회 일반의 지배적인 사고방식이나 자신에게 익숙한 관점에만 고착되어 문제를 해결하거나 결론을 내리는 경향이 있다. 고정적인 사고의 틀을 깨고 발상 자체를 전환시켜 유연하고 융통성 있게 생각하는 것은 정답이 정해져 있지 않은 실생활 장면의 복합적 문제 상황에서 특히 요구되는 것으로, 유창한 사고뿐 아니라 독창적인 사고의 관건이 된다. 융통성을 위해서는 발상의 전환이 요구된다. 융통성의 예는 다음과 같다.

○ 서로 관계가 없는 듯한 사물이나 현상들 간의 관련성 찾기

   (예) 전화기와 바퀴를 관련지어 새로운 용도 생각해 보기, 전축과 시계를 관련지어 타이머가 달린 전축 만들기, 지우개를 자주 잃어버리는 문제를 해결하기 위해 지우개를 아예 연필과 결합시킴으로써 해결하기

○ 사물의 속성들을 추출하고 추출된 속성별로 생각하기

   (예) 깡통을 이용해서 물건을 만들 때 깡통의 속성들(쭈그러지는 속성, 가벼운 속성, 구멍이 뚫리는 속성 등)을 열거하고 속성별로 세분하여 생각해 내기

○ 발상 자체를 전환시켜 다양한 관점을 적용시키기

(예) 자동차 튜브의 펑크를 해결하기 위해 튜브 자체를 없앰으로써 해결하기

• **독창성:창의성의 꽃** 기존의 것에서 탈피하여 참신하고 독특한 아이디어를 산출하는 능력, 즉 다른 많은 사람들이 지금까지 생각해내지 못했던 새로운 아이디어를 만들어내는 능력이다. 이것은 타인이 내놓지 않은 형태의 생각을 내놓는 능력과 시간적으로 동떨어진 또는 논리적으로 무관계한 것을 연결시키는 능력이다. 창의적 사고의 최종 목표는 독창적인 아이디어를 얻는 데 있다. 독창적인 사고는 기존의 사고방식이나 다른 사람들의 문제해결 방식으로부터 벗어나서 자기만의 독특한 아이디어를 산출하고 문제해결 방안을 구안하려는 노력에 의해 가능하다. 독창성의 예는 다음과 같다.

○ 다른 사람과 같지 않은 생각하기

(예) 나만이 아는 비밀일기 쓰는 법 생각하기, 친구들이 놀이 규칙을 정할 때 다른 친구들과는 다른 규칙을 생각하기

○ 기존의 생각이나 사물의 가치를 부정하고 생각하기

(예) 편리한 운동화 만들어 보기, 천동설(기존의 생각)을 부정하고 지동설을 주장하기

○ 기존의 생각이나 사물을 새로운 상황에 적용하여 생각하기

(예) 냉장고의 원리를 이용하여 에어컨 만들기(따뜻한 공기를 차게 하는 원리가 같으므로)

○ 유도된 공상:되어 보기 활동

(예) 직접 실험이나 관찰이 어려운 경우 자신이 그 부분이 되었다고 생각하고 일어날 수 있는 일을 상상하여 신체 표현이나 역할극 등으로 표현하기

• **정교성:독창성을 다듬어야 비로소 가치 있는 아이디어가 됨** 다듬어지지 않은 기존의 아이디어를 보다 치밀한 것으로 발전시키는 능력, 즉 아이디어에 세부적으로 뼈와 살을 붙이는 능력이다. 이것은 일체의 사물을 계획하기도 하고, 검증하기도 하며, 분석하기도 하는 경우에 필요한 능력으로서, 예를 들어 주어진 커다란 계획을 손질하여 훌륭하게 마무리하고, 자세한 단계를 만들어서 실행 가능한 것으로

완성하는 능력이다. 창의적 사고를 하면서 '가장 좋은'이나 '실현 가능한' 등의 평가적인 준거를 처음부터 적용하는 것은 적절치 못하다. 그러나 최종적으로는 이미 산출된 많은 아이디어를 재료로 해서 독창적인 아이디어를 뽑아내고 이 아이디어를 최종적인 산출의 형태에 비추어 평가하고 정교하게 다듬는 사고가 필요하다. 정교성의 예는 다음과 같다.

○ 은연중에 떠오르는 거친 수준의 생각을 구체화하기

(예) 식사 중에 떠오르는 거친 생각을 정리하고 발전시키기

○ 잘 다듬어지지 않은 아이디어를 그것의 실제적 가치를 고려하여 발전시키기

(예) 보다 더 편리하고 아름다운 책가방을 구상한 후 이의 실제 제작 가능성을 염두에 두고 다듬기

창의적 발상의 기법

창의적 발상은 창의적 사고의 기본이요 핵심적 특성이고, 바로 그 지도방법이 창의성 교육의 성패를 좌우한다고 볼 수 있다. 창의적 발상의 기법에는 여러 가지가 있는데, 그중에서 일반적으로 많이 활용되는 것 몇 가지를 소개하면 다음과 같다.

• **브레인스토밍** 오스번(Alex F. Osborn)에 의해 창안된 브레인스토밍(brainstorming)이란 뇌에 폭풍을 일으킨다는 뜻으로, 어떤 구체적인 문제에 대한 해결방안을 생각할 때, 비판이나 판단을 일단 중지하고 질을 고려함이 없이 머릿속에 떠오르는 대로 아이디어를 내게 하는 방법이다. 오스번은 브레인스토밍을 창의적인 아이디어나 해결책의 산출을 위한 자유로운 집단토의 방법이라고 하였다. 효과적인 브레인스토밍을 위하여 많은 아이디어가 창출될 때까지 판단을 중지하는 비판 금지의 원칙, 과거의 지식과 경험 및 규칙에 얽매이지 않는 자유로운 사고 적용의 원칙, 아이디어의 질에 관계없이 가능한 한 많은 아이디어를 추구하는 아이디어 양의 추구 원칙, 아이디어의 결합과 종합을 통한 개선의 원칙들이 적용되고 있다. 집단구성원들은 이러한 원칙들을 준수함으로써 보다 새롭고 적절한 아이디어나 해결책

을 양산할 수 있게 된다.

- **속성열거법** 문제의 대상이나 아이디어의 다양한 속성을 목록으로 작성하여 세분된 각각의 속성에 주의를 돌리는 기법으로 크로포드(R. Crawford)에 의해 창안된 것이다. 대상물의 주요 속성을 열거하기, 속성을 변경시킬 수 있는 방법을 열거하기, 한 대상물의 속성을 다른 대상물의 속성 변경에 이용하기 등을 훈련시키게 되는데, 각각의 속성을 분석하면서 그 속성에 대한 집중적인 생각을 통하여 개선, 수정, 발전의 탐색과정을 거친다. 예를 들면, 오늘 저녁 누구도 만들어 본 적 없는 세계 제일의 과일 쥬스를 만들고 싶다고 해보자. 어떻게 그것을 만들 수 있을까? 이때 속성열거법(attribute listening)을 사용할 수 있다. 먼저 여러 가지 과일 이름을 배, 사과, 토마토 등으로 나열해 본다. 다음으로 이들 각 과일 옆에다 그 과일을 가지고 있는 몇 가지의 속성들을 모양, 색깔, 향기, 무드 등으로 나열해 본다. 이제 당신이 원하는 대로 이들 속성들을 어떤 식으로 조합하면 된다. 예컨대 은은하고, 서늘하고, 고향 맛이 있는 등으로 조합했으면 이제 그렇게 과일들을 배합하면 될 것이다. 각 속성들에 관한 아이디어를 산출할 때는 브레인스토밍 방법이 적용된다.

- **PMI 기법** PMI는 좋은 점-나쁜 점-흥미로운 점 찾기로서 Plus(좋은 점, 좋아하는 이유, 긍정적 측면), Minus(나쁜 점, 싫어하는 이유, 부정적 측면), Interesting(흥미로운 점)의 약자로서 드보노(E. de Bono)가 개발한 CoRT(Conitive Research Trust) 프로그램 속의 사고 기법이다. 이는 어떤 아이디어나 제안(예컨대, 버스 안에 있는 좌석을 모두 치워버린다면? 아파트 3층이 아닌 1층에 산다면? 여름보다 겨울에 휴가를 갖는다면? 도서관에서 자원봉사를 한다면?)을 다룰 때, 열린 마음의 태도로 다루게 하기 위하여 의도적으로 사용하는 방법이다. 그것은 결정을 막으려는 것이 아니라 긍정적, 부정적, 재미있는 측면 등으로 대안의 모든 측면들을 고려해 본 다음에 결정하게 하는 것으로서, 어떤 문제장면에 대하여 충동적 아이디어를 내거나 정서적으로 반응하는 것을 막고 시야를 넓혀주는 데에 큰 도움이 된다.

- **연상법** 창의성의 근원은 상상력(imagination)이고, 상상력의 원천은 연상력

(association)이다. 결국 연상력이 풍부해야 창의성이 유창하다는 말이 된다. 연상법에는 자유연상법과 통제연상법이 있다. 자유연상법은 어떤 단서, 대상, 주제, 방법, 상황을 제시하고 문득 문득 떠오르는 아이디어들을 포착, 제시하는 방법이다. 예를 들어, "기차하면 생각나는 것이 무엇일까?", "세상의 모든 자동차에 초록색을 칠하게 되어 있다면, 어떤 일이 벌어질까?" 등이다. 언어적 제시만이 아니고 형태, 소리, 몸동작 등을 제시하고 연상되는 것을 제시하는 방법도 있다. 통제연상법은 자유연상에 어느 정도 조건을 주어서 제한, 통제된 연상을 유도하는 방법이다. 예를 들어, '리'자로 끝나는 말하기, 낱말 글자 따라서 말 이어가기, 기차-빠르다-비행기-높다-백두산 등으로 낱말 + 속성의 형태로 말 이어가기, 바다-산-강-평야-사막 등으로 반대말 이어가기 등이다. 좌우편을 짜서 게임하는 방법도 있다.

- **SCAMPER법** 어떤 기존의 형태나 아이디어를 다양하게 변형시키는 방법으로 SCAMPER라는 방법이 있는데, 이것은 다음 단어들의 첫 자를 딴 것이다.

  substitude : 다른 것으로 대치하면

  combine : 다른 것을 결합하거나 혼합하면

  adapt : 다른 상황이나 분야에 적용하면

  modify, magnify, minify : 수정하면, 확대하면, 축소하면

  put to other use : 다른 용도로 사용하면

  eliminate : 제거하면

  reverse, rearrange : 뒤집어보거나 거꾸로 보며, 재배열하면

  이처럼 SCAMPER법은 위와 같은 항목을 제시하고 여러 가지로 발상케 하는 방법으로, 아이디어 체크리스트법(idea checklist)이라고도 부른다.

나는 비합리적 신념을 갖고 있는가

지시 사항

다음 문항은 당신의 비합리적 신념을 알아보기 위한 것이다. 다음 척도를 참고하여 해당하는 숫자에 ○표 해보라.

1	2	3	4	5
전혀 그렇지 않다		그저 그렇다		매우 그렇다

---

1. 나는 모든 사람으로부터 사랑과 인정을 받아야 한다   1 2 3 4 5

2. 나는 철저히 유능하고 적절하며 성취적이어야 한다.   1 2 3 4 5

3. 어떤 사람들은 사악하고 나쁘기 때문에 비난과 처벌을
   받아야 한다.   1 2 3 4 5

4. 내가 바라는 대로 일들이 잘 되지 않으면 끔찍하다.   1 2 3 4 5

5. 불행은 외적 요인으로 말미암아 야기되기 때문에 나는
   불행을 거의 통제할 수 없다.   1 2 3 4 5

6. 나는 위험스럽고 두려운 일이 생길까봐 걱정하며 그런 생
   각을 떨쳐버릴 수 없다.   1 2 3 4 5

---

7. 어려움에 직면하고 책임감을 갖는 것보다 피하는 것이 더

   낫다.   1 2 3 4 5
8. 나는 나보다 더 힘 있는 다른 누군가에게 의존해야 한다.   1 2 3 4 5
9. 과거는 나의 현재 행동을 결정하는 가장 중요한 요인이다.   1 2 3 4 5
10. 인간의 문제에는 항상 옳고 정확하며 완전한 해결책이 있

    다. 그러므로 만약 그러한 해결책을 찾아내지 못하면 끔

    찍하다.   1 2 3 4 5

채점 방법

10개 문항에 ○친 숫자를 모두 합산하여 총점을 구한다. 총점의 범위는 10 ~50점이 된다.

결과 해석

36점 이상이면 매우 비합리적 신념을 갖고 있으며, 25~35점이면 보통 수준 입니다. 25점 미만이
면 매우 합리적인 신념을 갖고 있다고 볼 수 있다. 각 문항에서 4, 5에 표시한 것은 그 문항의 내용
에 해당하는 비합리적인 신념을 갖고 있다는 것을 의미한다.

· 출처 : Lichtenberg, J. W., Johnson, D. D., & Arachtingi, B. M.(1992). Psychological illness and subscription
to Ellis's irrational beliefs. *Journal of Counseling and Development*, 71, 157-163.

엘리스의 합리정서행동치료

일체유심조(一切唯心造), 즉 세상의 모든 일은 마음먹기에 달려 있다는 말은 '생각(사
고)'을 강조한 것이다. 우리가 어떻게 생각하고 마음먹느냐에 따라 세상이 달라진다
는 것이다. 노먼 필(Norman V. Peale)은 생각을 바꾸면 세상이 달라진다고 하였고, 윌리
엄 셰익스피어(William Shakespeare)는 좋은 일도 나쁜 일도 모두 당신의 생각이 그렇게
만드는 것이라고 하였고, 존 로크(John Locke)는 인간의 행동은 인간의 사고를 가장
잘 보여준다고 했으며, 윌리엄 제임스(William James)는 생각이 바뀌면 행동이 바뀌고,
행동이 바뀌면 습관이 바뀌고, 습관이 바뀌면 인격이 바뀌고, 인격이 바뀌면 운명까

지도 바뀐다고 하였다. 모두가 생각의 중요성을 강조한 말이다.

이처럼 생각이 우리의 마음과 행동을 움직인다. 우리의 삶에 있어서 주어진 상황을 어떻게 지각하고 해석하는가에 따라, 즉 생각을 어떻게 하느냐에 따라 정서와 행동에 큰 영향을 미치게 된다. 이러한 견해를 표방하고 있는 대표적인 상담이론이 앨버트 엘리스(Albert Ellis)가 창안한 합리정서행동치료(rational emotive behavior therapy: REBT)이다. 합리정서행동치료는 인지 변화를 통해 정서와 행동의 변화를 꾀하고자 하는 상담이론으로, 심리적 문제를 외부 사건이 아니라 개인의 잘못된 신념과 비합리적 사고의 산물로 본다. 생각은 생각을 낳게 되는데, 비합리적 사고는 꼬리에 꼬리를 물고 또 다른 비합리적 사고를 낳는다. 즉, '비합리적 사고 → 비합리적 정서 → 비합리적 행동 → 비합리적 사고'의 악순환 고리가 형성된다. 개인의 비합리적 사고를 합리적 사고로 대체하지 않으면 그의 문제는 계속되기 때문에 내담자의 비합리적 사고나 신념에 직면하여 논박을 통해 합리적 사고나 신념으로 세상과 상호작용을 할 수 있도록 도와야 한다는 것이 합리정서행동치료의 입장이다.

엘리스는 "우리를 당황하게 하는 것은 결코 우리에게 일어난 사건이 아니라 그러한 사건을 보는 우리의 관점이다"라고 주장한 고대 그리스의 스토아학파 철학자 에픽테토스(Epictetus)의 말을 자주 인용하면서 "사람들은 사건 그 자체보다 그 사건과 관련된 경직되고 극단적인 신념 때문에 고통을 받는다(Ellis, 2001: 16)"고 주장한다. 엘리스에 의하면, 개인의 일어난 사건 혹은 현상에 대한 사고나 관점은 정서나 행동에 선행한다. 즉, 개인의 정서나 행동은 그의 생각에서 비롯된다는 것이다. 인간은 합리적이면서도 비합리적이고, 분별력이 있으면서도 어리석으며, 자기실현 경향이 있으면서도 역기능적 행동성향이 있는 이중적이고 불완전한 존재다. 이러한 이중성과 불완전성은 타고난 것이어서 새로운 사고방식이 습득되지 않는 한 존속된다. 그러므로 엘리스는 자신, 타인, 조건에 대해 당위적으로 기대하고 요구하는 비합리적 사고나 신념을 냉철한 이성에 입각한 반박을 통해 합리적 사고나 신념으로 대체해주어야 한다고 강조한다. 이처럼 합리정서행동치료에서는 합리적 신념체계를 가진 사람은 일어난 사건에 대한 합리적 해석을 하여 대처하기 때문에 바람직한 정서적 및 행동적 결과를 초래하지만, 비합리적 신념체계를 가진 사람은 일어난 사건에 대해 비합리적으로 해석하여 바람직하지 않는 정서적 및 행동적 결과를 경험하게 된다고 본다.

비합리적 신념과 당위적 사고

앞에서 언급한 바와 같이 사람이 정서적 문제를 겪는 이유는 일생생활에서 겪는 구체적인 사건들 때문이 아니라 그 사건을 합리적이지 못한 방식으로 지각하고 받아들이기 때문이다. 따라서 합리정서행동치료가 답해야 할 중요한 이론적 문제들은 정서적 혼란을 유도하는 인지적 과정 또는 비합리적 신념이란 무엇인가와 어떻게 그러한 비합리적 사고가 강렬한 정서적 혼란을 일으키게 되는가이다. 비합리적 신념 또는 비합리적 사고란 자기패배적인 정서를 야기하게 되는데, 사람들은 이러한 비합리적 신념이나 사고를 스스로 계속 반복하고 확인함으로써 느끼지 않아도 되는 불쾌한 정서를 만들어내고 유지한다. 엘리스는 정서적 문제의 원인이 되고 이를 유지시키는 비합리적 신념으로 다음과 같은 것을 제시하였다

- 나는 내가 만나는 모든 사람에게 항상 사랑과 인정을 받아야만 한다.
- 나는 모든 면에서 완벽할 정도로 유능하고 가치 있고 성취적이어야만 한다.
- 어떤 사람은 사악하고 나쁘며 야비하기 때문에 반드시 비난과 저주와 준엄한 처벌을 받아야만 한다.
- 내가 원하는 대로 일이 되지 않는 것은 내 인생에서 끔찍스러운 파멸이다.
- 불행은 내가 통제할 수 없는 외적 상황에 의해 발생하며 그 불행을 막을 길이 없다.
- 위험하거나 두려운 일이 내게 일어나 큰 해를 끼칠 가능성이 언제든지 존재하기 때문에 항상 걱정이 된다.
- 삶에 있어서 어떤 난관이나 책임에 직면하여 해결하려 하기보다 회피하는 것이 더 쉬운 일이다.

- 나는 다른 사람에게 의존해야 하고, 나를 돌봐 줄 수 있는 사람이 주위에 있어야만 한다.
- 과거의 영향에서 벗어날 수 없기 때문에 나의 현재 행동과 운명은 과거의 경험이나 사건에 의하여 결정된다.
- 나는 다른 사람들에게 어려운 문제나 힘든 고통이 닥쳤을 경우에 나 자신의 일처럼 당황하고 아파해야 한다.
- 모든 문제에는 완벽한 해결책이 있으므로 나는 그 해결책을 찾아야만 한다. 그렇지 않으면 결국 큰 혼란이 생길 것이다.

우리를 파멸로 몰아넣는 근본적인 문제는 우리가 갖고 있는 위와 같은 비합리적 신념이다. 우리는 살아가면서 주어진 상황을 긍정적으로 생각하느냐, 아니면 부정적으로 생각하느냐에 따라 엄청난 다른 정서 및 행동의 결과를 낳는다는 것을 많이 경험하게 된다. 사고와 정서와 행동은 서로 밀접하게 관련되어 순환적인 관계를 이루고 있어서 비합리적 신념에 의해 야기된 부적절한 정서나 역기능적 행동은 다시 또 다른 비합리적 생각을 촉발하는 악순환을 되풀이하게 한다.

인간은 근본적으로 불완전한 존재이다. 전지전능하지 않기 때문에 인간과 관련하여 당위성(must, should, ought to, have to, need)을 강조하는 것은 비합리적이다. 엘리스는 절대적이고 당위적인 사고를 인간 문제의 근원으로 파악한다. 사람들은 흔히 자신이 소망하거나 선호하는 것에 대해 '~하지 않으면 안 된다', '반드시 ~해야 한다', '당연히 해야 한다'와 같은 당위적 사고를 한다. 사람들이 일상생활에서 정신건강을 성취·유지하지 못하고 정서적 어려움을 겪게 되는 이유는 자기패배적 신념을 내면화하여 스스로를 정서적으로 혼란스럽게 만드는 경향이 강하기 때문이다. 이러한 자기패배적 신념은 분열적 정서와 역기능적 행동을 만들어낸다. 대체로 자기패배감을 유발하고 비합리적 신념이나 사고의 뿌리를 이루고 있는 것은 다음과 같은 세 가지 당위성과 관련되어 있다.

1. **자신에 대한 당위성** : 우리 자신에 대해 당위성을 강조하는 말이다. '나는 실수해서는 안 된다', '나는 실직 당해서는 안 된다', '나는 훌륭한 사람이어야 한다', '나는 항상 잘해야 하고, 사람들에게 사랑과 인정을 받아야만 한다' 등 많은 당위적 사고에 매여 있는 경우가 흔하다. 그리고 이러한 자신에 대한 당위적 사고가 실현되지 않을 때 자기파멸이라는 생각을 갖기 쉽다.

2. **타인에 대한 당위성** : 우리와 밀접하게 관련된 사람들, 즉 부모, 자녀, 배우자, 친구, 애인, 직장동료에게 당위적인 행동을 기대하는 것이다. '다른 사람들은 내게 항상 친절하고 잘해야 한다', '부모니까 나를 사랑해야 한다', '자녀니까 내 말을 들어야 한다', '여자니까 정숙하게 행동해야 한다' 등 가까운 타인에게 바라는 당위적 기대가 이루어지지 않을 때 인간에 대한 불신감과 배신감을 갖게 된다. 이러한 불신감과 배신감은 인간에 대한 회의를 낳아 결국 자기비관이나 파멸로 이끌 수 있다.

3. **조건에 대한 당위성** : 우리에게 주어진 조건에 대해 당위성을 기대하는 것이다. '나의 방은 항상 깨끗해야 한다', '나의 사무실은 아늑해야 한다', '나의 가정은 항상 사랑으로 가득 차 있어야 한다', '나에게 주어진 일은 힘들고 더럽고 어려운 일이 아니어야 한다' 등 자신에게 주어진 조건에 대해 당위적 사고를 갖고 임하는 것이다. 우리가 바라는 것처럼 지속되는 당위적 조건은 거의 없음에도 불구하고 많은 사람들은 흔히 이러한 당위적 조건을 기대하면서 그렇지 않은 경우에 화를 내거나 부적절한 행동을 한다.

이러한 당위적 사고가 비합리적 신념이나 사고의 핵심이 되며 그로부터 다른 비합리적 신념이나 사고가 파생된다. 대표적으로 과장적 사고, 좌절의 불포용, 인간 가치의 총체적 비하 등을 들 수 있다. 과장적 사고는 현실을 있는 그대로 직시하기보다는 훨씬 더 과장해서 생각하는 것을 말하며 '~이 끔찍하다', '~하면 큰일 난다' 식의 표현으로 드러난다. 좌절의 불포용이란 욕구가 좌절된 상황을 충분히 참지 못하는 낮은 욕구좌절인내성을 가리키며, 세상에는 인간이 할 수 있는 일이 있고 그렇지 못하는 일이 있는데 인간의 한계를 수용하지 못하는 경우도 이에 해당된다. 인간 가치의 총체적 비하란 자신 혹은 타인의 잘못된 한 가지 행동을 가지고 자기 가치 혹은 타인 가치를 총체적으로 과소평가해 버리는, 즉 자기비하나 타인비하를 하는 경우를 말한다. 예를 들어, "나는 국어시험을 잘 치지 못했어"라고 말해도 될 것을 "그러니까 나는 아주 나쁜 아이야"라고 자기비하를 하여 말하는 것이다.

합리정서행동치료는 이러한 비합리적 신념과 당위적 사고가 비합리적이고 비효과적이며 잘못된 것이라는 점을 인식시킨다. 그래서 합리적이고 효과적이며 옳은 사고의 전환을 가져와 궁극적으로 불안, 우울, 분노, 죄책감, 스트레스, 소외감 등 정서적 문제를 해결하고 바람직하고 적절한 행동을 유도하는 데 초점을 둔다.

비합리적 신념에 대해 논박하기

비합리적 신념을 합리적 신념으로 이끌기 위해서는 무엇보다 논박이 중요하므로 논박 기술을 터득하고 활용해야 한다. 비합리적이거나 부정적인 신념들을 설득력 있게 논박하는 방법에는 다음과 같은 것이 있다.

1. **명백한 증거 제시하기** : 비합리적이거나 부정적인 신념을 뒷받침해주는 증거는 무엇인지, 그것이 사실이 아니라고 생각할 수 있는 반대 증거는 무엇인지 질문을 해본다. 잘못된 신념을 논박할 수 있는 가장 확실한 방법은 그 신념이 사실과 전혀 다르다는 것을 밝히는 일이다. 당신의 애초 설명을 지지해주는 증거를 생각하기란 매우 쉽지만, 그 반대 증거를 생각하기는 보다 어려울 것이다. 당신이 마치 사립탐정이라도 된 듯 주도면밀하고 끈질기게 반대 증거를 찾아야 한다.

2. **대안 찾기** : 확실히 논박했는데도 소득이 없다면, 그 이유는 비합리적이거나 부정적인 신념을 갖게 한 원인이 다양하기 때문이다. 만일 시험 결과가 나쁘다면 그 원인은 시험 문제가 유난히 어려웠다거나, 시험공부를 열심히 하지 않았다거나, 교사의 평가가 공정하지 못했다거나, 상당히 피곤했다거나 등등 여러 가지가 있을 수 있다. 자신의 왜곡된 믿음을 반박하려면 그런 믿음이 생기게 한 모든 가능성

을 샅샅이 조사해야 한다.

3. **숨은 진실 찾기** : 세상만사가 늘 그렇듯이 당신이 찾아 낸 논박 증거가 항상 당신에게 유리하지만은 않을 것이다. 어쩌면 그 비합리적이거나 부정적인 신념이 사실로 판명되어 도리어 당신에게 불리하게 작용하기도 한다. 이때는 자신을 그 불행의 구렁텅이에서 탈출시키는 게 상책이다. 설령 자신에 대한 부정적인 신념이 사실일지라도 그 신념 안에 깃들여 있는 의미가 무엇인지 따져볼 일이다. 당신은 최악의 시나리오를 얼마나 자주 쓰는가? 대학성적이 나쁘다고 해서 영영 직업도 없이 전전한다는 것인가? 이쯤에서 다시 잘못된 신념을 논박할 증거를 찾아보라. 먼저, 발생할 수 있는 최악의 결과를 확인하고 기술한 다음, 그러한 상황을 개선하기 위해 취할 수 있는 조치가 무엇인지, 그리고 가장 많이 발생하기 쉬운 일이 무엇인지 자문해본다. 모든 각도에서 문제를 살펴보는 것이 사건에 대한 보다 현실적인 설명에 도달할 가능성이 높다. 이렇게 해서 얻은 설명이나 신념들 중에서 당신의 동기를 유지하고, 목표를 성취하며, 좋은 기분을 조성하고 유지하는 데에 가장 유용한 것이 어떤 것인지 생각해본다.

4. **실질적인 접근** : 최상, 최악, 혹은 가장 많이 발생할 수 있는 상황을 개선하기 위해 무엇을 할 수 있는가에 초점을 둔 실천계획을 세우는 것이다. 이것은 무력감을 피하고 자기주도성을 갖게 하는 데에 중요하다. 세상이 불공평하다는 사실에 몹시 절망하는 사람들이 있다. 그런 절망감에는 누구나 수긍할 테지만, 문제는 부정적이거나 비합리적인 신념 자체가 그 절망을 확대해석한다는 데 있다. 따라서 이때는 공평한 세상이라는 신념을 얻으려면 어떤 마음가짐으로 살아야 할지 생각해보는 게 실질적인 도움이 된다. 또 다른 방법은 공평한 미래가 세상을 바꿀 수 있는 방법을 모색하는 것이다. 설령 지금은 세상이 불공평하다는 신념이 사실일지라도 앞으로의 세상은 바꿀 수 있다고 생각하고, 자신의 삶을 어떻게 바꿀 것인지 생각해보도록 한다.

나는 좀스럽고 비열한가

지시 사항

각 문항을 읽고 다음 5점 척도의 기준에 따라 그 문항이 당신에게 해당되는 관련 숫자를 오른쪽 빈 칸에 써 넣어라. 냉정히 당신 자신을 들여다보고 평가해보라.

- ○ '매우 그렇다' … 5
- ○ '대체로 그렇다' … 4
- ○ '그저 그렇다' … 3
- ○ '대체로 그렇지 않다' … 2
- ○ '그렇지 않다' … 1

---

1. 위사람(상사)에게는 굽실거리고, 아랫사람(부하직원)에게는 호
   랑이 노릇을 한다. ....
2. 속과 겉이 상당히 다른 편이다. ....
3. 전례를 중시하여 예가 없는 일은 하지 않는다. ....
4. 아랫사람을 군대 사병처럼 대한다. ....

5. 업무의 대부분을 '사내 정치'에 할당한다. ....

6. 상급 부서에 거절해야 할 때도 거절하지 못한다. ....

7. 잘된 일은 내 공적, 잘못된 일은 남의 책임으로 돌린다. ....

8. 자신이 가지고 있는 실력 이상으로 과시한다. ....

9. 좋아하고 싫어하는 감정이 너무 극단적이다. ....

10. 항상 상사의 도움을 필요로 한다. ....

11. 간단한 일이라도 결정을 미룬다. ....

12. 이권에 집착한다. ....

13. 남을 탓하고 원망하기를 좋아한다. ....

14. 혼자서는 아무 일도 못하며 패거리를 짓고 싶어 한다. ....

15. 본질에서 벗어난 잔재주에 능하다. ....

16. 아랫사람을 이용한 후에는 돌아선다. ....

17. 목표로 삼은 상사에게 고가품의 선물을 한다. ....

18. 남이 함정에 빠지는 것을 좋아한다. ....

19. 항상 색안경을 끼고 남을 본다. ....

20. 독선적이고 제멋대로 판단한다. ....

21. 아랫사람과 회식할 때는 항상 공금을 사용한다. ....

22. 직위를 이용하여 비밀 흥정을 한다. ....

23. 소문을 듣고 남의 능력을 판단한다. ....

24. 언동이 팔방미인격이다. ....

25. 마음에 들지 않는 사람은 따돌린다. ....

26. 자신과 의견이 다른 사람은 무조건 배척한다. ....

채점 방법

.............의 숫자를 모두 합산하여 총점을 구한다.

결과 해석

모든 문항의 점수를 합산한 당신의 총점이

○ 110점 이상이면 ··· 좀비족의 좀비(수령격)

○ 100~109점이면 ··· 좀비의 참모격

○ 90~99점이면 ··· 좀비의 중간보스격

○ 80~89점이면 ··· 좀비의 하급관리

○ 70~79점이면 ··· 좀비 예비군

○ 50~69점이면 ··· 좀비도 수준이 낮음

○ 49점 이하이면 ··· 사회성이 높은 건전한 사람

·출처 : 김동환(1998). 『SQ: 성공지능 키우기』. 서울: 학지사.

좀비족 : 좀스럽고 비열한 사람

여기서 말하는 좀비란 다음 영어 단어의 첫 자를 따서 우리말로 일컬은 것이다.

• Z(zany) : 상사의 비위를 잘 맞추는 아부형

• O(ostentation) : 허세와 만용을 잘 부리는 과시형

• M(monocular) : 무사안일하고 창의성이 없는 근시안형

• B(blowzy) : 지위를 남용하고 뒷거래에 능한 야비형

• I(intriguing) : 훌륭한 사원을 매장시키는 책략형

• E(emotional) : 약자에게 강하고 강자에게 약한 감정형

위에 열거된 특징들은 부도덕한 사회에서 흔히 볼 수 있는 사람들의 유형이다. 각 유형을 나타내는 단어의 첫 자를 연결해보면 좀비(ZOMBIE)가 된다. 따라서 앞에서

열거된 특징을 가진 사람을 나타내는 신조어로서, 우연히 우리말로 '좀스럽고 비열한 사람'이란 뜻과 일치한다. 그러므로 좀비족하면 어떤 특징을 가진 사람들을 가리키는 말인지 쉽게 알 수 있을 것이다.

부도덕하고 건전하지 못한 사회에서는 사회적인 자리매김이 개인의 능력이나 공정한 경쟁에 의해 결정되지 않고 혈연, 지연, 학연, 금전거래, 아부 등에 의해 결정되기 쉽다. 따라서 이러한 사회에서는 정직하고 능력 있는 사람들이 성공의 기회를 잡기가 무척 힘들고, 좀비도가 높은 사람들이 윗사람들에게 인정받고 중요한 자리에 앉게 된다. 이렇게 해서 중요한 자리에 앉게 된 좀비족의 고위직들은 정직하고 능력 있는 사람들을 기용해 봐야 생기는 것이 없고 간섭하기도 어렵기 때문에 이들을 별로 좋아하지 않으며, 심한 경우에는 배척하거나 따돌리게 된다.

부도덕하고 건전하지 못한 사회에서는 학교에서 아무리 학생들에게 열심히 노력하여 능력을 배양해야 된다고 가르치고, 도덕적으로 정직하고 성실하게 살아야 한다고 가르친다 할지라도 별로 효과가 나타나지 않는다. 도덕적이고 능력 있는 사람들이 바보로 취급당하고 푸대접받는 사회적 현실을 보면서 누가 정직하려 할 것이며 애써가며 능력을 배양하려고 하겠는가?

능력 없는 좀비족들이 중요한 자리에 앉게 되고 부도덕한 사람들이 활기를 치며 살아가는 사회에서는 경제적인 성장이 어렵고 또한 사회적 불안이 야기될 가능성이 크다. 사회가 불안해지면 장래의 예측이 불투명해지기 때문에 좀비족들이 활개를 치게 되고, 따라서 사회는 더욱더 불안해져서 결국 붕괴되고 만다.

직장을 살리고, 사회를 살리고, 국가를 살리기 위해서는 좀비족을 멀리하고 정직하고 능력 있는 사람들을 중용해야 한다. 중요한 일을 하겠다고 나서는 사람들의 좀비의 정도가 얼마나 될 것인지 파악해 볼 필요가 있을 것이다. 좀비 수준이 높은 사람을 가급적 멀리하는 것이 성공적인 삶을 살아가는 데 도움이 될 것이다. 직장생활에서든 일상생활에서든 자기 자신이 좀스럽고 비열한 사람은 아닌지 반성하고, 좀비족을 경계하며 좀비족처럼 살지 않도록 삶을 영위하자!

당신은 이런 사람이다

만약 당신이 자동차 경주에 참가하게 되었다면 가슴에 몇 번을 달고 출전을 하겠는가?

(1) 0번   (2) 1번   (3) 2번   (4) 3번   (5) 7번   (6) 99번   (7) 100번

(1) 0번이라고 응답한 사람은 여성적이며 조금은 남다른 점이 있는 사람이다. 독창적인 재능을 가지고 있지만 자신을 남 앞에 내세우지 않으며 소극적이고 욕심이 별로 없는 타입이다.

(2) 1번이라고 응답한 사람은 무엇이든 '일등' 혹은 '첫 번째'가 되고 싶어 하는 사람이다. 남성적인 성격으로 사람의 속마음을 읽는 것은 서투르지만 건강미 넘치는 스포츠맨 타입이다.

(3) 2번이라고 응답한 사람은 협조적이며 의존적인 사람이다. 자동차 경주와 같은 경쟁의 상황에서 처음부터 2번에 만족하는 것은 본래 경쟁을 좋아하지 않고 그보다 인간관계를 중요시하기 때문이다.

(4) 3번이라고 응답한 사람은 결속력을 중요시하는 사람이다. '세 사람이 모이면 문수보살의 지혜가 나온다'는 속담도 있듯이 3이라는 숫자는 세 사람의 결속력을 의미하기 때문이다.

(5) 7번이라고 응답한 사람은 명랑하고 낙천적인 성격의 사람이다. '럭키 세븐'을 연상하면서 행운의 여신이 언젠가 미소 짓는 것을 기대하고 있다.

(6) 99번이라고 응답한 사람은 항상 무엇인가에 부족함을 느끼는 사람이다. 99는 하나가 모자라는 100이다. 무엇이든 한 개가 모자라기 때문에 고민하는 사람이다.

(7) 100번이라고 응답한 사람은 자기만족을 하고 있는 사람이다. 100번은 백점 또는 만점을 연상케 한다. 이 번호를 선택한 사람은 경주에서 이기든 지든 이미 자기만족을 하고 있다.

– 한국교육개발원, 『교육개발 2000 겨울호』에서

21

심리여행

나는 스트레스에 어떻게 반응하고 있는가

지시 사항

누구나 스트레스를 받으며 살아간다. 그러나 스트레스에 대한 대응방식에 있어서는 사람마다 차이가 있다. 당신은 스트레스에 어떻게 반응하고 있는가? 다음 문항들을 읽고, 이 문항이 현재 당신 자신에게 적용되거나, 지난 12개월 동안 적용되어 왔거나, 또는 과거 심한 긴장 경험을 했다면 □안에 ✓표 해보라.

1. 쉽게 흥분한다. □
2. 일정시간 동안 정신을 집중하는 데 어려움이 있다. □
3. 아침에 일어날 때 피로감을 느낀다. □
4. 아주 사소한 결정이라도 잘 내리지 못한다. □
5. 잠드는 데 어려움이 있으며, 밤중에 깨어나 안절부절할 때가 많다. □
6. 보통 때보다 더 많은 일을 해야 한다. □
7. 대체로 기진맥진해 있고 몸이 불편한 것을 느낀다. □
8. 산다는 것은 희망이 없어 보이고, 가치 있는 것은 아무 것도 없는
   것 같으며, 나 자신이 참으로 못났다는 생각이 든다. □

9. 식욕은 없지만 건강을 위해 음식을 먹는다. ☐

10. 새로운 자료에 흥미를 집중시키는 데 어려움이 있다. ☐

11. 잦은 두통으로 고생한다. ☐

12. 내가 어떤 것을 하도록 요구받았을 때 필요한 정보를 상기시키는
    데 어려움이 있다. ☐

13. 보통 때보다 술을 더 많이 마신다. ☐

14. 때로는 감정이 매우 격앙되고 때로는 우울해지는 등 심한 감정 동
    요가 있다. ☐

15. 한두 가지 중요한 약속들을 어겼거나 늦은 일이 있다. ☐

16. 마음이 들떠 있어서 적절하게 휴식을 취하지 못한다. ☐

17. 이전에 비해 창의성을 발휘할 수 없다. ☐

18. 때때로 불안하여 잠이 오지 않는다. ☐

19. 소화불량으로 자주 고생한다. ☐

20. 특정한 문제에 주의를 집중하는 능력이 결여된 것 같다. ☐

21. 아주 사소한 것에 대해서도 불안을 느끼며, 더 이상 대처할 능력이
    없는 것 같다. ☐

22. 보통 때보다 담배를 더 많이 피우는 것 같다. ☐

23. 자주 소변을 누고 싶은 욕구를 갖는다. ☐

24. 편안하게 쉴 수가 없다. ☐

25. 매사에 걱정하는 편이다. ☐

채점 방법

☐ 안에 ✓표 한 것을 각각 1점씩 계산하여 합산한다.

결과 해석

합산한 총점이

○ 16점 이상이면 … 스트레스 반응이 위험한 상태로서 전문가의 도움을 받을 필요가 있다.

○ 11~15점이면 … 상당한 정도의 스트레스를 경험하고 있거나 오랫동안 과다한 스트레스로 어려움을 겪었을 것으로 보인다. 따라서 이를 극복하기 위한 좀 더 적극적인 노력이 필요하다.

○ 0~10점이면 … 정직하게 응답하지 않았거나, 그렇지 않다면 자신이 스트레스의 경고 신호를 잘 인식하지 못하고 있는 것이다. 아니면 이미 스트레스 상황에 특별한 방식으로 잘 반응하는 경향성을 가지고 있다고 볼 수 있다.

·출처 : 대전대학교 혜화 리더십·카운슬링 센터. 『스트레스』 전주대학교 카운슬링 센터.

스트레스 : 원인, 증상 및 대처방법

스트레스는 어떤 외부 상황의 요구와 이 요구에 맞추려는 능력 사이에 불균형을 지각할 때 일어나는 생리적·심리적 반응이다. 다시 말하면, 스트레스란 우리가 적응하여야 할 외부의 자극이나 변화 및 그때 느끼는 심리적·행동적 반응을 말한다. 그러나 모든 사람이 똑같이 스트레스를 느끼는 것은 아니다. 그 사건을 어떻게 받아들이느냐에 따라 더 많이 스트레스를 느끼기도 하고, 오히려 즐거워하는 사람도 있을 수 있다. 즉, 스트레스를 받아들이는 사람의 주관적 해석에 따라 많은 차이가 있을 수 있다.

일반적으로 스트레스하면 나쁜 것으로만 생각하는데 사실은 그렇지 않다. 만약 삶에 있어서 전혀 변화나 자극이 없다면 너무 권태롭고 지루할 것이다. 적당한 자극과 변화는 오히려 우리 삶의 활력소가 될 수 있다. 그러므로 스트레스가 부정적인 측면만 있는 것이 아니라 긍정적인 측면도 있음을 인식할 필요가 있다.

스트레스란 인생의 동반자이다. 스트레스는 피할 수 없는 경우가 더 많음을 인정해야 한다. 만약 적당한 스트레스가 없다면 변화와 발전도 없다. 스트레스는 해결할 수 있는 문제이다. 스트레스는 팔자 탓이나 남의 탓이 아니라 해결해야 할 하나의 중요한 문제일 뿐이다. 이제는 그 스트레스를 분석, 판단하고 해결책을 찾아 나설 때이다. 또한 스트레스는 성장을 위한 도전의 기회이다. 스트레스를 극복한 사람은 뿌듯한 만족감과 성취감을 느낄 수 있다. 따라서 스트레스를 잘 이해하고, 이에 대처해

나가는 노력이 중요한 것이다.

스트레스의 원인

스트레스를 야기하는 원인, 즉 스트레스 인자에는 다음과 같은 것이 있다.

- **자기부과적 긴장**: 비현실적인 목표에 대한 자기기대감, 자신감의 결여, 주어진 과제 수행 능력에 대한 두려움, 자기관리력의 부족 등의 결과로 나타난다.
- **실현 불가능한 욕망이나 욕구**: 물질적 보상에 대한 욕구, 인정받고 싶은 욕구, 안정감을 얻고자 하는 욕구, 지위와 권력에 대한 욕구, 성취와 발전에 대한 욕구 등 중요한 욕구나 욕망이 성취되지 못할 때 적개심이 생기거나 좌절감이나 비참한 생각이 일어나고, 이것이 스트레스의 주요 원천이 될 수 있다.
- **일생생활의 골칫거리**: 통근문제, 줄서기, 시간 지키기, 컴퓨터 사용 기술, 지하철이나 버스의 파업, 엘리베이터 고장이나 단전과 단수 등 잦은 기계 고장, 잔소리와 간섭, 비행기 여행의 시차에 의한 피로나 신경과민 등 일상생활에서 발생되는 사소한 일거리들은 즉각적으로 통제할 수 없는 긴장들로서, 이런 것들이 쌓이면 스트레스가 된다.
- **과다한 요구**: 할 일이 너무 많을 때, 일할 시간이 없을 때, 직무와 관련된 요구들과 가정생활에서 파생되는 요구들이 서로 경합될 때, 해야 할 일의 업무 수준이 너무 높거나 어려울 때 긴장감이 생길 수 있다.
- **직무만족감의 결여**: 주어진 직무가 자신의 기대나 욕구 및 적성에 맞지 않아 하는 일에 대한 만족감이 매우 적을 때 긴장이 일어날 수 있다.
- **불만스런 인간관계**: 가정이나 직장에서의 인간관계에 만족하지 못할 때 긴장이 생긴다. 가정에서 인간관계가 잘 유지되면 애정과 친밀감을 갖게 되고, 직장에서 인간관계가 원만하면 새로운 자극과 도전 의욕을 제공해주고, 서로 지지를 주고받으며 우정을 갖게 된다. 그러나 인간관계가 원만하지 못할 때는 그와 반대의 상황이 생겨 스트레스를 가져올 수 있다.

- **미래에 대한 두려움**:가족관계의 장래문제, 노인들의 문제, 아이들의 양육문제와 같은 가정에서의 미래문제에 대한 걱정이라든가 해고문제, 정년보장문제 및 회사의 발전성과 존속성에 대한 직장생활에서의 장래에 관한 두려움을 가질 때 긴장감을 느낄 수도 있다.
- **직장생활과 가정생활 간의 불균형**:직장에서 보내는 시간이나 에너지와 가정에서 보내는 시간과 에너지 간에 균형이 이루어지지 않으면 스트레스가 생긴다. 직장생활에 있어서 잦은 출장과 여행, 업무 폭주로 인한 늦은 귀가 등은 가족과의 대화 시간이 적어지고 부부간에, 부모와 자녀 간에 갈등과 오해가 생겨 스트레스로 발전될 수 있다.
- **질병**:몸이 건강하지 못하면 온갖 힘을 기울여 일할 수 없기 때문에 역시 스트레스가 생긴다. 몸이 건강하지 못하면 작업수행의 악화가 명약관하한 일이다. 질병이 심해지면 휴가나 병가를 얻지 않을 수 없는데, 이런 질병이 몹시 바쁜 시기에 발생하게 되면 긴장감은 더욱 심화된다. 연구들에 의하면, 많은 질병들이 스트레스와 관련이 있으며 스트레스와 질병 사이에는 악순환을 되풀이한다고 한다.

스트레스의 증상

스트레스의 주요 증상 내지는 스트레스에 수반되는 변화는 다음과 같다.

- **생리적 반응**:심박수의 증가, 혈압의 상승, 소화기계통의 변화(위장장애), 근육긴장도의 증가, 불면증 등
- **심리적 반응**:의기양양에서 의기소침으로 바뀌는 감정 상태의 변화, 성급함, 우울, 분노와 적개심, 정서 불안과 초조, 긴장, 낮은 자긍심, 욕구좌절, 죄의식, 절망감과 무력감 등
- **인식적 반응**:주의집중 곤란, 문제해결과 의사결정 곤란, 기억력 저하, 창의성 억압, 비뚤어진 사고, 정신기능의 저하 등
- **행동적 반응**:과음, 과식 혹은 식욕 부진, 약속 불이행 혹은 약속시간에 늦음, 대인

접촉 회피, 혀 깨물기, 발 동동 구르기, 이갈이, 충동적 행동, 긴장성 경련, 과잉반응, 머리·귀·코를 쥐어뜯기 등

스트레스의 대처방법

스트레스를 대처하거나 극복하기 위한 방법 내지는 전략에는 어떤 것들이 있을까? 우선 자기 자신이 어느 정도 스트레스를 받고 있는지 정확히 알아야 하고, 그 스트레스가 발생한 원인을 찾아낸 뒤 그것을 통제해 보아야 한다. 또한 스트레스를 올바로 처리하는 방법도 알아야 한다. 술을 마신다거나 폭식을 하는 등의 방법은 오히려 스트레스를 더 쌓이게 한다. 다음과 같은 방법들을 사용하는 것이 큰 도움이 된다.

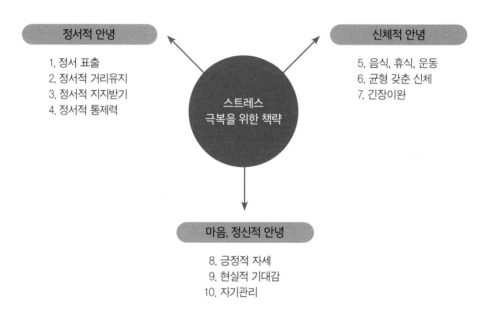

정서적 안녕의 유지

• **방법 1**(정서 표출) : 스트레스 상황에서 자신이 느끼는 감정과 정서(분노, 두려움, 긴장, 불안, 초조 등)는 어떤 것인지 그 정체를 파악한 다음, 그 감정과 정서를 믿을 만한 가까운 사람을 찾아가 스트레스로 인한 자신의 감정과 정서를 허심탄회하게 표현(울기, 웃기, 화내기 등)해 본다. 자신의 감정과 정서를 잘 표현하지 못하면 불안해지고, 의욕

이 없고, 고통스러워진다.

- **방법 2**(정서적 거리유지) : 일정한 정서적 거리를 유지하고 정서적으로 초연한 입장을 취함으로써 상대방의 지나친 정서적 개입이나 압력 혹은 긴장과 고통스런 상황으로부터 자기 자신을 보호한다. 초연한 태도는 일상적인 생활의 성가신 일이나 골칫거리로부터 덜 시달리게 해준다. 때때로 뒤로 물러서 관조하는 태도가 스트레스로 악화되는 것을 막을 수 있다.

- **방법 3**(정서적 지지받기) : 가정과 직장에서 자신의 마음을 따뜻하게 지켜주는 사람이나 조직으로부터 정서적으로 지지를 받아들인다.

- **방법 4**(정서적 통제력) : 생각을 바꿈으로써 괴로움을 일으키는 것을 예방할 수 있듯이 스트레스 상황에서 감정적으로 접근하기보다는 생각을 바꾸어 그 상황에 긍정적으로 반응한다. 모든 감정은 사고의 소산이므로 마음을 안정시키고, 행동에 앞서 침착하게 생각하며, 긍정적인 기대를 한다. 좋다고 생각하면 좋게 되고, 슬프다고 생각하면 슬프게 된다. 미래에 대해 긍정적이고 낙천적으로 생각하면 미래가 보다 긍정적이고 낙천적으로 된다.

신체적 안녕의 유지

- **방법 5**(음식, 휴식, 운동) : 영양가 있는 식사를 하고, 충분한 수면과 휴식을 취하며, 규칙적인 운동을 한다. 스트레스를 유발시키는 자극적인 커피나 차, 카페인 음료, 담배, 다이어트 약 등은 피하는 것이 좋다. 산책, 조깅, 테니스, 자전거 타기와 같은 신체의 산소 소비량을 증대하는 유산소 운동을 하고, 요가나 태극권 같은 체력과 탄력성을 동시에 키우는 운동을 하는 것이 좋다. 또한 신선한 공기를 마시며 휴식을 취하고, 피곤함을 풀기 위해 적절한 수면을 취해야 한다.

- **방법 6**(균형 갖춘 신체) : 침술, 뜸, 마사지, 지압 등을 통해 근육의 긴장을 풀고, 권태감을 없애며, 에너지의 흐름을 도와 신체의 균형을 갖게 한다.

- **방법 7**(긴장이완) : 명상, 심상, 심호흡, 바이오피드백, 이완음악 등을 통해 긴장을 이완시킨다. 긴장을 이완시키는 간단한 하나의 방법을 소개하면 다음과 같다.

○ 자, 눈을 감아보세요.

○ 심호흡을 해보세요. 하나, 둘, 셋 …

○ 온 몸의 긴장을 푸세요.

○ 이완의 편안함을 느껴보세요.

○ 즐겁고 행복했던 순간들을 머리 속에 그려보세요.

마음, 정신적 안녕의 유지

- **방법 8(긍정적 자세)** : 삶에 대해 긍정적 자세를 취한다. 나는 할 수 있어!, 이번 일은 실패했어도 다음엔 같은 실수를 하지 않고 성공할 수 있을 거야! 같은 생각이 생활의 긍정적 변화를 가져온다.

- **방법 9(현실적 기대감)** : 기대와 목표를 설정할 때 너무 원대하거나 실천하기 힘든 계획을 세우지 말고, 이룰 수 있는 기대와 목표로 조금씩 실천한다. 스트레스를 극복하기 위해서는 자기 자신과 자신의 직업 그리고 주변 사람들에 관해 현실적인 기대감을 가져야 하며, 도달하기 어려운 비현실적인 기대나 목표는 좌절감과 노여움을 낳게 한다.

- **방법 10(자기관리)** : 일하는 시간과 여유 시간을 잘 구분하여 일할 때와 쉴 때를 분명하게 구분한다. 놀 때 공부와 일에 대한 걱정을 하거나, 공부 혹은 일을 하면서 다른 생각을 하는 것들을 피해야 공부와 일의 효율성을 높여주고 생활에 활기도 주게 된다.

시험 스트레스 극복을 위한 전략

각종 시험에 대비해야 하는 초·중·고 학생, 취업하고자 하는 대학생, 승진하고자 하는 직장인 모두들 정도의 차이는 있겠지만 시험에 대한 스트레스를 받는 것은 일반적인 현상이다. 수험생이라면 누구나 겪는 시험 스트레스, 어떻게 대처하면 심신의 건강을 해치지 않고 좋은 결과를 얻을 수 있을까? 시험 스트레스는 시험이 없어지지 않는 한 존재한다. 없애려, 피하려, 무시하려 하지 말고 시험이 내게 기회를 준다는 마음으로 적극적으로 대처해 나가도록 해야 한다. 시험 스트레스 극복을 위한 몇 가지 전략을 제시하면 다음과 같다.

첫째, **피하지 말고 시험준비에 전념해야 한다.** 피한다고 스트레스가 해소되는 것은 아니며, 피할수록 시험준비 시간이 부족해져서 시간 압박감으로 더 큰 부담만 느끼게 된다. 시간이 절대적으로 부족해지다 보면 시험불안이 커지고, 더욱 책의 내용에 머릿속에 들어가지 않고 집중하기 어려워진다. 그리하여 시험준비의 소홀에 대해 후회하게 되고, 자기 자신을 비난하게 되며, 오히려 더 스트레스를 유발하게 된다. 결국 시험을 멀리하려는 심리적·행동적 회피 반응은 결코 효과적인 스트레스 대처방법이 아니며, 시험결과는 물론 자기 자신에 대한 지각에도 부정적인 영향을 미치게 된다. 그러므로 시험준비에 필요한 계획과 전략을 빨리 세우고 공부에 몰두하다 보면, 시간이 지남에 따라 공부량이 많아지면서 불안도 감소된다. 점점 자신감과 준비 과정에서의 성취감도 맛보게 된다.

둘째, **문제해결의 방법을 모색해야 한다.** 시험준비를 하려고 하는데 공부가 잘 안된다면, 우선 공부에 방해가 되는 요인을 생각해보고, 그 원인이 찾아지면 원인을 제거하고 해결하도록 해야 한다. 공부는 자신에게 가장 편안한 장소와 상대를 택해야 한다. 집중하기 어려운 것이 대인관계 때문이라면, 갈등상대를 직접 만나 대화로써 해결하거나, 용기가 없으면 갈등해결을 시험 후로 보류하거나 아예 체념하는 것이 좋다. 사람과 문제를 보고 집착하다 보면 아무 일도 할 수 없다. 지금 자신의 처지와 여건이 공부하기 힘든 상황일수록 더욱 마음을 강하게 먹어야 한다. 개인적인 능력이나 자원 때문에 공부가 힘겨울 때도 있다. 영어 독해력이나 전공에 대한 기본 이해 등 자신의 기초가 너무 부족하다거나, 노트가 없다거나, 핵심을 잡을 수 없다거나 하는 경우엔 더욱 많은 인내와 노력이 필요할 것이다. 가급적 타인으로부터 정보와 도움을 받도록 지원을 구해 보도록 한다.

셋째, **심적 부담감을 줄여야 한다.** 사실 모든 스트레스의 주범은 부담감 혹은 압박감이다. 주위의 기대, 과도한 경쟁심이나 성취욕구, 완벽주의, 실패에 대한 두려움, 이 정도 아니면 안 된다는 경직된 생각을 가지고 있을수록 필요 이상의 부담을 느낄 수 있다. 자신이나 타인의 기대에서 벗어나 실패 가능성과 현실에서 검증되는 자신의 능력 한계를 인정해야 한다. 지나친 부담감은 앞선 걱정이나 이상적인 기대 때문일 수 있어서 능률만 떨어뜨릴 뿐 도움이 되지 않는다. 자기 자신의 능력껏 현재에 최선을 다한다는 마음 자세로 열심히 공부하는 것이 최선의 방책이다.

넷째, **좌절의 경험을 극복해야 한다.** 목표를 성취하지 못하더라도 다음 기회나 대안의 **목표를 추구하도록 해야 한다.** 힘들 때는 자신이 왜 이 시험을 준비하고 있는지, 왜 이 마음 고생을 하고 있는지 그 의미를 생각해보는 것도 도움이 된다.

다섯째, **지쳐 있을 경우엔 쉬었다가 다시 시작하고, 주위를 환기시켜야 한다.** 많은 시간을 책상에 앉아 있다고 능률이 오르는 것이 아니다. 간단한 체조나 잔잔한 음악을 들으면서 적절히 휴식을 취하는 것이 보다 시험공부에 능률적이다.

여섯째, **규칙적인 생활습관을 가져야 한다.** 자신이 알게 모르게 받는 스트레스는 매일의 생활에서 일어나는 변화, 또 그 변화가 클수록 신체가 긴장하기 때문이다. 따라서 규칙적인 생활로 스트레스를 줄이도록 해야 한다.

심리여행

나는 얼마나 고독한가

지시 사항

인간은 홀로 태어나서 홀로 죽어야 하는 고독한 존재이다. 고독은 인간이면 누구나 운명적으로 감당해야 하는 것이다. 따라서 일시적 고독감은 정신적 성숙을 만들지만, 지속적 고독감은 친밀한 인간관계의 결여를 의미하며, 소외이며, 불행이며, 고통이다. 당신은 얼마나 고독한가? 각 문항을 읽고 당신이 느끼는 정도를 다음 4점 척도의 기준에 따라 적당한 숫자를 택해 ○표 해보라.

거의 그렇지 않다	가끔 그렇다	종종 그렇다	자주 그렇다
0	1	2	3

1. 나에겐 친한 친구가 없다고 느껴진다.	0 1 2 3
2. 다른 사람을 믿는 것이 두렵다.	0 1 2 3
3. 나에겐 이성친구가 없다고 느껴진다.	0 1 2 3
4. 내 고민을 말하면 가까운 사람들이 부담스럽게 느껴진다.	0 1 2 3
5. 나는 다른 사람들에게 필요하지도 중요하지도 않은 사람이라고 느껴진다.	0 1 2 3

6. 나는 누구와도 개인적인 생각을 나누기 어렵다고 느낀다.	0 1 2 3
7. 나는 다른 사람들로부터 이해받지 못하고 있다고 느낀다.	0 1 2 3
8. 나는 다른 사람에게 다가가는 것이 편안하지 않다.	0 1 2 3
9. 나는 외로움을 느낀다.	0 1 2 3
10. 나는 어떤 친목집단이나 조직에도 소속감을 느낄 수 없다.	0 1 2 3
11. 나는 오늘 다른 사람과 교류를 가졌다는 느낌이 들지 않는다.	0 1 2 3
12. 나는 다른 사람에게 할 말이 별로 없다고 느낀다.	0 1 2 3
13. 나는 다른 사람과 함께 있으면 평소의 내 모습과 달라지는 것 같다.	0 1 2 3
14. 나는 다른 사람 앞에서 당황해 할까봐 두려워한다.	0 1 2 3
15. 나는 재미있는 사람이 아니라고 생각한다.	0 1 2 3

채점 방법

1번부터 15번까지 ○표 한 숫자를 합산하여 총점을 구한다.

결과 해석 : 합산한 총점이

○ 29점 이상인 경우 … 상당히 고독감을 느끼고 있다. 상담을 받아 보는 것이 좋다.

○ 21~28점인 경우 … 보통 사람들보다 높은 수준의 고독감을 느끼고 있다. 고독 상태를 극복할 수 있는 적극적인 노력이 필요하다.

○ 11~20점인 경우 … 보통 사람들이 느끼는 평균적인 수준의 고독감을 느끼고 있다. 기분을 새롭게 전환할 수 있는 노력이 필요하다.

○ 0~10점인 경우 … 거의 고독을 느끼지 않는 것 같다.

· 출처 : 권석만(2004). 『인간관계의 심리학(개정증보판)』. 서울: 학지사.

고독의 본질과 대처방안

고독감(loneliness)은 다른 사람과 단절되어 고립되어 있는 상태에 대한 정서적 반응이다. 대부분의 사람들은 생활 속에서 여러 가지의 감정을 일으키기도 하고 또한 변화하기 마련이다. 모든 일이 재미있고 기대감에 충만하다가도 때로는 고독감이 엄습할 경우도 있을 수 있는데, 고독한 마음이란 반드시 홀로 있다고 느껴지는 것은 아니다. 우리는 오랜 기간 혼자 있으면서도 고독감을 느끼지 않을 수 있다. 또 한편으로 평소와 같은 일상적인 상황 속에서도 이유를 알 수 없는 고독감을 느끼는 경우도 있다.

고독감은 타인과의 관계에 대한 부정적 평가에 기인한다. 특히 타인과의 관계가 기대에 미치지 못하여 자신이 그들과 의미 있는 관계 속에 있지 못하고 홀로 단절되어 있다는 생각에 의해 고독감이 유발된다. 고독감을 느끼는 사람들은 "나는 혼자다", "나를 이해해 줄 사람은 아무도 없다", "진정으로 신뢰할 사람은 아무도 없다", "어려움에 처했을 때 나를 도와 줄 사람은 아무도 없다"는 생각을 지니게 된다. 이런 생각들이 밀려들면 마음이 허전하고 쓸쓸해지며 외롭고 슬픈 감정을 느끼게 된다. 이런 감정이 지속되면 다른 사람들은 다들 행복하게 살아가는데 나만 불행한 채로 덩그러니 남겨져 삭막한 광야에 홀로 서 있는 듯한 외로움에 휩싸이게 된다. 고독감은 경미한 수준에서는 불안감과 유사하지만 고독감이 심하고 장기화되면 우울감으로 발전하게 된다.

고독의 연구자에 따르면 인간은 네 가지 영역의 동반자가 필요하다고 한다. 즉, 혈연으로 연결된 부모, 형제, 자매 등의 가족이며 서로를 신뢰하고 가족애를 느낄 수 있는 가족적 동반자(familial partner), 사랑과 애정을 나눌 수 있는 애인, 연인, 이성친구인 낭만적 동반자(romantic partner), 부담 없이 만나서 생각과 감정을 나눌 수 있는 친구인 사교적 동반자(social partner), 직업이나 학업에서 동료애를 느끼며 같이 일하는 동료인 작업적 동반자(working partner) 중 한 영역의 동반자가 결여되거나 불만족스런 관계를 갖게 되면 고독감을 경험하게 된다고 한다. 특히 이러한 동반자와의 관계가 개선될 수 없다는 예상을 하게 되면 더욱 심한 고독감을 느끼게 된다고 한다. 아울러 타인에 대한 의존적 욕구나 친애적 욕구가 강한 사람들은 타인과의 관계에 대한 높은 기대를 지니게 되어 쉽게 고독감을 느끼는 경향이 있다.

고독한 사람들의 유형

- **대인관계 기피형** : 다른 사람들과 함께 있는 것이 불편하고 귀찮게 여겨져 대인관계를 기피하고 혼자 있기를 좋아하는 사람이다. 이러한 사람들 중에는 대인관계가 무의미하고 무익하다고 생각하여 타인의 간섭 없이 혼자만의 세계 속에서 생각하고 일하기를 좋아한다. 그러나 이런 경향이 지나치게 강하면 자신의 생각을 타인과의 대화를 통해 교류하고 비교하는 기회가 줄어들게 되므로 사고 내용이 자폐적이고 독단적으로 흐르거나 타인의 생각과 감정을 이해하고 공감하는 능력이 저하될 위험이 있다.

- **대인관계 미숙형** : 다른 사람과 친해지고 싶어 하지만 사람 사귀는 기술이 서툴러 친한 친구를 만들지 못하는 사람이다. 이런 유형의 사람에는 다른 사람과 함께 있을 때 무슨 말을 어떻게 해야 할지 모르는 사람, 말과 행동이 부적절하거나 공격적이어서 호감을 주지 못하는 사람, 다른 사람에게 거부당하는 것을 지나치게 두려워하여 먼저 말을 건네거나 타인에게 접근하지 못하는 사람들이 포함된다.

- **대인관계 피상형** : 겉으로는 대인관계가 원만하여 주변에 알고 지내는 사람은 많지만 절친한 친구가 없는 사람이다. 이러한 사람은 자신의 속마음과 감정을 잘 털어놓지 않고 피상적인 내용의 대화를 하며, 그래서 아는 사람은 많지만 진정으로 고민과 어려움을 상의할 사람이 없다.

- **대인관계 중독형** : 다른 사람과의 관계에 지나치게 집착하고 의존적이어서 혼자 있으면 불안하고 허전해하며 늘 누군가와 함께 있으려고 애쓰는 사람이다. 이러한 사람은 흔히 생명을 함께 나눌 수 있는 친구, 모든 것을 공유할 수 있는 친구 등 타인에 대한 지나친 기대를 가지고 있어서 현실 속의 대인관계에서 쉽게 실망하고 외로움을 느끼게 된다.

고독에 대한 잘못된 인식

고독은 그 의미하는 바를 어떻게 인식하느냐에 따라 더욱 심할 수도 있고 가벼울 수도 있다. 일반적으로 사람들이 고독과 관련하여 다음과 같은 오해를 범할 수 있다고 알려져 있다.

"고독은 약함과 미숙의 증상이다."

"만일 내가 고독감을 느낀다면, 이는 나에게 무엇인가 잘못되어 가고 있다는 뜻이다."

어떤 사람이 고독에 대해 위에 예시한 바와 같은 잘못된 인식을 가지고 있다면, 그는 고독이 바로 그의 성격상의 결함에서 기인한다고 믿고 있을 것이다. 연구결과에 의하면, 고독감과 성격상의 결함 간을 인과관계로 오인하는 사람들은 대체로 다음과 같은 어려움을 보인다고 한다.

- 사회적인 위험을 감수해야 할 경우, 자신의 주장을 전개해야 할 경우, 사회적인 접촉을 시도하기 위해 전화를 걸어야 할 경우, 다른 사람에게 자신을 소개해야 할 경우, 집단활동에 참여하거나 여럿이 함께 즐기는 일의 경우에서 대단한 어려움이 있다.
- 자신을 나타내 보이는 면에서 서투르며, 다른 사람에 대하여 배타적이고 사회적인 접촉에 냉소적이며, 불신감을 가지고 접근하는 경향을 보인다.
- 부정적인 관점에서 자신과 다른 사람을 평가하기를 좋아하며, 다른 사람들이 자신을 부정하기를 은근히 기대하는 면도 보인다.

고독한 사람들은 흔히 긴장과 불안, 분노, 몰이해의 감정을 곧잘 호소하곤 한다. 그들은 그들 자신에 대하여 매우 강하게 비판적이며, 과도하게 민감하거나 때로는 스스로 자가 자신을 측은하게 여기기도 하며, 이러다가 이러한 상황의 원인을 다른 사람에게 돌리고 그를 비판하고 욕하기 시작한다.

이러한 사태에 이르게 되면 고독한 사람들은 그들의 고독감을 지속시키게 하는 일에 몰두하게 된다. 예를 들면, 어떤 사람들은 용기를 잃고 새로운 상황에 관여하고자 하는 욕구와 동기를 상실하게 된다. 그렇게 함으로써 궁극적으로 다른 사람과 대외활동에서 점차 고립되게 된다. 한편 결과적으로 고독감을 더 지속하게 하는 방법으로는 결과에 대한 판단 없이 갑자기 새로운 인간관계를 형성하게 하거나 어떤 행사나 활동에 깊이 관여하는 경우가 있다. 이런 경우 대개는 그 과정에서 실망하거나 또는 자신의 일과는 너무 동떨어진 일에 몰두하게 되어 생활의 본업에서 상처를 받기도 한다.

고독의 대처방안

고독감을 극복하려면 어떻게 해야 하는가? 그 몇 가지 방안을 제시하면 다음과 같다.

첫째, **고독에 대한 잘못된 생각을 바꿔야 한다.** 많은 사람들이 고독을 바람직하지 못한 것으로 본다거나 성격상의 결함으로 간주하는 등 고독에 대해 편견을 가지고 있다. 고독을 극복하기 위해서는 이러한 편견을 버려야 함은 물론, 고독감은 없앨 수 있는 것이며 또 누구나 경험한다는 사실부터 인식하는 것이 선결사항이다.

둘째, **자신의 대인관계 방식을 살펴보아야 한다.** 대인관계에 너무 소극적인 것은 아닌지, 타인의 행동에 너무 예민해서 쉽게 상처를 받는 것은 아닌지, 타인에게 너무 비판적이고 공격적인 것은 아닌지, 타인에게 지나치게 의존적인 것은 아닌지, 학업과 일에 쫓겨 대인관계를 소홀히 하고 있는 것은 아닌지 살펴보고, 만약 그러하다면 대인관계 방식을 바꿔야 한다.

셋째, **대인관계에 좀 더 적극적인 자세를 갖도록 해야 한다.** 친목회, 동문회 등 각종 모임에 적극적으로 참여하고, 타인이 자신에게 접근해 오기를 기다리기보다는 타인과 접촉할 수 있는 기회를 다양하게 갖도록 노력해야 한다.

넷째, **타인에 대한 비현실적인 기대를 버려야 한다.** 타인이 항상 나를 인정해주고 친절과 관심을 보일 수는 없으며, 모임에서 항상 내가 주인공이 될 수도 없는 노릇이다. 타인과 금방 쉽게 친해지기도 어렵다. 한두 번의 만남을 통해 타인을 쉽게 단정하고 평가하기보다는 마음을 열고 꾸준히 대하게 되면 우정과 신뢰가 생기게 된다.

다섯째, **대인관계 기술을 향상시켜야 한다.** 자신의 감정과 생각을 분명하고 부드럽게 표현하는 일, 그리고 서로의 고민과 약점을 공개하고 나누는 일은 친밀한 관계를 촉진시킨다. 타인을 부정적이고 비판적인 눈으로 보기보다는 장점과 배울 점을 발견하고 이를 표현해 주는 일은 서로에게 기분 좋은 일이다. 때로는 대인관계를 잘 하는 사람들의 말과 행동을 유심히 관찰해보는 것도 도움이 된다.

여섯째, **혼자 있는 일에 익숙해지도록 해야 한다.** 대인관계가 물론 중요하지만, 생산적이고 창조적인 작업은 혼자서 이루어내야 한다. 혼자 있는 경우를 두려워하거나 불안해 할 필요는 없다. 혼자 있는 시간은 자기성찰과 창조적인 작업을 위해 반드시 필요한 귀중한 시간이다. 성숙한 인간은 고독 속에 혼자 있을 줄도 알고, 타인과 따뜻한 정을 나눌 줄도 아는 사람이다. 홀로 있기와 함께 있기를 균형 있는 조화를 통해서 우리의 삶이 성숙해지고 충실해지는 것이다.

나는 죽음을 두려워하는가

지시 사항

많은 사람들이 인간은 죽을 수밖에 없는 운명이라고 말하지만, 그 죽음이 자신의 죽음이라고 생각하고 말하는 경우는 드물다. 사람들은 자신도 언젠가는 죽는다는 생각을 하면서 살아가는 경우는 거의 드물며, 죽음을 두려움과 금기의 대상으로 여기며 늘 불안감 속에서 회피하게 된다. 당신은 죽음에 대해 어떻게 생각하는가? 다음 문항을 읽고 그렇다면 '예'에, 그렇지 않다면 '아니오'에 ✓표 해보라.

	예	아니요
1. 나는 죽음이 전혀 두렵지 않다.	☐	☐
2. 나는 만일 수술을 받아야 한다면 상당히 무서울 것 같다.	☐	☐
3. 나는 당장 죽는다고 해도 별로 미련이 없다.	☐	☐
4. 나는 죽은 사람의 몸(시체)을 보면 소름이 끼친다.	☐	☐
5. 나는 죽음에 대한 생각을 거의 하지 않는다.	☐	☐
6. 나는 시간이 너무 빨리 흘러가는 것 같아 심란하기만 하다.	☐	☐
7. 나는 사람들이 죽음에 대해 말해도 별로 신경을 쓰지 않는다.	☐	☐

8. 나는 인생이 정말 짧다는 생각을 자주 한다. ☐ ☐

9. 나는 심장마비가 일어날까봐 겁이 난다. ☐ ☐

10. 나는 죽음에 대한 생각 때문에 심란하지는 않다. ☐ ☐

11. 나는 전쟁에 대해 말하는 것만 들어도 겁이 난다. ☐ ☐

12. 나는 죽음 이후(사후)에 무슨 일이 있을지 이야기가 나오면
    불안해진다. ☐ ☐

13. 나는 암에 걸릴까봐 걱정하지 않는다. ☐ ☐

14. 나는 고통스럽게 죽을까봐 두렵다. ☐ ☐

15. 나는 미래에 대한 두려움을 느끼지 않는다. ☐ ☐

채점방법

1, 3, 5, 7, 10, 13, 15번 문항에 대해 '예'라도 응답했으면 0점, '아니오'라고 응답했으면 1점을 부과한다. 이와 반대로 2, 4, 6, 8, 9, 11, 12, 14번 문항에 대해 '예'라고 응답했으면 1점, '아니오'라고 응답했으면 0점을 부과한다. 점수를 합산하여 총점을 산출한다.

결과 해석

점수의 범위는 0~15점이 된다. 점수가 낮을수록 죽음불안의 수준이 낮은 것이고, 점수가 높을수록 죽음불안의 수준이 높은 것이다.

○ 61~75점인 경우 ⋯ 죽음불안이 매우 심함

○ 46~60점인 경우 ⋯ 죽음불안이 심함

○ 31~45점인 경우 ⋯ 죽음불안이 약함

○ 15~30점인 경우 ⋯ 죽음불안이 없음

· 출처 : Templer, D. I.(1970). The construction and validation of a death anxiety scale. *Journal of General Psychology*, 82(2), 165-177. (참조하여 재구성)

죽음불안(Death Anxiety)

인간은 지금 존재하지만 미래의 언젠가는 피할 수 없이 쇠잔해지고 죽을 수밖에 없는 운명으로 태어났다는 치명적인 상처 때문에 영원히 그늘져 있다. 죽음은 모든 사람에게 예외 없이 다가오는 숙명이며, 그 어느 누구도 대신해 줄 수 없는 오로지 자신만이 맞이해야 할 도피할 수 없는 사건이다. 그러나 많은 사람들이 인간은 죽을 수밖에 없는 운명이라고 말하지만, 그 죽음이 자신의 죽음이라고 생각하고 말하는 경우는 드물다. 다시 말해 사람들은 자신도 언젠가는 죽는다는 생각을 하면서 살아가는 경우는 거의 없으며, 죽음을 두려움과 금기의 대상으로 여기며 늘 불안감 속에서 회피하게 된다.

미국의 작가이자 정신과 의사인 동시에 실존적 심리치료사인 어빈 얄롬(Irvin D. Yalom)은 죽음을 똑바로 응시할 경우, 오히려 죽음에 대한 불안감을 이겨낼 수 있게 할 뿐만 아니라 유한한 삶을 의미 있게 살도록 이끌어 준다고 보았다. 즉, 죽음에 대한 자각과 죽음에 직면해 보는 경험이 해로운 판도라의 상자를 여는 것이 아니라, 죽음불안을 완화할 수 있고 삶을 더 풍요롭고 열정적인 태도로 살아가도록 일깨워 준다는 것이다.

죽음불안의 동인

얄롬은 인간은 죽음불안으로 인해 다양한 죽음 방어기제를 사용하면서 죽음을 부정(denial)하는데 삶의 많은 에너지를 소모하고 있다고 지적한다. 사람들은 죽음이 견디기 힘들고 고통스러운 것이라고 결론짓고 죽음을 회피하고 은폐하지만 이러한 죽음의 부정은 내적 삶을 협소하게 만들고, 제약된 삶을 살게 하며, 심할 경우 정신병리의 원인이 되기도 한다는 것이 얄롬의 주장이다. 그에 의하면 모든 인간은 필연적으로 죽음(death), 자유(freedom), 소외(고립, isolation), 무의미(meaninglessness)라는 네 가지 조건에 놓여 있으며, 이 네 가지 조건은 개인이 직면하는 실존적인 역동적 갈등의 내용을 이루면서 죽음불안을 일으키는 동인이 된다. 따라서 인간의 심리적 문제를 해결하기 위해서는 이러한 네 가지 조건에 대한 진정한 이해와 수용이 본질적이다.

1. **죽음** : 죽음은 불가피한 것으로 유한한 삶 속에서 '더 이상 존재하지 않음', 즉 자신의 존재 소멸을 의미한다. 죽음은 불안의 가장 근원적 요소이고 정신병리의 주된 원천이다. 죽음불안은 죽음에 대한 두려움, 죽을 수밖에 없음에 대한 두려움, 삶의 유한성에 대한 두려움과 같은 의미로 사용되며, 이러한 죽음불안은 자신의 존재가 무화(無化)되거나 아무런 의미도 가지지 못하게 되는 것과 깊은 관련을 가지게 된다. 일상세계에서 가까운 사람의 죽음, 상실감, 실직, 심각한 질병, 관계의 상실(예: 이혼), 사고나 재난 등과 같은 한계상황들에 맞닥뜨리게 되며, 이는 자신의 죽음인식과 실존적 자각을 불러오고 죽음불안을 더욱 거세게 요동치게 한다.

   그래서 인간은 죽음을 부정하고 은폐하게 되고 또한 심리방어체계가 삶의 균형을 이루기 위해 다루기 힘든 불안을 자신에게 해가 덜 미치는 변형된 형태의 불안으로 치환해버리기 때문에, 죽음에 대한 불안은 많은 경우 변형된 불안 혹은 전이된 불안으로 나타나게 된다. 예를 들어, 일 중독자(workaholic)의 경우 그가 매달리는 일은 드러난 불안이지만, 치료과정에서 숨어있는 불안은 시간과의 싸움이며 이것은 시간의 유한성에 대한 불안, 즉 죽음불안이다. 빈 둥지 증후군(empty nest syndrome)의 경우도 외로움이나 보편적인 불안이 표면에 나타나지만 '나이 들어감'과 같은 유한한 시간에 대한 불안이 심층에 크게 자리 잡고 있는 것이다.

   그 외에도 치료자는 부모나 친구의 죽음, 심각한 질병, 안전에 대한 위협, 나이 들어감에 대한 걱정, 죽음이나 괴롭힘을 당하는 꿈, 동창회에서 늙어버린 동창생을 본 충격, 자녀의 힘이 더 우월해진 것을 알아차리게 되었을 때의 씁쓸한 아픔, 늘어나는 흰머리, 깊어가는 주름, 부실해진 치아와 관절, 굽은 자세 등과 같은 죽음의 징후들을 고백하는 내담자의 이야기에서 죽음불안의 흔적을 찾아낼 수 있다.

2. **자유** : 실존적 심리치료에서 자유란 인간이 그 자신의 세계나 삶, 인생설계, 선택, 행동에 책임이 있다는 것을 뜻한다. 개인에게는 여러 선택 중에서 어느 것을 선택할 수 있는 자유가 있으며, 스스로의 결단으로 자신의 운명을 결정하고 자신의

존재를 개척하며 자신의 인생행로에 대해 책임을 져야 하는 존재라는 것이다. 우리 각자는 자신의 세계나 삶, 인생설계, 선택, 행동에 대하여 전적으로 책임을 지는 저자(author)이고, 우리가 서 있는 아래에는 기초가 없는 무(nothing), 공허, 심연만이 있기 때문이다. 우리가 자신의 삶의 저자가 되어 책임감을 가지고 자신의 삶을 완성하려고 할 때 필연적으로 불안을 느끼게 된다. 따라서 자유를 가진 존재인 인간은 항상 잠재적으로 불안하다. 이처럼 삶의 불안은 실존적 의미의 자유와 책임이 동시에 나에게 주어졌다는 데서 기인한다. 만약 우리가 주어진 자유와 함께 책임을 회피할 경우엔 실존적 죄책감이 따르는데, 이는 자신의 잠재성을 부인하거나 실현시키지 못하기 때문이다.

3. **소외**(고립) : 소외에는 자기와 타인 간의 큰 간격을 의미하며 외로움으로 경험되고 타인과의 친밀감으로 발전시키고 유지시키는 능력 향상으로 나아질 수 있는 인간관계 소외(interpersonal isolation), 개인 내적 통합의 결여를 의미하며 자신의 분열로 경험되는 개인내적 소외(intrapersonal isolation), 그리고 자기와 타인과의 간격뿐만 아니라 자기와 세상 간에 존재하는 다리를 놓을 수 없는 심연을 의미하며 감추어져 있다가 죽음의 절박함에서 그 모습을 드러내는 실존적 소외(existential isolation) 등 다양한 형태가 있다. 얄롬에 따르면 인간이 직면하는 궁극적인 문제는 인간관계 소외와 개인내적 소외가 아니라 바로 근본적인 소외인 실존적 소외이며, 많은 정신병리적 행위가 이러한 실존적 소외에 대한 두려움을 회피하고자 방어하거나 부정하는 기제에 의해 생겨난다고 한다. 실존적 소외란 자신과 타인 사이에 결코 연결될 수 없는 틈, 아주 만족스러운 깊은 인간관계를 맺고 있어도 존재할 수밖에 없는 간격을 의미하며, 이것은 인간이 외롭게 세상에 던져져서 외롭게 출구를 찾아야 할 뿐만 아니라 자기에게 알려져 있는 세계에서 따로 따로 살아야만 한다는 운명의 결과로 생긴 것이다. 우주 속에서 혼자라는 느낌을 의미하는 실존적 고립감은 다른 사람들과 연결되어 있다는 인식으로 희석되기도 하지만, 혼자라는 느낌은 여전히 남아있다. 이러한 인간의 실존적 소외와 고립감은 자신의 삶을 책임져야 하는 고독한 존재라는 사실과 가장 고독한 의식인 죽음 앞에 설 수밖

에 없는 존재라는 사실을 인식할 때 더욱 커지게 된다. 얄롬은 우리가 실존적 소외 상태에 있음을 인정하고 단호하게 맞설 수 있다면 타인에게 애정을 가지고 다가갈 수 있지만, 고독의 공포에 압도당하면 타인을 향해 손을 내밀지 못할 뿐만 아니라 고독한 바다에 빠지기 않기 위해 타인과 불안정한 관계, 즉 진실하지 못하고 왜곡된 인간관계를 형성할 가능성이 높다고 말한다.

4. **무의미** : 인간은 반드시 죽게 되어 있고, 무관심한 우주 안에서 궁극적으로 혼자이며, 자신에게 미리 예정된 설계가 없다고 한다면, 각자 자신의 삶의 의미를 창조해야 한다. 삶의 의미는 우리가 지켜야 할 가치의 위계를 만들어주게 되고, 동시에 가치는 우리에게 삶을 수행하기 위한 청사진뿐만 아니라 우리가 삶을 살아야 하는 이유와 사는 방법을 일러 준다. 얄롬은 인간을 본질적 의미가 결핍된 세상에 내던져진 '의미를 추구하는 피조물'과 같으며, 불안의 원천 중 하나가 무의미라고 보았다. 무의미는 삶의 의미가 무엇인가 하는 질문의 내적 갈등에서 발생한다. 무엇보다도 얄롬은 무의미에 대한 불안을 죽음과 소외에 대한 불안을 대체하려는 불안으로 보았다. 인간은 죽을 수밖에 없는 운명이라는 사실, 근거 없는 세상에서 혼자서 자신의 삶을 선택하고 살아가야 한다는 사실, 홀로 세상에 온 것처럼 홀로 떠나야 한다는 것과 같은 죽음과 소외를 지각할 때 무의미함을 느끼기 때문이다. 이렇게 삶이 무의미하다고 느끼는 사람은 친밀한 관계를 거부하게 되고 무력감에 빠지게 되면서 그 어떤 것에서도 기쁨을 얻지 못한다.

죽음불안의 극복 : 죽음을 자각하고 죽음에 직면하라

얄롬은 죽음을 자각할 때 개인의 변화를 유도한 내적 경험이 될 수 있고, '우리의 실존은 미루어질 수 없다'는 것을 떠올리게 되면서 현재의 삶을 더욱더 충실하게 살 수 있다고 말한다. 그에 따르면 만약 어떻게 살아야 하는가를 배우길 원한다면 죽음을 묵상하라는 스토아학파의 조언처럼 죽음에 대한 생각은 우리의 존재를 의식하게 하고 삶을 더 풍요롭게 한다는 것이다. 우리가 살고 있는 지금 이 삶이 리허설이 아니면 교환도 환불도 유예도 없는 단 한 번뿐인 삶이라는 것에 직면하게 한다. 죽음

자각은 개인 내부에 있는 죽음에 대한 방어와 태도를 탐색하도록 도우며 죽음에 대한 저항을 없앨 수 있게 한다. 따라서 죽음자각은 죽음에 대한 인식의 수용으로 이어지고, 이것은 삶의 의미를 일깨워주고 우리의 삶을 매우 심오하고 풍요롭게 변화시켜주는 유용한 촉진제가 될 수 있다.

죽음직면은 삶을 더 풍요롭게 해주고 현재를 보다 더 충실하게 살도록 한다는 것이다. 죽음에 직면하는 경험이 절망에 빠지게 하거나 삶의 목표를 박탈하는 것이 아니라 오히려 삶을 더욱 충실하게 하고 삶의 의미를 새롭게 일깨워주며, 이러한 경험을 통해 삶에 대해 새로운 각성을 하게 되고 일상적인 삶에서 존재론적인 삶으로 변화된 삶을 이끌어가게 되기 때문이다. 죽음직면에는 반드시 불안이 따르지만, 얄롬은 어떤 개인도 불안 없이 성장하거나 새로운 것을 창조할 수 없기 때문에 불안 속에 치유의 길이 있다고 보았다. 두려움 없이 완벽하게 죽음을 바라보는 일에는 태양을 바라보는 것과 같은 고통이 따르지만, 그 고통 때문에 인생을 허비해서는 안 된다는 것이 얄롬의 충고다. 우리는 다른 두려움에 직면하는 것과 마찬가지로 죽음의 두려움에도 직면해야 한다는 것이다. 죽음을 억압하고 회피하는 경우 폭력과 가학성, 그리고 순응주의자의 삶이 된다고 롤로 메이(Rollo May)가 지적했듯이 얄롬도 죽음에 대한 부정은 개인의 경험과 행동을 제약하고 이성을 마비시킬 수 있고, 삶과 존재를 포기하는 대가를 가져온다고 보았다.

이처럼 죽음직면은 절망에 빠지게 하거나 삶의 목적을 박탈하는 것이 아니라 더 충실한 삶으로 이끌어 줄 수 있고 삶의 의미를 일깨워주는 경험이 될 수 있다. 얄롬은 물리적(육체적)인 죽음은 우리를 파괴하지만 죽음에 대해서 생각하는 것은 우리를 구원해주기 때문에 죽음직면과 같은 긴박하고 위급한 삶의 상황을 삶의 의미를 일깨워주는 경험이라면서, 이러한 경험이 우리에게 존재에 대해서 생각하게 하고 진정한 삶의 의미를 발견하게 만든다고 주장한다. 그리고 얄롬은 우리가 죽어야 한다는 고통스러운 사실에 직면했을 때도 구원과 지혜의 씨앗이 들어있다고 주장한다. 그는 죽음불안에 직면해 있는 내담자들을 치료하면서 자기의 인생을 풍요롭게 살았고 자기의 잠재능력과 운명을 충분히 실현한 사람들이 죽음을 직면했을 때 덜 두려

위한다는 것을 발견했다. 그리하여 얄롬은 '네 운명을 사랑하라(네가 사랑할 수 있는 운명을 창조하라)', '너 자신이 되어라', '나를 죽이지 못한 것이 나를 더 강하게 만들었다', '네 삶을 완성하라', '너의 능력을 충만하게 실현하라', '살지 못한 날들을 뒤에 남겨놓지 말라', '죽어야 할 때 죽어라', '너 자신을 실현하라, 너의 잠재능력을 인식하라, 용감하고 충실하게 살아라. 그러고 나서 후회 없이 죽어라'와 같은 프리드리히 니체(Friedrich Nietzsche)의 금언들을 인용하여 살지 못한 날들을 뒤에 남겨놓지 말라고 삶에 대해 조언을 내놓고 있다. 이것이 죽음에 대한 불안이나 두려움을 극복하는 방법이기도 하다는 것이다.

24 심리여행

나의 불안 수준은 어떠한가

지시 사항

불안은 가장 보편적인 심리적 문제의 하나로서 많은 사람들이 불안으로 고통받고 있다. 때로는 생활 속에서 많은 불편과 비능률을 경험하면서도 그 원인이 이러한 불안으로 인한 것인지를 잘 의식하지 못하는 경우가 많다. 혹시 당신은 생활 속에서 불안과 관련된 불편을 경험하고 있지는 않은가? 다음 항목들은 불안한 상태에서 경험할 수 있는 것들이다. 먼저 각 문항을 주의 깊게 읽어보라. 오늘을 포함해서 지난 한 주 동안 당신의 경험이나 상태를 그 정도에 따라 적당한 숫자에 ○표 해보라.

	전혀 아니다	조금 그렇다	상당히 그렇다	심하게 그렇다
1. 침착하지 못하다.	0	1	2	3
2. 나쁜 일이 일어날 것 같은 생각이 든다.	0	1	2	3
3. 자주 손이나 다리가 떨린다.	0	1	2	3
4. 가끔씩 심장이 두근거리고 빨리 뛴다.	0	1	2	3
5. 흥분된 느낌을 받는다.	0	1	2	3
6. 어지러움이나 현기증을 느낀다.	0	1	2	3

7. 편안하게 쉴 수가 없다.	0	1	2	3
8. 자주 겁을 먹고 무서움을 느낀다.	0	1	2	3
9. 신경이 예민하다.	0	1	2	3
10. 가끔씩 숨이 막히고 질식할 것 같다.	0	1	2	3
11. 안절부절 못한다.	0	1	2	3
12. 미치거나 죽을 것 같은 두려움을 느낀다.	0	1	2	3
13. 자주 소화가 잘 안되고 늘 뱃속이 불편하다.	0	1	2	3
14. 자주 얼굴이 붉어지곤 한다.	0	1	2	3
15. 근육이 긴장되어 뻣뻣해지고 저린다.	0	1	2	3

채점 방법

동그라미 한 숫자를 합해서 총점을 산출한다. 점수의 범위는 0~45점이 된다.

결과 해석

합산한 총점이

○ 30점 이상인 경우 … 심한 불안상태이다. 가능한 한 빠른 시일 내에 전문적인 도움을 받는 것이 좋다.

○ 20~29점인 경우 … 상당한 정도의 불안을 경험하고 있다. 불안 극복을 위해 적극적인 노력이 필요하다.

○ 10~19점인 경우 … 가벼운 정도의 불안을 경험하고 있다. 현재 상태가 크게 문제가 될 것은 없지만 좀 더 안정을 찾는 방법을 강구할 필요가 있다.

○ 0~9점인 경우 … 심리적으로 안정된 상태이다. 매우 정상적인 수준의 불안을 경험하고 있다.

· 출처 : 대전대학교 혜화 리더십·카운슬링 센터. 『불안』.

불안 : 인생의 경계경보

왠지 마음이 안정되지 않고 정신집중이 어렵고 자신도 모르게 몸이 긴장되어 뻣뻣해지고 심장이 자주 두근거리지는 않는가? 그 원인은 불안일 수도 있다. 인생의 경계경보, 불안(anxiety) 말이다. 불안은 의식적이든 무의식적이든 어떠한 위험이나 위협에 대한 우리의 심리적 반응이다. 즉, 불안은 생활 속에서 느끼는 위험이나 위협에 대한 경계경보인 셈이다.

현실적인 위험이나 위협에 대해서 준비태세를 갖추고 경계하는 일은 우리의 생존을 위해서 필요한 적응적인 심리적 반응이라 할 수 있다. 그리고 경우에 따라서는 적당한 불안과 긴장이 능률과 생산성을 높이는 건설적인 것이 될 수도 있다. 실제적인 위험과 위협 앞에서도 전혀 불안을 느끼지 않는 사람을 상상해 보라.

그러나 불안이 문제가 되는 것은 특별한 이유도 없이, 또는 실제적인 위험과 위협의 정도보다 지나치게 심한 불안을 불필요하게 지속적으로 경험할 때이다. 그래서 이러한 불필요한 불안 때문에 심리적으로 고통을 받고, 공부나 일이 안 되고, 대인관계를 기피하여 생활 전체가 흐트러진다면, 불안은 극복되어야 할 심리적인 문제라고 할 수 있다.

불안의 종류

극복되어야 할 불안 상태에는 다음과 같은 여러 가지의 종류가 있다.

- **일반화된 불안상태** : 불안해야 할 특별한 이유도 없이 왠지 불안을 느끼는 것으로, 이러한 상태에서는 늘 마음이 불안하여 안절부절 못하게 되고, 사소한 일에도 자꾸만 걱정이 되고, 쉽게 화를 내게 되고, 주의집중이 안 되고, 쉽게 피곤해지고, 긴장이 되며, 잠이 잘 오지 않을 수 있다.
- **사회적 불안 또는 대인불안** : 낯선 사람과 만나야 하거나, 여러 사람 앞에서 어떤 일을 해야 할 때 불안과 두려움을 느끼는 것으로, 타인으로부터 부정적인 평가를 받거나 자신이 당황하는 모습을 보일 것에 대한 지나친 걱정과 두려움을 갖는 경

우이다. 미리 예상하는 두려움과 걱정 때문에 실제로 타인 앞에서 몸이 굳거나, 횡설수설하고, 땀을 흘리며, 손발이 떨리는 불안한 모습을 보이게 되고, 따라서 이 같은 사회적 상황과 장면을 자꾸 피하게 된다.

- **강박적 불안상태**: 스스로 비합리적인 줄 알면서도 어떤 반복적인 생각이나 행동을 하게 되고 그렇지 않으면 불안을 경험하게 되는 경우이다. 예를 들어, 손발을 하루에도 수십 번씩 깨끗이 닦지 않으면 병균이나 더러운 오물에 오염될 것 같아 불안을 느끼는 경우이다. 문을 제대로 잠궜는지, 해야 할 일을 잊지는 않았는지, 자신도 억제할 수 없도록 확인하고 싶은 생각이 자꾸만 떠오르고 실제로 확인하는 행동을 지나칠 정도로 자주 함으로써 해야 할 일에 방해를 받거나 다른 사람을 불편하게 만들기도 한다.
- **공포증**: 특정한 상황이나 사물에 대해서 심한 불안과 두려움을 느끼는 것으로, 본인 스스로 그럴 필요가 없다고 생각하는 데도 어떤 상황이나 사물을 대하게 되면 심한 불안을 경험하게 되는 경우이다. 높은 곳, 폐쇄된 곳, 어둠과 같은 특정한 상황이나 개, 뱀, 거미, 바퀴벌레, 피와 같은 특정한 대상에 대한 공포가 그 예에 해당된다.

불안할 때 나타나는 증상

- 감정으로 나타나는 불안 증상
  - 안절부절 못한다.
  - 짜증을 잘 내고 예민하다.
  - 마음이 긴장이 되고 쉽게 편안하게 되지 않는다.
  - 극심한 불안을 보인다.
- 신체로 나타나는 불안 증상
  - 심장이 빨리 뛴다.
  - 소화가 안 되거나 설사와 변비가 올 수 있다.
  - 손에 땀이 난다.

- 손이나 몸이 떨린다.
- 손발이 차다.
- 근육긴장과 그로 인해서 두통이 생길 수 있다.
- 목에 무엇인가 있는 것 같아 불편하다.
- 입이 마르다.
- 가슴이 답답하고 숨쉬기 힘들다.
- 어지럽다.
- 잠들기 어렵다.
- 행동으로 나타나는 불안 증상
  - 불안이 일어날 상황을 피한다.
  - 불안한 상황이 생기면 피한다.

불안을 극복하려면

- 긴장 완화를 위한 기법을 사용한다.
  - 팔, 다리, 배, 어깨와 목 주변, 얼굴 근육 등 신체의 각 부분을 하나씩 힘을 주어 의도적으로 긴장시킨 후 순간적으로 이완시킨다.
  - 호흡을 아랫배로 천천히 깊게 쉰다(심호흡).
  - 편안한 곳에서 안정을 취하며 명상한다.
- 친구 혹은 다른 사람과 일상의 불안에 대해 이야기한다.
  - 감정의 표현은 정신건강의 기본이다. 자기가 겪는 스트레스나 불안에 대해 친구나 다른 사람과 이야기를 나누어 봄으로써 정서적인 위로나 지지를 얻을 수 있고, 억압되었던 감정도 자연스럽게 표출될 수 있다.
- 불안을 일으키는 잘못된 생각이 있는지 점검한다.
  - 무리하게 계획을 세워 정신없이 바쁘게 자신을 몰아대고 있지는 않은가?
  - 생활 속에서 겪는 여러 사건의 의미를 지나치게 위협적인 것으로 과장해서 해석하지는 않는가?

◦ 타인으로부터의 인정과 애정에 지나치게 연연해하고 있지는 않은가?

◦ 지나치게 완벽하고 높은 성취기분을 설정해 놓고 있지는 않은가?

• 신할 경우 전문가와 상담한다.

◦ 혼자서 해결하기가 너무 힘들 때는 상담자와 불안 증상들에 대해 이야기함으로써 불안이 야기되는 상황을 정확히 알고, 또 그 상황에 대처할 수 있는 방법들을 찾을 수가 있다.

기억하라, 사랑하는 이가 있다는 것을

R. 핀치즈

길이 너무 멀어 보일 때
어둠이 밀려올 때
모든 일이 다 틀어지고
친구를 찾을 수도 없을 때
그 때는 기억하라.
사랑하는 이가 있다는 것을

웃음 짓기 어렵고
기분이 울적할 때
날려고 날개를 펴도
날아오를 수 없을 때
그 때는 기억하라.
사랑하는 이가 있다는 것을

시간은 벌써 다 달아나 버리고
시작하기도 전에 끝나 버릴 때
조그만 일들이 당신을 가로막아
아무 일도 할 수 없을 때
그 때는 기억하라.
사랑하는 이가 있다는 것을

사랑하는 이가 멀리 떠나고
당신이 홀로 있을 때
어떤 말을 해야 할지 모를 때
홀로 있다는 사실이 한없이 두려울 때
그 때는 기억하라.
사랑하는 이가 있다는 것을

심리여행

나의 사회적 불안 수준은 어떠한가

지시 사항

불안은 대인관계에 원천을 두고 있는 경우가 대부분이다. 다음 문항은 우연적 상호작용 상황에서의 사회적 불안, 즉 낯선 사람을 만날 때 혹은 데이트를 할 때와 같은 연습하지 못한 사교적인 만남을 통해서 경험하게 되는 불안을 측정하기 위한 것이다. 다음 5점 척도의 기준에 따라 당신 자신에게 해당되는 숫자에 〇표 해보라.

1	2	3	4	5
전혀 그렇지 않다		그저 그렇다		매우 그렇다

1. 나는 격의 없는 모임에서조차 종종 안절부절 못한다.   0 1 2 3 4 5

2. 모르는 사람들과 함께 있으면 대체로 마음이 편치 못하다.

3. 나는 이성에게 말할 때 대체로 마음이 편하다.   0 1 2 3 4 5

4. 학교 선생님이나 직장 상사에게 말을 먼저 해야만 하는   0 1 2 3 4 5
   경우에는 안절부절 못한다.

5. 파티에 참석하는 것은 나를 불안하고 불편하게 만든다.   0 1 2 3 4 5

6. 나는 다른 사람들에 비해 사교적인 상호작용에 덜 수줍

어하는 편이다.   0 1 2 3 4 5

7. 내가 잘 알지 못하는 사람의 경우 동성의 사람이라 하더라도 말을 건넬 때조차 긴장을 하곤 한다.   0 1 2 3 4 5

8. 취직하기 위해서 면접을 받고 있다면 안절부절 못할 것이다.   0 1 2 3 4 5

9. 나는 사교적인 상황에서 좀 더 자신감이 있었으면 좋겠다.   0 1 2 3 4 5

10. 나는 사교적인 상황에서 거의 불안해하지 않는다.   0 1 2 3 4 5

11. 나는 대체로 수줍음을 타는 사람이다.   0 1 2 3 4 5

12. 나는 매력적인 이성에게 말을 건넬 때 어찌할 바를 모른다.   0 1 2 3 4 5

13. 내가 잘 알지 못하는 사람에게 전화로 이야기할 때 어찌할 바를 모른다.   0 1 2 3 4 5

14. 나는 권위가 있는 인물과 말을 하는 경우에는 어찌할 바를 모른다.   0 1 2 3 4 5

15. 나는 나와 매우 상반된 사람들과 함께 있을지라도 편안해한다.   0 1 2 3 4 5

채점 방법

동그라미 한 숫자를 합해서 총점을 산출한다. 단 3, 6, 10, 15번 문항의 숫자는 역으로 계산한다 (1점은 5점으로, 4점은 2점으로). 점수의 범위는 15~75점이 된다.

결과 해석

높은 점수를 보일수록 사회적 불안을 더욱 자주 그리고 더욱 강도있게 경험하는 경향이 있다. 리어리(Leary, 1986)가 대학생을 대상으로 얻은 평균은 39점이었다.

· 출처 : Burger, J. M.(2000). Personality(5th ed.). Belmont, CA : Wadsworth/Thomson.

사회적 불안 : 대인불안

모른 사람과 대화를 나눈다거나, 결혼식에서 축사를 한다거나 할 때 느끼는 불안이
사회적 불안(social anxiety)으로서, 이러한 불안 그 자체는 모든 사람 속에 존재하는 것
이다. 그러나 이러한 불안이 강해지면 남에게 주목을 받거나 누군가에게 평가를 받
는 상황에 처할 때마다 회피하게 되며, 사회적 공포 내지는 사회적 불안장애로 발전
된다. 사회적 공포는 회피형 성격과 관계가 깊다.

- **정상적인 사회적 불안** : 대학 입학의 면접시험이나 취직시험 중의 면접, 동경하는 사
  람과의 데이트 등의 상황에서 누구나 느끼는 불안
- **사회적 공포**(사회적 불안장애) : 사회적 불안이 심해진 경우로서, 이런 경우는 불안을 느
  끼는 사회적 상황을 피하게 된다.
- **회피형 성격**(회피성 인격장애) : 사회적 불안이 언제나 잠재해 있는 상태이다. 따라서 이
  런 성격의 사람들은 다른 사람들로부터 비판받는 것이 아닐까, 거절당하는 것이
  아닐까 하고 대부분 미리 겁을 낸다.

사회적 불안이 야기되는 상황

대인관계에서 경험하는 부정적 감정인 불안이 곧 사회적 불안으로서 대인불안이라
고도 일컬어진다. 사회적 불안, 즉 대인관계에서의 불안은 개인의 가치나 인격이 손
상될 위험성이 높은 상황에서 경험된다. 구체적으로 살펴보면 다음과 같다.

첫째, 개인의 능력과 인격이 평가되는 상황일 때 사회적 불안이 야기된다. 즉, 평가하고 있
는 상대방 앞에서는 불안수준이 높아진다. 특히 호감을 얻고 높은 평가를 받고자
하는 상대 앞에서는 더욱 불안해진다. 일상적인 대화 상황보다는 입시와 취업 면접
의 상황에서 더욱 불안해지는 이유가 그것이다. 또한 멋진 이성의 앞에서는 그렇지
않은 이성을 대할 때보다 더욱 불안해진다.

둘째, 상대방의 반응을 예측할 수 없거나 적대적인 태도를 지니고 있다고 판단될 때 사회적
불안이 높아진다. 낯선 사람을 만날 때 불안이 높아지는 이유는 상대방이 어떻게 반

응할 것인지를 예측할 수 없고, 따라서 위협적인 상황으로 지각되기 때문이다. 그리고 무섭고 난폭한 상사를 대할 때 불안해지는 이유는 적대적인 태도로 인해 개인의 인격과 가치가 손상될 가능성이 높은 상황에 노출되기 때문이다.

셋째, 대인관계 상황에서의 대처능력에 대한 자신감이 없을 때 사회적 불안이 더욱 증대된다. 예측하지 못한 상황이거나 적대적인 상대에 대해서 적절하게 대응할 수 있다는 자신감이 있는 사람은 불안을 느끼지 않는다. 다시 말해서, 자신의 가치나 인격이 손상될 위험상황에 대한 대처능력이 부족하다고 생각하는 경우에 불안이 높아지게 되는 것이다.

사회적 불안을 많이 느끼는 사람의 인지적 특성

대인관계에서 느끼는 사회적 불안의 정도는 사람마다 차이가 있다. 특히 사회적 불안을 많이 느끼는 사람은 다음과 같은 인지적 특성을 갖고 있는 경향이 있다.

첫째, 대인관계에서 부정적인 결과를 초래할 수 있는 위험 요소에 주의를 기울이고 이에 무척 예민하다. "나를 싫어하지는 않을까?", "나에게 화를 내지는 않을까?", "나를 무시하거나 거부하지는 않을까?", "나에게 무리한 요구를 하지는 않을까?"하고 만나게 될 낯선 사람의 가능한 행동 중 자신을 위협할 수 있는 부정적 행동을 다양하게 상상하면서 대인관계에서 발생할 수 있는 위험요소에 관심과 주의를 기울인다. 또한 실제로 만남에서 다른 사람이 하는 여러 가지 행동 중에서 비호의적이고 거부적인 행동에만 선택적으로 주의를 기울이고 이에 대해 예민하게 반응하는 경향이 있다.

둘째, 위험한 일이 발생할 가능성을 지나치게 높게 평가하는 경향이 있다. 예컨대, 다른 사람에게 부탁을 할 경우 그가 화를 내며 거절할 가능성을 과대평가함으로써 불안이 높아지게 된다.

셋째, 두려워하는 위험한 일이 실제로 발생할 경우에 초래될 부정적 평가를 지나치게 높게 평가하는 경향이 있다. 상대방이 화를 내며 부탁을 거절할 경우 자신에게 돌아올 결과와 영향을 확대해서 예상한다. 예를 들면, 당황하고 무안해서 매우 괴로울 것이라거나, 그 사람과의 관계가 앞으로 치명적으로 악화될 것이라거나, 그가 다른 사람들에게 나쁜 소문을 퍼뜨릴 것이라는 등의 부정적 결과를 비현실적으로 과장해서 예상함으로써 사회적 불안을 심하게 느끼게 된다.

넷째, 부정적 결과가 실제로 발생하면 이에 대응하는 자신의 대처능력에 대해서 과소평가하는 경향이 있다. 비록 상대방과의 관계가 악화되고 자신에 대한 나쁜 소문이 퍼진다고 하더라도 얼마든지 이를 회복시키고 변화시킬 수 있는 능력이 자신에게 있다고 믿게 되면 사회적 불안은 감소될 수 있다. 그렇지만 사회적 불안이 높은 사람은 자신의 대처능력을 과소평가하고 적절한 대처방법을 갖고 있지 못하다고 여기기 때문에 심한 불안을 경험하게 되는 것이다.

나의 우울증 정도는 어떠한가

지시 사항

다음은 번즈(David D. Burns) 박사의 우울증 검사이다. 아래 여러 유형의 느낌들이 지난 수일 동안

당신을 얼마나 괴롭혔는지를 판단하여 오른쪽의 해당 □ 안에 ✓표 해보라.

	전혀 아니다	약간 그렇다	상당히 그렇다	항상 그렇다
1. 슬프거나 침울하게 느껴집니까?	□	□	□	□
2. 미래에 대한 희망이 없습니까?	□	□	□	□
3. 자신을 가치 없는 사람이라고 느끼고 있습니까?	□	□	□	□
4. 다른 사람과 비교하여 자신을 열등하거나 못난 존재로 느끼고 있습니까?	□	□	□	□
5. 자신에 대한 불평과 자책을 합니까?	□	□	□	□
6. 어떤 결정을 내리기가 어렵습니까?	□	□	□	□
7. 종종 화를 내거나 성을 냅니까?	□	□	□	□
8. 자신의 직업, 취미, 가족 또는 친구에게 흥미				

를 잃었습니까? □ □ □ □

 9. 스스로 일을 시작하는 것이 힘겹습니까? □ □ □ □

10. 자신이 늙어 보이거나 매력이 없다고 느낍

    니까? □ □ □ □

11. 식욕을 잃었습니까? 강박적으로 과식을 하

    거나 술을 마십니까? □ □ □ □

12. 단잠을 이루기가 어렵습니까? 지나치게 피

    곤을 느끼거나 잠을 너무 많이 잡니까? □ □ □ □

13. 성생활에 대한 흥미를 잃었습니까? □ □ □ □

14. 건강에 대한 걱정을 지나치게 합니까? □ □ □ □

15. 인생은 살 가치가 없다거나 죽는 것이 더 낫

    다고 생각합니까? □ □ □ □

채점 방법

각 문항에 대하여 응답결과가 '전혀 아니다'면 0점, '약간 그렇다'면 1점, '상당히 그렇다'면 2점, '항상 그렇다'면 3점을 주어 모두 합산한다.

결과 해석

모든 문항의 점수를 합산한 총점이

○ 31~45점인 경우 … 심한 우울 상태이다. 가능한 한 빨리 전문가의 도움을 요청하는 것이 좋다.

○ 21~30점인 경우 … 무시하기 힘든 상당한 정도의 우울 상태이다. 우울 상태를 극복하기 위한 적극적이 노력이 필요하며, 우울 상태가 두 달 이상 지속된 경우엔 전문가의 도움을 요청하는 것이 좋다.

○ 11~20점인 경우 … 가벼운 우울 상태이다. 자신의 기분을 새롭게 전환할 수 있는 노력이 필요

하다.

○ 5~10점인 경우 … 정상적이지만 자신이 바라는 만큼 행복하지는 못한 상태이다.

○ 0~4점인 경우 … 현재 우울하지 않은 상태이다.

· 출처 : Burns, D. D.(1993). *Ten days to self-esteem*. New York: William & Morrow Co.

우울의 원인과 극복

사는 것이 재미가 없고, 무의미하다고 느껴지고, 기분이 늘 침울하고, 의욕이 떨어지고, 난 참 열등하고 무가치한 사람이라는 생각이 자꾸 들 때가 있는가? 잠도 제대로 잘 오지 않고, 식욕도 떨어지고, 이유 없이 몸무게가 줄고, 심한 경우에는 죽음을 생각할 때가 있는가? 어렵고 힘든 일로 좌절을 경험한 후에 일시적으로 우울한 감정을 경험하는 것은 정상적이고 자연스러운 반응이다. 그러나 우울 상태가 몇 달 이상 계속되고 그 정도가 심해지면, 이를 우울증(depression)이라 한다. 우울증은 일생생활에서 흔히 걸리는 감기처럼 많은 사람들이 고통받는 가장 흔한 심리적 문제이다. 하지만 오래되면 폐렴 같은 좀 더 심각한 합병증을 가져올 수 있는 것처럼 우울증을 극복하려면 적극적이 노력이 있어야 하며, 이러한 적극적인 노력이 없으면 혼자서 극복하기 힘들 정도로 어려운 지경에 이를 수도 있다.

우울할 때 나타나는 증상

우울 상태에서는 침울하고 슬픈 감정이 자주 느껴지며 불행감, 공허감, 좌절감, 무기력감, 죄책감, 절망감을 느끼게 된다. 주의집중력, 사고력 및 판단력 등이 저하되어 공부나 과제 수행이 잘 안 된다. 자기 자신과 주변 상황에 대한 부정적이고 비관적인 생각만 머릿 속에 가득하여 때로는 자살을 생각하게도 된다. 대인관계나 사회생활이 불편하게 느껴지거나 위축되며, 오늘 행할 일을 자꾸만 미루게 되는 지연행동이나 우유부단한 행동이 나타나게 된다. 일상생활에 대한 관심이나 흥미가 감소하고 하는 일에 대한 의욕이 저하될 뿐만 아니라 식욕과 성욕이 감퇴되기도 한다. 그리고 이유 없이 늘 피곤하고 활력이 감소하며 소화불량, 두통, 불면 등으로 고통을 받기도

한다.

이처럼 우울한 증상은 신체, 기분, 사고 및 행동의 모든 면에서 나타나는데, 번즈 바사는 우울증의 증상을 다음과 같이 제시하였다.

- 슬픔
- 실망
- 낮은 자신감
- 열등감
- 죄책감
- 우유부단함
- 과민성
- 삶에 대한 흥미의 저하
- 동기의 결여
- 초라한 자기상
- 식욕의 감퇴
- 수면의 변화
- 성적 흥미의 결여
- 건강 염려
- 자살 충동

왜 우울해지는가

우리는 이러한 우울 상태를 왜 경험하게 되는 것일까? 우울 상태는 흔히 상실이나 실패를 의미하는 특별한 사건에 의해 유발되는 경우가 많다. 가족의 죽음이나 질병, 사랑하는 사람과의 이별, 가족 혹은 친구와의 갈등, 시험에서의 실패, 심한 스트레스 등 즐거운 경험이 감소하고 불쾌한 경험이 증가하는 상황에서 나타나기 쉽다.

자기 자신과 주변 환경 그리고 미래에 대해서 부정적이고 비관적으로 생각하는 사고경향이 습관화되어 우울 상태에 이르게 되기도 한다. 자신이 가지고 있는 것에 대해 감사하지 않고 강한 자기도취적인 소망을 가지고 있거나 상처와 모욕당한 경험으로 인해 책임을 회피하고 원망과 분노가 쌓여 있거나 미래를 보면서 자신의 현재 어려움이나 고통이 무한히 계속될 거라고 예상하며 실패를 먼저 떠올리며 무력감에 빠지는 경향이 있다.

때때로 우울은 억압된 마음의 상처를 드러내는 표징이 될 수 있다. 정신분석이론에서는 우울을 '분노가 자기 자신에게로 향해진 상태'라고 설명한다. 아마 우울을 조장하는 요인 중 어떤 것은 자신의 내면 깊이 숨겨져 있을 것이다. 가족관계 또는 대인관계 속에서 쌓여진 분노나 공격 감정이 직접 발산되지 못하고 자기 자신에게 향해져 자기 자신을 비하하고 부정하며 처벌하려는 경향이 우울 상태로 나타날 수 있다.

우울은 영적 문제들을 통해 생겨날 수도 있다. 자기 존재의 무가치감, 삶에 대한 회의, 절대자와의 소원한 관계, 스스로 세워 놓은 도덕적 가치 기준들을 어기는 행위를 했을 때 등의 이유로 스트레스를 받아 우울해질 수도 있다.

또한 우울은 신체 상태에 의해 영향을 받을 수도 있다. 노르에피네프린, 에피네프린 등과 같은 신경전달물질의 이상이나 호르몬 균형 이상으로 우울하고 침체된 감정을 경험할 수 있다.

우울에서 벗어나려면

일시적인 우울 상태는 매우 자연스럽고 정상적인 것이라 할 수 있다. 그리고 때로는 시간이 지나가고 상황이 변화하면 특별한 노력 없이 우울에서 벗어나는 경우도 많다. 그러나 우울 상태가 심한 경우에는 그러한 우울 상태에서 벗어나기 위한 적극적인 노력이 필요하다. 우울 상태에서 스스로 자신을 돕는 방법을 몇 가지 소개하면 다음과 같다.

첫째, **스트레스의 근원을 파악한다.** 무엇이 나를 괴롭히고 있는지 스트레스의 원인을 파악하고 적극적으로 해결하도록 노력해야 한다. 흔히 친구관계나 가족관계의 갈등,

학업 및 학과 적응의 곤란, 경제적 곤란 등이 그 원인일 수 있다.

둘째, **대화를 한다.** 우울할 때는 혼자 있지 말고 친구나 선배 등 자신이 편하다고 느끼는 사람에게 자신의 감정과 고민을 털어놓고 공감과 지지를 받는 것이 좋다. 다른 사람과 이야기를 나누다 보면 보다 객관적이고 구체적인 도움을 받을 수 있다.

셋째, **'하필이면 왜 내게…'를 '왜 나라고…'라고 바꾸어 생각한다.** 크고 작은 불행에 직면했을 때 많은 사람들이 가장 먼저 떠올리는 생각은 '하필이면 왜 내게…'이다. 불행이 내게만 주어진다고 생각할 때 억울하고 우울하다. 그러나 '나라고 그런 일을 당하지 말란 법은 없지 않은가'라고 생각하면 기분이 달라진다. 그리고 그 생각은 해결책을 찾으려는 시도의 원동력으로 작용한다.

넷째, **즐겁고 유쾌한 활동을 하고 희망찬 사람들과 어울린다.** 우울한 사람들은 제거가 불가능한 불쾌한 사건들만을 곱씹어 생각하는 경향이 있다. 따라서 우울에서 벗어나려면 우울한 기분을 지속시키는 상황을 벗어나 기분을 좋게 하는 활동에 참가할 필요가 있다. 재미있는 영화를 보거나 운동, 쇼핑, 여행 같은 활동을 통해 적극적으로 기분 전환을 시도해보는 것이 좋다. 영화 '사운드 오브 뮤직'의 여주인공은 폭풍우치던 날 밤 두려움에 가득 찬 아이들에게 즐거운 노래를 부르게 해서 기분을 바꿔준다. 처음엔 어렵더라도 일단 즐거운 일과 활기찬 사람들과 어울려 행동이 달라지면 기분과 사고방식도 달라진다. 아울러 가능하면 혼자 있는 시간, 불편한 관계, 하기 싫은 일, 불쾌한 기억을 되살리는 장소 등 불쾌감을 주는 사건이나 상황을 피하는 것이 좋다.

다섯째, **타인의 수용과 인정에 대한 기대를 줄인다.** 타인으로부터의 과도한 관심과 인정을 기대하고 추구하고 있지 않은지 살펴본다. 대체로 '나는 다른 사람들로부터 항상 사랑받아야 한다', '나는 남보다 월등히 잘나야 한다'와 같은 비현실적인 기대로 인해 현실에서는 좌절을 더 많이 경험하여 우울하게 되는 것이다.

우울 극복을 위한 선언

- 누구든지 우울할 수 있다.

- 우울은 내가 어떻게 대처하느냐에 따라 극복된다.

- 우울은 오히려 발전과 성숙의 기회가 될 수 있다.

- 내가 허락하지 않는 한 아무 것도 나를 우울하게 만들 수 없다.

- 우울을 놔두는 일은 무책임한 행동이다.

- 우울을 극복하는 방법도 개인의 능력이다.

- 나에겐 나를 소중히 여기는 사람들이 있다.

나는 얼마나 화를 잘 내는가

지시 사항

당신은 자신도 모르게 분노가 치솟고 화날 때가 있는가? 당신은 얼마나 화를 잘 내는 사람인가?

아래에 제시된 분노 경험을 빈도에 따라 0부터 5까지 구분하여 왼쪽 빈 칸에 적어보라.

1. 하루 종일 이런 기분이다.

.... 전화를 받으면 짜증이 난다.

.... 길거리나 상점, 모임 등의 장소에서 낯선 사람이 다가와서 공격적

인 태도로 말을 걸거나 시비를 건다.

.... 가족들이 나를 잘 이해해 주지 않는다.

.... 쉽게 눈물을 흘린다.

.... 친구가 나를 시기하거나 질투한다.

.... 내가 의사를 표현할 때마다 누군가 화를 낸다.

.... 무력감이나 격렬한 분노를 느낀다.

.... 겁이 나고 뭔가에 위협당하는 느낌이 든다.

.... 사람들이 내게 너무 민감하다고 말한다.

.... 공격당하고 있다는 느낌이 든다.

.... 내 잘못이 아닌데도 사람들은 나를 탓한다.

.... 내 주위에 있는 사람들이 너무 게으르다.

.... 사람들이 나를 이용하려고 한다.

2. 이런 신체적 징후를 느낀다.

.... 늘 걱정 속에서 산다.

.... 심장박동이 너무 빠르다.

.... 운동을 할 때 호흡이 가빠지고 숨쉬기가 힘들다.

.... 위가 더부룩하다.

.... 등골이 쑤신다.

.... 항상 피곤하다.

.... 근육이 떨리고 통증이 느껴진다.

.... 자주 당황하고 쩔쩔 맨다.

.... 변비와 치질이 있다.

.... 의사가 심장에 문제가 있다고 말한다.

.... 자주 사고를 친다.

.... 두통이 있다.

.... 피부가 거칠고 쉽게 발진된다.

.... 목이 자주 메이고 가슴이 벅차오른다.

3. 이런 모습이 자주 나타난다.

.... 손톱을 물어뜯는다.

.... 나를 화나게 한 사람을 응징하고 싶다(실제로는 그러지 못한다).

.... 나를 격분하게 만든 사람을 응징한다.

.... 수면장애가 있다.

.... 섹스 분위기를 맞추지 못한다.

.... 누군가 나를 발로 건드리기라도 하면 화를 내거나 공격적으로 변한다.

.... 술과 담배 또는 약물을 복용한다.

.... 기억력이 별로 안 좋다.

.... 이성을 잃을 때가 많다.

.... 화가 나면 어떤 습관적인 동작을 무의식적으로 반복한다.

.... 쉽게 눈물을 흘린다.

.... 자주 한숨을 쉰다.

.... 자주 이빨을 간다.

.... 사람들이 아주 멍청하게 느껴진다.

.... 자주 주먹을 꽉 쥔다.

.... 사람들이 나를 변화시키려 든다.

.... 내가 누군가 죽이는 모습을 상상한다.

.... 모든 사람들이 나만 보면 미친다.

.... 아주 몹시 화가 난다.

채점 방법

.... 에 적은 숫자를 점수로 보고 모두 합산한다.

결과 해석

모든 문항의 점수를 합산한 총점이

○ 170~230점인 경우 ⋯ 쉽게 분노가 솟는 편이다. 누구나 쉽게 자신을 화나게 할 수 있다. 따라서 마음에 커다란 상처를 받거나 모욕감을 느끼기 쉽고 항상 분노에 휘청거린다. 이런 사람들은 다른 사람들의 언행으로 인해 격분함으로써 발생되는 부정적인 에너지를 다른 쪽으로 발산하는 방법을 배워야 한다.

○ 90~169점인 경우 ⋯ 어느 정도 분노에 노출되어 있는 상태이지만 얼마든지 통제가 가능하

다. 분노가 자극받을 때 이를 제거하는 방법을 쉽게 배울 수 있지만 지금 당장은 남의 비난을 쉽게 받아들이지 못한다. 논쟁을 할 때마다 싸움으로 발전하게 되며, 자신이 한 말과 행동에 대해 반성하고 후회하는 시간이 많다.

○ 40~89점인 경우 … 전혀 부정적이지 않은 상태이다. 오해를 해결하는 능력을 갖추고 있기 때문에 분노 폭발이 자주 일어나지 않는다. 무력감을 느낀다 해도 이런 상태가 오래 지속되지 않는다.

○ 40점 미만인 경우 … 일생생활에서의 싸움과 분노가 건강을 위협하기 전에 이를 대부분 쉽게 해결하는 사람이다. 자신의 감정과 의사를 제대로 표현할 줄 알고 자신의 이익을 위해 타인의 감정을 상하게 하지 않기 때문에 원만한 생활을 유지한다.

· 출처 : 아주대학교 사회봉사 및 학생상담센터. 『분노 대처방법』.

분노 : 삶의 위험한 에너지

분노(anger)란 신체적 불만, 좌절 혹은 자존심 상실, 상대의 공격적 행동 등과 같은 분노 유발 사건으로 인하여 분노 표적에 관한 사고 혹은 신념과 같은 인지적 측면과, 혈압 상승 및 심장 박동수의 증가와 같은 생리적인 변화를 수반하고, 행동적 혹은 언어적으로 표현될 수 있는 미미한 짜증으로부터 극단적인 격노까지의 비교적 강한 강도를 지니는 불쾌한 내적 경험이다.

이러한 분노감정의 강도는 공격행동에 의한 손상의 정도에 비례하며 공격행동이 의도적이고 악의적이었을 때 더욱 강한 분노를 느끼게 된다. 분노는 공격과 복수의 행동을 유발하는 경우가 대부분이다. 분노 감정의 표현에는 '눈에는 눈, 이에는 이'라는 탈리오 법칙이 흔히 적용된다. 분노의 감정을 느끼게 되면 상대방에 대해 공격적인 행동을 하고 싶은 충동이 일어난다. 동물의 경우, 분노를 느끼게 되면 이빨을 드러내게 되고 발톱을 세우는 등 공격을 위한 준비행동을 나타나게 된다. 사람의 경우에도 분노를 느끼면 자율신경계가 활성화되고 눈매가 사나워지며 이를 꽉 깨물고 주먹을 불끈 쥐는 등 공격행위와 관련된 행동들이 나타나게 된다.

분노의 두 얼굴

모르는 사람이 반말을 할 때, 상대가 자신의 말에 대답하지 않을 때, 자신의 소유라고 생각하는 것을 누군가 빼앗아 갈 때, 남이 내 능력에 도전해 올 때, 남이 자신을 존중해주지 않을 때, 누군가 부탁하지도 않은 충고를 해올 때, 남이 자신의 가치를 인정해주지 않을 때, 누군가 자신에게 생색을 부릴 때, 우리는 자신도 모르게 분노가 치솟고 화가 난다. 이처럼 누군가 자신의 신체적인 상해를 유발할 수 있는 신체적 가해행위나 자신의 소유물을 파괴하고 손상시키는 물리적 훼손행동을 할 때, 누군가 비난, 무시, 모욕, 비하, 경멸, 푸대접 등과 같이 자신의 인격을 손상시킬 때, 그리고 누군가 자신이 추구하는 목표달성을 방해하고 좌절시킬 때 분노를 유발하게 만든다.

이러한 분노감정은 흥분과 긴장상태를 수반하는 매우 불쾌한 공격적인 감정이다. 분노의 감정 상태에서는 상대방이 밉고 싫어지며 상대방을 때리거나 소리를 지르는 등 공격하고 싶고 자신이 당한 불쾌함을 돌려줌으로써 보복하고 싶어진다. 분노감정을 직접적으로 표현하고 상대방을 공격하게 되면 자기 자신이 화를 잘 내는 편협한 사람으로 보일 수 있고 원만한 대인관계가 어렵게 된다. 그렇다고 분노감정을 표현하지 않고 가슴속에 담아두기만 하면 마음이 답답해지고 속으로 울화가 치밀어 불쾌했던 일이 계속 생각되는 등 마음이 산란해진다.

한편, 분노감정은 우리의 삶을 방해하고 공격하는 대상에 대해 느끼는 자연스럽고 정당한 감정이다. 그리고 이러한 분노와 공격감정은 지혜롭게 잘 승화시킬 수만 있다면 어떤 일을 강력하게 추진하는 삶의 에너지가 되기도 한다. 그러나 잘 다스리지 못하면 분노와 공격감정은 자기 자신과 타인을 해치는 삶의 위험 에너지가 될 수도 있다.

분노감정을 잘 느끼는 사람의 심리적 특성

인지치료자인 엘리스(A. Ellis)는 분노감정을 잘 느끼는 사람의 심리적 특성과 그 유발과정에 대해서 다음과 같이 분석하고 있다.

첫째, 우리는 옳고 그름 또는 선하고 악함에 대해 나름대로의 정의를 내리고 있다. 예를 들면, 우리는 다른 사람을 돕고 진실을 말하는 것은 옳은 것이며, 다른 사람을 해하고 거짓말을 하는 것은 나쁜 것이라는 선악에 대한 관습적 정의를 내면화하고 있다. 또한 개인적인 관점에서 "나를 관대하게 대하는 타인의 행동은 옳은 것이며, 나를 무시하고 공격하는 타인의 행동은 옳지 못하다"는 선악에 대한 개인적 정의를 갖고 있다. 분노를 잘 느끼는 사람들은 삶에 있어서 옳고 그름을 중요시하며 옳고 그름에 대해 이분법적이고 절대적인 정의를 내리는 경향이 있다.

둘째, **선악의 정의에 기초하여 행위적 계율을 타인에게 부과한다.** 옳은 일은 행해야 하며, 악한 일은 행해서는 안 된다는 계율을 다른 사람에게 강요한다. 예를 들면, "당신은 나를 관대하게 대해야 하며, 나를 무시하거나 공격해서는 안 된다"라는 개인적 계율을 다른 사람에게 암묵적으로 강요하고 있다. 분노를 잘 느끼는 사람은 여러 가지 정교한 계율들을 타인에게 엄격하게 부과하는 경향이 있다. 그리고 이러한 계율을 지키지 못하는 많은 사람에게 분노를 느끼게 된다.

셋째, **상대방이 계율을 어긴 것에 대한 평가과정이 뒤따르게 된다.** 분노를 잘 느끼는 사람은 계율을 어긴 것에 대해서 과장된 평가를 하는 경향이 있다. 개인적 계율을 어긴 행동에 대해서 "이런 일은 도저히 인간으로서 할 수 없는 일이다. 당신은 사람도 아니다. 짐승만도 못하다. 당신은 결코 그렇게 행동해서는 안 된다. 이런 일을 하다니 도저히 참을 수 없다." 등의 판단을 내리고 단죄하게 된다.

넷째, 분노를 잘 느끼는 사람은 계율을 어긴 사람에 대한 처벌을 한다. "그런 행동을 한 당신은 비난받아야 하고 처벌되어야 한다"라는 처벌에 대한 당위성 부여와 함께 처벌 또는 복수의 행동이 뒤따르게 된다.

분노를 다스리려면

일단 화가 폭발하게 되면 아무런 신체적 타격이 없다고 하더라도 자신도 모르게 폭력적인 성향을 가지게 되며, 적절히 상황에 대처할 수 없게 된다. 화가 폭발하여 나중에 후회할 일을 저지르지 않으려면 싸움에서 일방적으로 승자, 패자가 되지 않고 모두 만족할 수 있는 결과를 얻어야 한다.

분노와 공격감정은 불쾌감을 주기 때문에 대부분의 사람들이 이를 억압하거나 부인하고, 또 어떤 경우에는 이 감정으로부터 도망가려고 한다. 분노의 감정을 억압하여 시간 속에 없어지기를 기대할 때 결국 이 감정은 자기에게 올가미를 씌워 자기도 모르는 사이 분노와 공격감정이 오히려 증오로 발달된다. 이렇게 되면 시간이 갈수록 원인을 어렵게 만들 수도 있다. 흥분과 긴장감 속에서도 분노감정을 지혜롭게 잘 극복하는 방법은 다음과 같다.

첫째, **자신의 분노감정을 자각하고 바라본다.** 즉, 분노감정이 마음속에서 어떻게 타오르고 있는지를 느껴지는 그대로 바라본다. 이때 분노가 사악하고 미숙한 감정이라고 생각하며 외면하거나 무시할 필요는 없다. 오히려 자신의 분노감정에 대한 솔직한 자각과 관찰에 의해서 분노감정의 강도가 감소될 수 있다.

둘째, **자신이 왜 분노하는가를 찬찬히 생각해본다.** 어떤 상황에서 어떤 일이 왜 자신을 화나게 하는지, 타인의 말과 행동이 왜 자신을 이토록 화나게 하는지, 그것이 무엇을 의미하는 것이기에 화가 나는지 생각해 본다.

셋째, **분노하는 이유에 대해서 스스로에게 물어본다.** 타인의 무시, 비난, 고역에 지나치게 예민하지는 않은지, 그 의미와 의도를 오해하거나 과장하고 있지는 않은지, 자신이 상대방에게 거슬리는 행동을 하지는 않았는지, 타인이 항상 나를 인정하고 친절하게 대해야 한다는 지나친 기대를 가지고 있지는 않은지, 타인의 행동이 자신을 비난하는 것이 분명하다면 과연 그래서 자신의 인격적 가치가 땅에 떨어지는지, 타인의 평가나 행동에 의해서 자신의 인간적 가치가 좌우되는지, 자신이 타인을 비난할 수 있듯이 타인도 자신을 비난할 수 있는 것은 아닌지, 도대체 이토록 화를 내야 할 이유가 무엇인지 등에 대해서 자신에게 물어본다.

넷째, **분노감정을 억누르기보다는 적절히 표현하고 승화한다.** 승화는 상대방에게 향해진 분노감정을 직접 발산하기보다는 사회적으로 용인된 건설적인 방법으로 발산하는 것이다. 스포츠나 취미생활을 통해 발산하거나 예술적인 창작 활동에 매진함으로써 분노감정을 건설적이고 생산적으로 발산시킬 수 있다. 이는 분노감정을 해소하는 성숙한 발산의 방법이다.

다섯째, **상대방을 용서한다.** 용서는 개인의 종교적 또는 철학적 가치관에 근거하여 상대방에 대한 분노감정과 공격충동을 스스로 해소하는 것이다. 흔히 분노는 공격행동을 낳고, 공격행동은 상대방의 분노를 유발하여 다시금 공격행동을 받게 되는 복수의 순환과정으로 발전될 수 있다. 이러한 상호적 공격행위를 통해 승부를 떠나 쌍방은 힘을 낭비하고 피해를 입는 경우가 대부분이다. 이러한 분노감정과 공격충동의 파괴성을 깊이 인식하고 상대방과의 대결적 관계를 협력적 또는 비대결적 관계로 전환하며, 서로의 성장과 발전을 위한 미래지향적인 대처가 용서인 것이다. 이러한 용서는 분노감정을 처리하는 가장 성숙된 방법인 동시에 가장 어려운 방법이기도 하다.

중앙에 들어갈 도형의 모양

다음의 그림에서 상하 좌우 도형의 배열로 보아 중앙의 ?에 들어갈 모형의 모양은 무엇인가?

(정답은 다음 페이지에 있음)

– 해리 쇼필드(Harry Schofield)의 『평가와 검사』에서

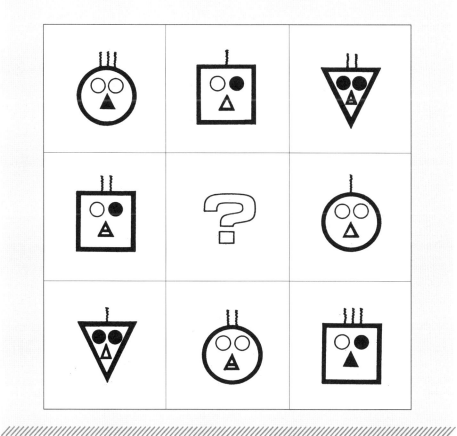

[답]

심리여행

나의 알코올 중독 상태는 어떠한가

지시 사항

올바른 음주는 위로와 축하 및 자신을 달래는 수단이 되지만, 닥치는 대로 마시는 술은 자신을 해칠 뿐만 아니라 주위의 사람들에게까지 큰 피해를 주며 사회에도 바람직하지 못한 영향을 주게 된다. 다음 문항은 당신의 음주습관의 특성을 알아보기 위한 것이다. 각 문항을 읽고 당신 자신의 생각이나 느낌을 '예' 혹은 '아니오'에 ✓표 해보라.

	예	아니오
1. 당신은 정상적으로 술을 마신다고 생각합니까?	☐	☐
2. 전날 밤 술을 마시고 아침에 일어나면 전날 밤 있었던 일을 기억하지 못한 적이 있습니까?	☐	☐
3. 부모나 배우자는 당신이 술 마시는 것에 대해 걱정하거나 불평합니까?	☐	☐
4. 한두 잔 술을 마시고 나면 더 이상 마시지 않습니까?	☐	☐
5. 당신이 술 마시는 것을 나쁘게 생각합니까?	☐	☐

6. 친구나 친척들이 당신은 정상적으로 술을 마시는 사람이라고 생각하십니까? ☐ ☐

7. 특정한 장소와 특정한 때에 음주를 자제한 적이 있습니까? ☐ ☐

8. 원하기만 하면 언제든지 금주할 수 있습니까? ☐ ☐

9. 알코올 중독자 모임에 참석해본 적이 있습니까? ☐ ☐

10. 술을 마시고 싸운 적이 있습니까? ☐ ☐

11. 음주 때문에 당신이나 배우자에게 문제가 된 적이 있습니까? ☐ ☐

12. 당신의 배우자와 가족이 당신의 음주 때문에 다른 사람에게 도움을 청한 적이 있습니까? ☐ ☐

13. 음주 때문에 친구를 잃거나 약속을 어긴 적이 있습니까? ☐ ☐

14. 음주 때문에 직장에서 문제를 일으킨 적이 있습니까? ☐ ☐

15. 음주 때문에 실업자가 된 적이 있습니까? ☐ ☐

16. 음주 때문에 이틀 이상 계속해서 의무, 가족 혹은 직장 일에 게을리 한 적이 있습니까? ☐ ☐

17. 오전에 술을 마신 적이 있습니까? ☐ ☐

18. 당신의 간이 좋지 않다는 이야기를 들은 적이 있습니까? ☐ ☐

19. 과음을 한 후에 손발이 떨리고 실체가 없는 소리를 듣거나 사물이 보인 적이 있습니까? ☐ ☐

20. 음주에 대한 도움을 받기 위해 어떤 사람을 찾아간 적이 있습니까? ☐ ☐

21. 음주 때문에 병원에 간 적이 있습니까? ☐ ☐

22. 음주문제 때문에 정신병원이나 종합병원의 정신과에 간 적이 있습니까? ☐ ☐

23. 음주에서 생긴 정서적 문제 때문에 정신과 의사, 사회사업가, 성직자의 도움을 요청한 적이 있습니까? ☐ ☐

24. 음주 때문에 단 몇 시간이라도 경찰에 체포된 적이 있습니까? □ □

25. 음주운전을 하다가 경찰에 체포된 적이 있습니까? □ □

채점 방법

아래 채점기준에 따라 각 문항의 답에 점수를 매기고 합산하여 총점을 구한다.

번호	예	아니오
1	0	2
3	1	0
5	1	0
7	0	1
9	5	0
11	2	0
13	2	0
15	2	0
17	1	0
19	2	0
21	5	0
23	2	0
25	2	0

번호	예	아니오
2	2	0
4	0	2
6	0	2
8	0	2
10	1	0
12	2	0
14	2	0
16	2	0
18	2	0
20	5	0
22	2	0
24	2	0

결과 해석

5점 이상이면 알코올 중도자일 가능성이 매우 높고, 4점이면 알코올 중독자가 될 가능성이 높으며, 0~3점은 음주가 전혀 문제가 되지 않는다고 볼 수 있다.

· 출처 : 이현수(1996). 『생활습관이 건강을 좌우한다』. 서울: 학지사.

술, 알고나 마시자

기분이 좋으면 좋다고, 기분이 나쁘면 나쁘다고 술을 마신다. 술의 주요 성분은 에틸 알코올(ethyl alcohol) 또는 에탄올(ethanol)이라고 하는 알코올이다. 알코올은 13세기 프랑스의 몽펠리 대학의 교수였던 빌뇌브가 만병통치의 생명수라고 이름을 지은 후부터 세상에 널리 알려지기 시작했다.

술은 신의 선물이라 여겨져 종교적인 행사에 사용하기도 하고, 놀이와 사교적 모임에서 기분전환을 위한 윤활유 역할도 해왔지만, 과음과 반복된 음주를 하게 되면 음주로 인한 폐해가 발생하기도 한다. 술을 지나치게 마신 사람은 사고로 인해 자신의 목숨을 잃거나 장애를 갖는 것은 물론, 다른 사람을 위험과 불행에 몰아 놓기도 한다. 이렇듯 알코올은 두 개의 상반된 얼굴을 가지고 있다.

사람들 중에는 '술'이라는 말을 듣기만 해도 침이 꼴깍 넘어가는 사람이 있는가 하면, '으…'하고 고개를 흔드는 사람도 있다. 즐거워서 마시고, 괴로워서 마시고, 비가 와서 마시고, 화가 나서 마시고, 왠지 마시고 싶어서 마시기도 한다. 술을 마시고 나면 어떠한가? 고성 방가하는 사람, 싸움 거는 사람, 아스팔트를 요 삼고 하늘을 이불 삼아 잠이 드는 사람 등 여러 가지 양상을 보여주는 사람들도 많다. 술을 마신 다음 날이 엉망진창이 되기도 한다. 우리 생활에서 도저히 뺄 수 없는 이 술! 제대로 알고 제대로 대처해야 한다.

술의 장점과 단점

오고가는 술잔 속에 우정이 싹트고 사랑과 의리를 느낄 수 있다. 그리하여 술은 인간관계에서 윤활유 역할을 한다. "마시자! 취하자!! 잊어버리자!!!"라는 구호에서 엿볼 수 있듯이 술은 긴장완화와 스트레스 해소에 도움이 되기도 한다. 또한 술은 심장기능을 촉진시키기도 한다. 단, 남성의 경우 소주 반 병, 맥주 2잔, 위스키 1/3병만을 마셨을 때 그러하다. 여성의 경우는 남성의 절반만을 마셔야 효과를 볼 수 있다고 한다.

사실 술의 장점은 적고 단점이 많다. 술에 취하게 되면 시각, 미각, 청각, 언어 균형

감각, 집중력 장애가 발생하여 수면방해, 소화기 장애는 물론 사고의 위험성이 증가하고 범죄행위를 유발하게 될 수 있다. 술을 지속적으로 마실 경우 우리 몸에 나타나는 손상은 훨씬 심각하다. 알코올 중독자는 간, 췌장, 위, 근육, 심장, 다른 신체기관의 손상과 기억력 감퇴, 기형아 임신, 성기능 장애 등을 경험하게 된다. 알코올은 기억력, 지각, 판단력, 행동에 부정적인 영향을 미침으로 인해서 공격적이고 자제력이 약화되어 집단 싸움과 사고가 발생한다. 성폭력, 살인, 가정폭력, 강도, 청소년 비행 등 범죄행위의 절반이 알코올 남용과 연관이 있다. 또한 술에 취하게 되면 정서가 매우 예민해지고 원망이나 분노, 자기연민과 공격적인 욕구를 지니게 될 뿐만 아니라 두려움과 우울감을 지니게 되고 사소한 자극에도 인내하지 못하고 쉽게 화를 내거나 충동적으로 행동하게 된다.

이처럼 술은 적당히 마시면 삶의 윤활유가 되는 약이 될 수 있지만, 절제하지 못하고 지나치게 마시면 몸과 마음을 황폐화시키는 독이 될 수도 있다. 그러므로 각자 올바른 음주습관을 들이고, 술을 마시는 모든 사람들이 건전한 음주문화를 형성하는 노력이 필요하다.

음주습관의 유형

사람들의 음주습관을 보면 다음과 같은 세 가지 유형이 있다. 여러분은 어느 유형에 속하는가?

- 사회적 음주자
  - 천천히 마신다.
  - 언제 그만 마실지를 안다.
  - 음주 전이나 음주시 음식을 같이 먹는다.
  - 음주운전을 하지 않는다.
  - 비음주자를 인정한다.
  - 음주와 관련된 법을 알고 준수한다.

- 문제음주자
  - 취하기 위하여 술을 마신다.
  - 술을 마셔서 문제해결을 하려고 한다.
  - 술을 마시면 성격이 변한다.
  - 목소리가 커지고 화를 내거나 난폭해진다. 또는 조용해지고 말이 없다.
  - 운전하기 전이나 강의 혹은 일터에 가기 전과 같이 술을 마시지 않아야 할 때에 마신다.
  - 자신, 가족, 친구, 모르는 사람들을 다치게 하는 등 다른 문제를 일으킨다.
- 알코올 중독자
  - 술 마실 생각이나 장소, 시간 등을 계획하는 데 많은 시간을 소비한다.
  - 술병을 숨겨두고 몰래 술을 마신다.
  - 의식적인 계획 없이 술을 마시며, 자신이 마신 음주량을 모른다.
  - 음주한 사실을 부정한다.
  - 혼자 술을 마신다.
  - 스트레스를 받는 상황을 접하기 이전에 술을 마신다.
  - 필름 끊김(black-out) 현상을 경험한다. 이 현상은 술 마실 때 멀쩡하게 했던 일들을 술이 깬 뒤에 기억하지 못하는 것으로, 술을 이기지 못하는 사람이 술을 지나치게 마셨거나 아니면 습관적으로 술을 마시는 사람들한테서 관찰된다.
  - 숙취를 경험하는 상태에서 섬망(譫)과 같은 증세를 나타낸다.
  - 경찰, 가족, 친구 또는 고용주 등과 심각한 문제를 일으킨다.

알코올 중독으로 가는 과정

- **1단계 : 사교적 음주 단계** 사교적인 목적으로 술을 마시기 시작한다. 이때는 어울리는 사람이 없으면 술 마실 생각을 별로 하지 않는다. 간혹 긴장을 풀거나 스트레스를 해소하기 위해 술을 마신다.
- **2단계 : 예징 단계** 혼자서 술을 마시는 일이 잦아진다. 술 먹은 사실을 남에게 감

추고 싶은 생각이 들기 시작한다. 술 마신 건수를 만들거나 찾아나서는 행동을 보인다. 그러나 음주시 의식이 말짱하며 외견상 심하게 취한 행동을 자주 보이지는 않는다. 그러나 가끔 술 먹었을 때의 일을 기억하지 못하는 일이 생긴다.

- **3단계: 결정적 단계**   이 단계를 넘어서면 알코올 중독이 되기 때문에 결정적 단계라고 한다. 일단 술을 마시면 끝장을 보려고 하며 낮술을 마시기 시작한다. 술이 우선이기 때문에 식사를 소홀히 하고 술 때문에 결근을 하거나 조퇴를 하는 등 업무에 지장을 겪는다. 술을 마시지 않으면 금단증상이 나타나지만 며칠씩 술을 안 마실 수도 있다.

- **4단계: 만성 단계**   음주가 하루의 중요한 일과가 되어 거의 날마다 술을 마신다. 알코올이 들어가야 활기가 생기며, 술을 마시지 않을 때는 위축되고 무기력한 행동을 보이거나 안절부절 못한다. 취한 것에 대한 죄의식이 없어지고 외모에 대해 별로 신경을 쓰지 않는다. 그리고 직장이나 가정 또는 친구들과의 관계도 무시하고 오로지 술을 위해 산다.

알코올 중독자의 가족

알코올 중독은 음주자 개인의 문제로 끝나지 않고 주위의 가족들에게 엄청난 부정적 영향을 준다. 그래서 알코올 중독은 가족의 질병으로 간주되기도 한다. 알코올 중독자의 가족이 중독자에게 분노와 경멸의 태도를 취하게 되면, 가족들의 행동도 알코올 중독자의 행동과 같이 장애를 받게 된다.

알코올 중독자에 의해서 영향을 크게 받은 사람을 일컬어 '상호 의존자' 혹은 '상호 알코올 중독자'라고 한다. 상호 의존자라는 용어는 원래 알코올 중독자의 배우자를 지칭했으나 이제는 알코올 중독자의 가족은 물론 그와 친하게 지내는 사람들 모두를 지칭하고 있다. 상호 의존자는 알코올 중독자와 가까이서 생활하려고 한다. 처음에는 알코올 중독자를 통제하려고 하다가 그것이 뜻대로 되지 않으면 포기해버리고 점차 알코올 중독자를 위해 식사준비도 하고 돈도 지불해주게 된다.

알코올 중독자의 아이들이란 알코올 중독자 부모에서 태어난 아이들을 말하며,

이들은 정서적·사회적으로 약물중독과 같은 문제를 가지며, 정상부모에서 태어난 아이들보다 알코올 중독자가 될 가능성이 3~4배나 더 많다고 한다. 그리고 알코올 중독자의 가정에서 성장한 아이들은 성인이 되어도 감정노출이 어렵고 친밀한 대인 관계를 갖기 어렵다.

술에 취해 추태를 부리지 않으려면

술에 취해 추한 모습을 보이지 않기 위해서는 다음과 같은 몇 가지를 성실하게 지킬 필요가 있다.

- 술을 마실 때에는 어떤 약을 복용해서는 안 된다. 술을 마실 때 다른 약, 특히 진정제, 통증치료제, 수면제와 같은 약을 먹는 것은 생명에 위협을 줄 수 있다.
- 음주 전과 음주시 반드시 다른 음식물을 섭취한다. 치즈, 우유, 고기 같은 것을 음주 전에 섭취하면 위에서 알코올이 흡수되는 것이 느리기 때문에 위장과 신장을 보호할 수 있다.
- 탄산음료는 삼간다. 샴페인, 콜라, 소다, 토닉, 진저에일과 같은 탄산음료는 알코올 흡수속도를 촉진시키기 때문에 마신 알코올이 곧 뇌에 영향을 준다. 버번위스키와 맥주를 혼합시키는 것도 피해야 한다.
- 음주할 때에는 양을 측정하고 얼음을 섞어서 마신다. 술의 양을 측정함으로써 음주의 양을 통제할 수 있고, 얼음을 섞음으로써 알코올 섭취의 양을 크게 감소시킬 수 있다.
- 음주자를 보살펴야 한다. 자신이 파티의 주빈일 때에는 최대한 손님 한 사람 한 사람에 대해 세심한 주의를 기울여야 한다. 음주자가 술에 취하는 것을 예방하기 위해 알코올이 아닌 다른 음료를 준비하고 스낵을 준비해서 그들에게 권하는 것이 좋다. 손님들에게 과다한 술대접을 삼가야 한다.

건전 음주 10계명

1. 여지껏 술을 마시지 않았다면, 일생에서 술 마시는 것을 시작하지 않는다(애초에 술에 친해지지 않는다).

2. 원하지 않는 음주 기회가 오면 '아니오'라고 거절한다(약이 되는 것도 아닌데 당당히 '안 마셔'라고 거절을 한다).

3. 자신에게 알맞은 음주량을 알고, 그 이상은 마시지 않는다(적정량을 마시고 절대 과음하지 않는다).

4. 한 번 마시면 반드시 간 휴일을 지킨다(간에 축적된 알코올을 분해하려면 적어도 2~3일은 걸리므로 술을 마신 다음에는 적어도 이틀은 마시지 않는다).

5. 다른 음식을 충분히 섭취하면서 마신다.

6. 웃으면서 함께, 천천히, 대화하면서 마신다.

7. 모임에서는 술과 함께 다른 음료를 꼭 준비하며, 술을 강요하지 않는다.

8. 반드시 1차에서 끝낸다.

9. 다른 약을 먹을 때에는 술을 마시지 않는다.

10. 가능하면 술을 끊도록 노력한다.

29
심리여행

나의 니코틴 중독 상태는 어떠한가

지시 사항

당신은 담배를 피우고 있는가? 건강에 해롭다는 것을 알면서도 끊지 못하고 있는가? 그렇다면 스스로 니코틴 중독 상태를 점검해 볼 필요가 있다. 다음 문항을 읽고 당신 자신의 생각이나 느낌을 '예' 혹은 '아니오'에 ✓표 해보라.

	예	아니오
1. 매일 담배를 피웁니까?	☐	☐
2. 부끄러움 때문에 혹은 자기확신을 증진시키기 위해서 담배를 피웁니까?	☐	☐
3. 지루함이나 걱정 혹은 압박감에서 벗어나기 위해서 담배를 피웁니까?	☐	☐
4. 담배 때문에 당신의 옷이나 카펫, 가구 또는 자동차를 태워 구멍을 낸적이 있습니까?	☐	☐
5. 담배를 사기 위해 한밤중이나 불편한 시간에 일부러 가게에 간 적이 있습니까?	☐	☐

6. 당신의 흡연 때문에 괴롭다고 말하는 사람에게 화가 나거나
   공격적으로 행동한 적이 있습니까? □ □

7. 의사가 당신에게 금연을 하라고 한 적이 있습니까? □ □

8. 당신은 금연 약속을 어긴 적이 있습니까? □ □

9. 담배를 끊으려고 할 때 신체적 또는 정서적으로 불쾌감을
   느낍니까? □ □

10. 당신은 한때 담배를 끊는 데 성공했다가 또다시 피우지는
    않았습니까? □ □

11. 담배가 떨어지지 않도록 여분의 담배를 사둡니까? □ □

12. 담배 없는 인생을 상상하기 어렵습니까? □ □

13. 담배를 피우면서 할 수 있는 활동이나 오락만을 선택합니까? □ □

14. 담배 피우는 동료를 좋아하거나, 그런 사람을 찾거나, 혹은
    그런 사람이 더 기분 좋습니까? □ □

15. 흡연 때문에 마음속으로 절망감이나 수치심을 느낍니까? □ □

16. 당신도 모르게 담뱃불을 붙인 적이 있습니까? □ □

17. 당신 흡연 때문에 가정이나 인간관계에 문제가 생깁니까? □ □

18. 원하면 언제든지 담배를 끊을 수 있다고 스스로에게 말합
    니까? □ □

19. 담배를 피우지 않았더라면 더 나은 삶이었을 것이라고 느껴
    본 적이 있습니까? □ □

20. 흡연이 당신의 건강을 위협하는 상황이라는 것을 알면서도
    계속 담배를 피웁니까? □ □

채점 방법

'예'에 응답한 문항의 수를 헤아린다.

결과 해석

문항 1~2개에 대해 '예'라고 응답했다면 니코틴 중독가능성이 있거나 중독 되어가는 과정이라고 볼 수 있다. 문항 3개 이상에 대해 '예'라고 응답했다면 이미 니코틴에 중독되어 있다고 볼 수 있으며, 건강을 위해 전문가를 찾아가 상담을 받을 필요가 있다.

·출처 : 이현수(1996). 『생활습관이 건강을 좌우한다』. 서울: 학지사.

담배, 끊는 것이 상책이다

이탈리아의 탐험가 콜럼버스가 인디언족과 교역을 시작하면서 우리에게 소개된 흡연습관의 역사는 매우 길다. 그래서 그 흡연 인구도 많고 소모하는 양도 결코 적지 않다. 흡연 혹은 흡연과 관계되는 질병으로 인한 사망자는 두 차례에 걸친 세계대전과 월남전쟁 때의 사망자보다 훨씬 많다고 한다. 흡연은 여러 가지 질병을 유발하는 주요 사망 원인으로 작용하고 있다.

그럼에도 불구하고 흡연하는 사람들이 담배를 끊지 못하고 피우는 까닭은 무엇일까? 무료함을 달래기 위해서 피운다는 사람도 있고, 불안함을 견딜 수가 없어서 피운다는 사람도 있고, 심적 갈등이나 불쾌한 경험에서 벗어나기 위해 피운다는 사람도 있다. 또한 계속 흡연하다가 갑작스레 금연하게 되면 안절부절못하고, 불안해지며, 주의집중이 곤란해지고, 식욕이 왕성해지며, 감내성이 없어지고 불면증이 오는 등의 금단증후가 나타나 이러한 불쾌한 금단증후를 감소시킬 목적으로 계속 담배를 피우게 된다고 말하는 사람도 있다. 그러나 이유가 어떠하든 간에 담배를 줄이거나 끊어야 한다. 왜냐하면 흡연에 의해 목숨을 잃을 수도 있기 때문이다.

니코틴이란 무엇인가

흡연은 매우 중독되기가 쉬워서 알코올이나 약물보다 쉽게 중독된다. 그래서 담배를 끊는다는 것이 약이나 알코올을 끊기보다 더욱 어렵다. 흡연 중독은 일시에 되는 것이 아니다. 처음에 담배연기를 들여 마시게 되면 현기증, 심계항진, 기침, 발한, 메스꺼움, 구토와 같은 증후가 나타난다. 그러나 담배에 익숙해진 사람에게는 이와 같은 증후가 오래 지속되지 않는다. 수주 내에 하루에 한 갑 정도로 피우게 되고, 점차 담배 피우는 양이 늘어나면서 곧 니코틴에 의존하게 된다.

담배의 한 주요 성분인 니코틴은 중독위험이 큰 물질의 한 종류일 뿐만 아니라 심한 심장혈관장애를 유발하는 원인으로 작용한다. 니코틴은 무색 오일과 같은 물질로서 담배가 함유하고 있는 주요 중독물질의 하나로, 일종의 독소이며 사람의 생명을 앗아갈 수도 있다. 니코틴을 입에 머물고 있으면 20~30%만이 체내에 흡수되지만, 폐를 통해 들이마시게 되면 90% 이상이 체내에 흡입된다. 니코틴이 폐를 거쳐 뇌에 전달되는 데에는 7초밖에 걸리지 않는 것으로 알려지고 있다. 이는 헤로인을 팔에 주사하였을 때 뇌에 전달되는 시간보다 배나 더 빠른 속도이다.

니코틴은 흥분제로서 중추신경을 자극해서 정신상태를 각성시키는 기능을 한다. 니코틴에는 심장박동을 분당 15~20회 이상 증대시키고, 혈압 및 호흡속도를 촉진시키고, 부신선을 자극하여 부신호르몬의 분비를 촉진시키며, 혈관을 수축시켜 보다 많은 피를 펌프질하는 기능을 한다. 그러므로 니코틴은 심장과 혈관계통에 심한 장애를 주게 된다.

흡연으로부터 어떤 위험을 받고 있는가

흡연자 자신도 흡연이 건강을 해친다는 점을 모르는 것은 아니지만, 구체적으로 어떤 위험이 있는지 확실하게 아는 사람은 별로 없다. 건강을 위해서는 우리가 흡연으로부터 어떤 위험을 받고 있는지 흡연의 영향에 대해서 잘 알지 않으면 안 된다.

흡연은 폐암의 원인이 될 수 있다. 흡연과 폐암은 밀접한 관계가 있다는 것은 널리 알려진 사실이다. 흡연자의 폐암에 대한 상대적 위험은 담배를 전혀 피우지 않았던 사람에 비해 훨씬 높다. 하루에 담배를 한 갑씩 피울 경우 비흡연자에 비해 폐암에 의한 사망률이 남성의 경우 22배, 여성의 경우가 12배나 더 많다고 한다.

흡연은 호흡기 질환을 유발하기도 한다. 흡연을 하는 사람이 호흡곤란과 기침을 많이 하는 것은 흡연 때문이다. 흡연으로 인한 주요 호흡기 질환으로는 심한 호흡곤란을 나타내는 폐색성 폐질환인 폐기종과 폐에 공기를 공급하는 가장 긴 통로인 기관지에 염증이 생기고 점액이 생성되어 공기통로가 협소해진 상태의 만성 기관지염을 들 수 있다.

앞에서도 언급한 바와 같이 담배에는 심장박동을 촉진시키고 혈관을 수축시키며, 혈압을 상승시키는 기능을 가진 니코틴 성분이 함유되어 있어서 흡연은 심장부담을 증가시키는 결과를 가져온다. 흡연자들 가운데는 심장병으로 사망하는 경우가 많은 것을 보면 흡연이 심장병과 밀접한 관계가 있다는 것을 알 수 있다. 흡연자가 심장병으로 사망하는 비율은 비흡연자에 비해 2~3배가 더 높고, 하루에 담배 2~4개피 피우는 사람은 심장병이나 혈관장애로 사망하는 비율이 비흡연자에 비해 10배나 더 높고, 하루에 담배 25개 이상을 피우는 사람이 심장발작을 일으키는 비율도 비흡연자에 비해 10배나 더 높으며, 뇌의 혈액순환이 장애를 받는 뇌졸중 장애를 받는 사람의 비율은 흡연자가 비흡연자보다 2~3배가 더 높다고 한다.

담배를 피우면 얼굴에 주름이 더 빨리 생기며, 이는 햇볕에서 담배를 피울 경우 더욱 그러하다고 한다. 또한 담배를 피우면 혈관이 수축되어 성적 자극에 대한 반응이 느려지고, 남성호르몬인 테스토스테론 분비가 크게 억제되며, 정액을 손상시켜 뇌종양이나 백혈병에 걸린 아이를 갖게 될 위험이 크다고 한다. 이처럼 흡연은 외모에 부정적 영향을 주고, 성적 각성수준과 성적 동기를 크게 떨어지게 하는 결과를 가져올 수 있다.

여성이 흡연을 하게 되면 폐경기가 빨리 오고 골다공증 유발 위험성도 높아진다. 뿐만 아니라 임신, 태아성장 및 신생아 성장 발달에 부정적 영향을 미칠 수 있다. 흡연 임산부의 비정상적 임신비율이 비흡연자보다 2~3배나 더 높다. 태아가 생명을 잃지 않는 경우라 하더라도 흡연으로 인해 산모가 임신기간에 공급해야 할 산소가 크게 부족해져서 태아의 체중과 신장이 정상에 크게 미치지 못하게 된다.

흡연으로 인한 이러한 모든 부정적 영향들은 금연을 통해 쉽게 예방되고 치료될 수 있다. 금연을 위해서는 무엇보다 확고한 결심과 굳은 의지가 중요하며, 왜 내가 흡연을 시작했는지 그 동기를 파악해서 흡연습관을 바꿔나가야 한다. 한 번에 끊기 어려울 때에는 흡연의 양을 점차적으로 줄여가면서 니코틴 성분이 적은 담배로 대치시켜가면서 점진적으로 금연해나가는 방법이 효과적일 수 있다. 자발적으로 흡연을 절제하기 어려우면 금연 클리닉을 찾아가 전문가의 도움을 받는 것이 필요하다.

나의 인터넷 중독 상태는 어떠한가

지시 사항

인터넷 중독이란 지나치게 컴퓨터에 접속하여 일상생활에 심각한 사회적, 정신적, 육체적 및 직업적 활동상에 지장을 받고 있는 상태를 말한다. 그렇다면 과연 당신의 인터넷 중독 상태는 어떠한지 알아보라. 다음 문항을 읽고 아래 5점 척도를 토대로 현재 당신 자신에게 해당되는 숫자에 〇표 해보라.

○ '전혀 그렇지 않다'면 … 1

○ '대체로 그렇지 않다'면 … 2

○ '보통 그렇다'면 … 3

○ '대부분 그렇다'면 … 4

○ '항상 그렇다'면 … 5

1. 나는 처음에 마음먹었던 것보다 더 오랫동안 인터넷을 하게 된다.   1 2 3 4 5

2. 나는 인터넷을 하느라고 공부나 업무 혹은 집안일을 소

홀히 한다. 1 2 3 4 5

3. 가족이나 친구들과 어울리는 것보다 인터넷을 하는 것이
   더 좋다. 1 2 3 4 5

4. 나는 인터넷을 통해 알게 된 사람들을 잘 만난다. 1 2 3 4 5

5. 내가 인터넷을 너무 오래한다고 가족 혹은 주위 사람들
   이 불평한다. 1 2 3 4 5

6. 인터넷을 하느라고 업무나 학업에 지장을 받곤 한다. 1 2 3 4 5

7. 나는 컴퓨터에 앉으면, 해야 할 일을 하기 전에 먼저 인터
   넷에 접속부터 한다. 1 2 3 4 5

8. 인터넷을 한 이후로 친구들과 만나는 것이 줄었다. 1 2 3 4 5

9. 인터넷을 통해 내가 무엇을 하는지 다른 사람들에게 알
   려주지 않는다. 1 2 3 4 5

10. 스트레스가 쌓이면 인터넷을 통해 해소한다. 1 2 3 4 5

11. 인터넷을 사용하고 나서도 다시 인터넷을 사용할 때를 기
    다린다. 1 2 3 4 5

12. 인터넷이 없다면 따분하고 재미없을 것이라고 생각된다. 1 2 3 4 5

13. 인터넷을 하는 동안 누가 방해하면 소리를 지르거나 화
    를 내거나 신경질을 낸다. 1 2 3 4 5

14. 밤늦게까지 인터넷을 하느라고 잠을 제대로 못 잔다. 1 2 3 4 5

15. 인터넷을 하지 않을 때에도 인터넷에 접속할 생각에 몰두
    해 있거나 접속해 있는 듯한 공상을 한다. 1 2 3 4 5

16. 인터넷을 그만 해야 할 때에도 "조그만 더"를 반복하게
    된다. 1 2 3 4 5

17. 인터넷에 소비하는 시간을 줄이려고 노력하지만 번번이
    실패한다. 1 2 3 4 5

18. 나는 인터넷 하는 것을 다른 사람들이 모르게 하려고 애 쓴다.   1 2 3 4 5

19. 다른 사람과 밖으로 나가 어울리기보다 인터넷을 사용하 며 시간을 보내는 것이 더 좋다.   1 2 3 4 5

20. 인터넷에 접속해 있지 않을 때에는 우울하고 신경질적이 다가도, 접속을 하면 금방 기분이 좋아진다.   1 2 3 4 5

채점 방법

○친 숫자를 점수로 보고 합산하여 총점을 구한다.

결과 해석

합산한 총점이

○ 80~100점이면 … 인터넷 사용이 일상생활에 심각한 문제를 일으킬 정도로 인터넷 중독일 가 능성이 있다.

○ 50~79점이면 … 인터넷 때문에 일상생활 가운데 간혹 혹은 종종 문제를 경험할 가능성이 있 으므로 인터넷 사용시간을 조금 줄이도록 노력해야 한다.

○ 20~49점이면 … 가끔씩 너무 오랫동안 인터넷 사용에 시간을 소비할지 모르지만, 대체로 자 신의 인터넷 사용시간을 잘 조절하고 있다고 볼 수 있다.

·출처 : 아주대학교 사회봉사 및 학생상담센터. 『내가 "인터넷 중독"이라고?』

인터넷 중독의 유형과 대처방안

적당한 인터넷 사용은 개인으로 하여금 효율적이고 편리한 생활을 하게 할 수도 있 지만, 그렇지 않고 과도하게 인터넷을 사용하는 것은 다양한 문제를 일으키게 된다. 인터넷 중독은 인터넷 활동에 지나치게 몰입하여 현실생활을 등한시함으로써 학업, 직장, 결혼, 대인관계상의 문제를 야기하는 것을 말한다. 인터넷에 중독된 사람들은 마음이 복잡하거나 허전할 때 자기도 모르게 인터넷에 접속하여 시간을 보내며, 마음의 위안을 얻는 의존성을 보인다. 그리고 이들은 인터넷에 매달려 있는 시간이 자꾸 길어지고, 컴퓨터를 끄고 빠져 나오기가 점점 힘들어지며, 오래 있어도 작업효율은 떨어지는 내성 현상을 보인다. 또한 이들은 인터넷을 떠나 있으면 인터넷에 관한 백일몽에 빠지기도 하고, 왠지 초조하고 불안해하며, 인터넷상에 무슨 중요한 일이 일어났을 것 같은 생각이 들고, 어떤 e-mail이 와 있을지 몹시 궁금해진다. 이는 마치 알코올 중독자가 술이 떨어졌을 때 손을 떨거나 극도의 불안과 초조에 시달리는 것 같은 금단증상이다. 특징적으로 이들은 모니터 앞에 앉아서 인터넷에 연결되는 순간 긴장이 해소되고 금단증상들이 사라지는 안도감을 느끼며, 심지어는 쾌감을 느끼기도 한다.

연구보고에 의하면, 인터넷에 중독된 사람들은 강박적인 e-mail 체크와 현실의 만남을 기피하고 채팅에만 깊이 빠져 깊이 있는 인간관계를 상실하고, 스타크래프트나 리니지 같은 온라인 게임에 몰두하여 성적 혹은 업무 추진력이 떨어지며, 음란채팅과 포르노에 빠져 문제를 일으키는 등의 다양한 부정적인 결과를 보인다고 한다. 구체적으로 인터넷에 중독된 모습을 보면 다음과 같다.

- 가상의 공간과 현실간의 구분이 모호해진다.
- 한 번 시작한 인터넷은 그만두지 못한다.
- 더 많은 시간 동안 인터넷을 하면서 보내고 싶어 한다.
- 인터넷으로 인해 가족이나 친구와 마찰이 생긴다.
- 인터넷을 하지 못하면 우울하거나 초조해지며 공허감을 느낀다.
- 인터넷을 하기 위해서 가족이나 다른 사람에게 거짓말을 하게 된다.
- 학생의 경우 전반적으로 학업수행능력이 떨어지게 된다.
- 대부분의 대화는 인터넷과 관련되어 있다.
- 하루 종일 인터넷 생각만 한다.
- 인터넷을 하느라 수면시간이 줄어든다.

인터넷 중독 유형

빠지기 쉬운 인터넷 중독으로는 다음과 같은 세 가지 유형이 있다.

1. **게임중독** : 아케이드 게임, 액션 게임, 어드벤처 게임, 롤플레잉 게임, 시뮬레이션 게임, 머드(네트워크) 게임 등과 같은 하나 혹은 여러 게임에 중독된 것을 말한다. 밤세워 게임을 하고 낮에 졸거나, 업무에 집중을 하지 못하는 증상을 보이며, 대인기피증·강박감·편집증·체력저하 현상이 발생되기도 한다. 게임중독에 걸린 사람들은 게임의 폭력성에 노출되거나, 지나친 승부욕으로 건전한 사회생활에 지장을 받을 수 있으며, 현실과 가상의 세계를 혼동하여 현실에서 폭력적인 행동을 할 수도 있다.

2. **통신중독** : 채팅, 머드게임, 정보서핑, 사이버트레이딩, 도박, 쇼핑 등의 통신에 중독된 것을 말한다. 자기통제력이 상실되고, 통신을 통한 행복감을 추구하고, 사용량이 증가하고, 일생생활의 부적응을 보이며, 감정조절 능력이 감소되고 대인관계에 장애를 보이는 등의 증상을 보이게 된다. 이들은 단어를 압축하고 은어를 사용함으로써 언어파괴를 일으키고, 채팅을 통한 만남으로 인신매매와 성폭행 관련 사례들을 발생시킬 수 있다.

3. **음란물중독** : 각종 음란 사이트 및 음란 영화에 빠져든 경우를 말한다. 지속적으로 음란물에 접근하고, 밤새도록 보고 낮에 졸거나, 부모와 대립과 갈등을 보이며, 죄의식으로 결백증에 걸리거나 신경쇠약 증세를 보인다. 음란물 중독에 걸린 사람들은 음란물을 보고 나서의 연상 작용으로 공부와 업무에 지장을 받게 되고, 성충동의 증가를 경험하거나, 여과 없이 성에 대한 왜곡된 인식을 갖게 되어 모방 성범죄로 이어질 가능성이 있다.

인터넷 중독에 어떻게 빠져드는가

인터넷 중독이 진행되는 과정은 다음과 같다.

- 1단계 : 인터넷에 빠져들기　인터넷에 대해 배우고 들어가기 시작하면서 채팅이나 메일을 통해 새로운 친구를 사귀는 등 인터넷 세상 속에서 자신의 정체성을 키우게 된다.
- 2단계 : 인터넷을 통한 대리만족　현실에서는 찾지 못했거나 그럴 수 없었던 것의 대체 수단으로서 인터넷 공동체에 깊이 빠져들면서 현실생활에서 해야만 했던 일과 사람들을 이제 무시하게 된다.
- 3단계 : 현실탈출　대리만족을 얻기 위해서 더 자주, 더 오래 인터넷 공동체에 들어가게 되고, 모든 걱정에 대한 해독제이며 고통을 잊게 해주므로 인터넷에 의존성이 생기게 된다.

인터넷 중독에서 벗어나려면

인터넷 중독을 예방하고 대처하기 위해서는 다음과 같은 방안을 강구해보고, 만일 이러한 노력을 통해서 중독 증상이 해결되지 않으면 전문가와 상의해보는 것이 좋다.

- 시간표를 만들어서 컴퓨터를 켜고 끄는 시간을 정해 놓고 지킨다.
- 산책이나 운동 등과 같은 신체적 활동을 하는 시간을 늘린다.
- 혼자서 컴퓨터를 사용하는 것을 피하고 가족이나 친구와 어울린다.
- 오락과 휴식을 위해 컴퓨터를 사용하지 말고 다른 취미를 만든다.
- 사이버 공간이 아닌 현실 공간에서의 대인관계를 늘린다.
- 가급적 자신에게 주어진 다른 일을 모두 끝마친 후에 컴퓨터를 켠다.
- 인터넷을 사용하면서 잃게 되는 점(예 : 가족과의 시간, 기존 친구와 관계가 소홀해짐, 떨어지는 성적, 팔다리가 뻐근해지고 수면이 부족함과 같은 신체적 피로, PC방 사용료로 인한 경제적 손실, 떨어지는 자신감, 부모님이나 친구들의 잔소리로 늘어나는 짜증)을 종이에 기록하여 컴퓨터 앞에 붙여 놓고 항상 볼 수 있도록 한다.

오직 하나뿐인 특별한 당신

M. 메리마고

물론 당신은 특별하기를 원합니다.

누구나 다 그렇듯이 말입니다.

그러한 소망은 숨쉬는 것만큼 자연스럽고 정당한 것입니다.

그런데 여기 아주 기쁜 소식이 있습니다.

그것은 당신이 이미

특별하다는 것입니다!

당신은 누구와도 다른 유일한 존재이니까요.

당신은 다른 모든 사람과는

다른 유일무이한 사람입니다.

이 세상의 어느 누구도

당신과 똑같은 사람은 있어 본 적도 없고 앞으로도 없을 것입니다.

뿐만 아니라 당신은 아직 완성되지 않았습니다.

당신이 자라고 있으니까요.

당신은 더욱더 특별해지기 위해

자라나는 과정에 있습니다.

삶의 모든 재료는

당신 주위에 널려 있습니다.

그 재료들을 당신 성장을 위해

사용하십시오.

그것은 당신이 더욱 완전히

당신 자신이 되는 길이기 때문입니다.

최선의 당신,

가장 유일한 당신,

그 누구도 아닌 당신,

유사한 당신이 아니라

바로 진정한 당신 말입니다.

그러니, 스스로 자라도록 하십시오.

바로 이 순간은

다시는 되풀이되지 않는

하나님이 창조하신

바로 그 사람이 될 수 있는

유일한 기회입니다.

당신은 단 한 번의 삶을 누릴 수 있을 뿐입니다.

시간은 짧습니다.

어제는 이미 지나갔으니

오늘을 사십시오.

자신이 자라도록 힘씀으로써

특별한 존재가 되십시오.

지금 시작하십시오.

31

심리여행

나는 그릿이 강한가

지시 사항

당신은 그릿(Grit)이란 말을 들어보았는가? 그릿이 높은 사람들은 자신이 설정한 목표를 성취하고 자 오래 기간 동안 흥미를 가지고 다양한 상황의 변화에서도 쉽게 좌절하지 않고 꾸준히 노력하는 경향을 보이는 반면, 그릿이 낮은 사람들은 흥미를 오래 지속시키지 못하고 자주 목표가 바뀌는 경향을 보인다. 당신은 그릿이 높은 사람인지 아니면 낮은 사람인지를 알아보기 위해 다음 각 문항에 대해 매우 그렇다'면 5에, '대체로 그렇다'면 4에, '조금 그렇다'면 3에, '대체로 아니다'면 2에, 그리고 '전혀 아니다'면 1에 ○표 해보라.

1. 나는 새로운 생각이나 일 때문에 원래 하고 있는 생각이나 일을 방해받은 적이 있다. (*)   5 4 3 2 1
2. 나는 실패해도 낙담하지 않는다. 나는 쉽게 포기하지 않는다.   5 4 3 2 1
3. 나는 종종 어떤 목표를 세우지만 그 뒤에 다른 목표를 추구하기로 선택한다. (*)   5 4 3 2 1
4. 나는 열심히 노력하는 사람이다.   5 4 3 2 1

5. 나는 완성하는 데 몇 개월 이상 걸리는 일에 계속 집중하

　기가 어렵다. (*)　　　　　　　　　　　　　　　5 4 3 2 1

6. 나는 무엇이든 시작하면 끝을 맺는다.　　　　　5 4 3 2 1

7. 나의 흥미와 관심은 매년 달라진다. (*)　　　　5 4 3 2 1

8. 나는 근면 성실하다. 나는 결코 포기하지 않는다.　5 4 3 2 1

9. 나는 어떤 생각이나 일에 잠깐 사로잡혔다가 곧 흥미를

　잃어버린다. (*)　　　　　　　　　　　　　　　5 4 3 2 1

10. 나는 힘든 도전을 이겨내기 위하여 어려움을 극복한 적

　이 있다.　　　　　　　　　　　　　　　　　　5 4 3 2 1

채점 방법

○친 것의 숫자를 합산한다. 단, 별표(*)로 표시된 질문은 역산(5에 ○친 것은 1, 1에 ○친 것은 5)으로 처리한다. 합산한 점수를 10으로 나누면 자신의 그릿 점수가 된다. 질문 가운데 홀수에 해당하는 질문은 열정을, 짝수에 해당하는 질문은 끈기를 측정하는 질문이며, 각 해당 영역의 점수를 더한 후 5로 나누면 자신의 요소별 점수가 된다.

결과 해석

최고 점수는 5점이고 최하 점수는 1점이다. 점수가 높을수록 그릿이 강하고, 점수가 낮을수록 그릿이 약한 것이다. 당신의 그릿이 약한 것으로 나왔다면, 그릿은 연습과 노력에 의해 얼마든지 향상될 수 있다. 그러므로 관련 책이나 영상을 보고 그릿을 키우기 위한 방법을 찾아서 보다 끈기 있고 보다 열정 있는 삶을 실천하여 성공과 행복의 반열에 올라서길 바란다.

○ 5점인 경우 … 그릿이 매우 강함

○ 4점인 경우 … 그릿이 강함

○ 3점인 경우 … 그릿이 보통

○ 2점인 경우 … 그릿이 약함

○ 1점인 경우 ⋯ 그릿이 매우 약함

·출처 : Duckworth, A. L. (2016). *Grit: The power of passion and perseverance*. New York: Scribner.

그릿 : 불굴의 투지, 끈기와 열정

2015년 신년 연설에서 당시 미국 대통령이었던 버락 오바마(Barack Obama)는 연설 중에 "우리는 큰 어려움을 겪었습니다. 다시 일어서기 위해 모든 그릿과 노력을 다 하였습니다. 앞으로도 어려움이 많을 것입니다"라고 말하면서 그릿을 언급하였다. 2016년 신년 연설에서도 "나는 미국이 지금까지 올 수 있었던 공정함의 목소리들 과 그릿, 유머, 친절함의 비전들에 영감을 받은 시민으로서 여러분과 함께 있을 것 입니다"라고 말하면서 그릿을 언급하였다. 이 연설에서 그릿이란 단어 자체가 주제 어는 아니었지만 많은 단어들 가운데 선택되어 쓰였다는 것이 눈여겨 볼만한 것이 었고, 비영어권의 사람들에게 그릿이란 단어의 뜻에 관심을 갖게 되는 계기가 되기 도 했다. 그릿은 학계에서 2007년 앤절라 더크워스(Angela Duckworth)에 의해 제안된 이후 학업, 직업, 취미, 결혼생활, 삶의 행복 등 여러 분야에서 성공과 성취를 예측 하는 변인으로 주목받고 있다. 어떤 분야에서든 성공하려면 그릿을 키워야 한다는 것이다.

그릿의 의미와 구성요소

사전에서는 그릿을 "용기와 결의, 인성의 힘", "어렵고 즐겁지 않은 어떤 것을 지속할 수 있게 해 주는 용기와 결심", "마음 혹은 정신의 강인함, 즉 어려움과 위험에 직면 했을 때의 단호한 용기", "싸우고자 하는 굳센 마음 또는 쉽게 단념하지 아니하고 끈 질기게 견디어 나가는 기운"이라고 정의한다. 표현상의 차이는 조금씩 다르지만 그릿 의 사전적 의미는 위험에 직면했을 때 갖는 용기, 강인함, 투지, 끈기, 기개(氣槪)와 같 은 뜻으로 사용하고 있다. 그릿을 심리학적 용어로 처음 제안한 더크워스는 그릿을 장기적인 목표를 달성하기 위한 끈기(인내)와 열정이라고 정의하였고, 여기서 그릿은 목표를 달성하는 과정에서 당면할 수 있는 실패, 고난, 역경, 슬럼프에도 불구하고 좌절하지 않고 끊임없이 노력과 흥미를 유지하며 열심히 도전하는 것을 포함한다. 따라서 더크워스의 관점에서 보면 그릿이란 역경, 실패, 상충하는 목적들에도 불구하고 장기적인 목표를 달성하기 위한 끈기와 열정을 의미한다.

린다 카플란 탈러(Linda Kaplan Thaler)와 로빈 코발(Robin Koval)은 그릿을 "어려운 환경 속에 빠져 있다고 하더라도 분투하고 기꺼이 위험을 감수하는 강한 투지, 목표를 향한 지속적인 노력, 도전을 당연하게 받아들이며 어려운 일을 성취하기 위해 열정과 끈기를 갖는 것의 결과"라고 말했다. 요컨대, 그릿은 목표를 달성하기 위한 의지와 노력, 그리고 실패와 역경 및 장애물에 직면하더라도 포기하지 않고 지속하는 능력을 포함하고 있는 복합 개념으로 꾸준함과 매우 밀접한 관련을 갖고 있으며 끈기와 열정이 그 핵심 요소라고 할 수 있다. 따라서 그릿은 단거리 달리기(sprint)보다 지구력(stamina)과 비슷하여 마라톤과 같은 과정을 통해 성취를 이루는 점이 강조된다고 하겠다.

그러면 이러한 의미의 그릿은 어떤 요소로 구성되어 있는가? 그릿을 구성하는 요소에 대해서는 학자들마다 혹은 연구자들마다 약간의 차이를 보이고 있다. 더크워스에 따르면, 그릿은 장기적 목표를 위해 당장의 유혹을 참고 견디는 것(자기통제), 환경에 적응하기 위해 스스로 자신의 반응을 바꾸고 과제 수행에 방해되는 인지와 정서 및 행동을 변화시키는 것(자기조절), 목표를 이루어나가는 과정에서 역경과 실패에 직면해도 포기하지 않고 과제를 꾸준히 계속해나가는 것(과제지속)을 포함하는 개념이다. 따라서 그릿은 목표의 달성을 위해 긴 시간에 걸쳐 인내하고 꾸준히 노력을 기울이는 끈기(perseverance)와 자신이 이루고자 하는 목표와 과제에 대한 식지 않는 흥미와 관심을 유지해나가는 열정(passion)이라고 하는 서로 구분되는 두 개의 구인으로 구성되어 있다는 것이다.

끈기는 꾸준한 연습과 희망이라는 심리적 자산과 관련이 되고, 열정은 흥미와 목적이라는 심리적 자산과 관련이 된다. 꾸준한 연습은 어제보다 더 나은 뭔가를 위해서 매일 연습하면서 단련을 하는 것이고, 희망은 역경에도 불구하고 탁월함을 추구하기 위해서 이러한 역경이 사그라지고 결과적으로 이겨낼 것이라는 믿음이고, 흥미는 자신이 하는 것을 진정으로 즐기는 것에서 시작되며, 목적은 자신의 일이 소중하다는 확신을 갖도록 해 준다.

탈러와 코발은 계산된 위험을 취할 자신감을 주고 용기를 갖게 하며 당장 승리가 보이지 않는 하더라도 자신의 의도를 성취를 향해 분명히 하는 것에 자리하는 것인 근성(guts), 실패를 겪은 후에 다시 회복하여 돌아오는 것인 회복탄력성(resilience), 활발하게 만들고 움직이게 만드는 것인 진취성(initiative), 목표를 향해 집중을 유지하는 끈질긴 능력인 끈기(tenacity)의 영문 첫 글자를 조합하여 GRIT이라 표현하였다. 즉, 그들은 이러한 네 가지 요소가 그릿과 관련된 가장 두드러진 특성이라고 보았다.

연세대학교 김주환 교수는 그릿을 자신이 세운 목표를 성취하기 위해 열정을 가지고 어려움을 극복하며 지속적인 노력을 기울일 수 있는 마음의 근력이라고 정의하면서, 이를 갖추기 위해 필요한 것은 스스로 노력하면 더 잘할 수 있으리라는 능력성장의 믿음(growth mindset), 역경과 어려움을 오히려 도약의 발판으로 삼는 회복탄력성(resilience), 자기가 하는 일 자체가 재미있고 좋아서 하는 내재동기(intrinsic motivation), 목표를 향해 불굴의 의지로 끊임없이 도전하는 끈기(tenacity)이고 이 구성요소들을 모아서 GRIT이라고 표현하였다.

굿인(B. Goodwin)과 밀러(K. Miller)는 그릿이 가지고 있는 성격에 집중하여 어디로 어떻게 가야하는지 아는 목표지향성(goal-orientation)과 목표를 성취하기 위해 강한 의지를 갖는 동기(motivation), 과제에 집중하고 방해를 물리칠 수 있는 자기통제(self-control), 그리고 실패를 배울 수 있는 기회로 보고 도전을 즐기는 긍정 마인드셋(positive mindset)이 그릿의 구성요소라고 말했다.

이 외에도 그릿을 지속해 나가기, 낙관적인 면을 바라보며 긍정에 집중하기, 끝까지 오르기, 거절과 패배를 의식하지 않기, 다시 일어서고 조직하고 새롭게 시작하기 등 다양한 기술, 역량, 인성의 결합으로 보는 연구결과도 있다. 이처럼 그릿은 단일개념이 아닌 여러 구성요소가 결합된 복합개념임을 알 수 있으며, 끈기와 열정이 그릿의 내용 측면에 해당하는 핵심 구성요소이고 목표와 회복탄력성 및 긍정 마인드셋이 그릿의 성격 측면에 해당하는 구성요소로 동기와 연관이 깊다는 것을 알 수 있다.

그릿과 재능, 목표, 몰입과의 관계

그릿은 잠재력을 능력으로 발현시킬 수 있는 매개로 볼 수 있다. 그릿이 선천적인 재능, 환경, IQ 등 잠재력이 없어도 끈기와 열정만 있다면 성공을 예측한다는 것이 아니라 그릿의 노력과 열정을 통해 잠재력을 실제 능력으로 이끌어 주는 것을 말한다.

더크워스와 제임스 그로스(James Gross)는 재능이 어떻게 성취에로 이끄는가를 설명하기 위해 '재능(talent) × 노력(effort) = 능력(skill)', '능력 × 노력 = 성취(achievement)'라고 하는 두 개의 방정식을 제안하였다. 노력이 두 방정식에 모두 포함되어 있음을 알 수 있고, 이 방정식을 '(재능 × 노력) × 노력 = 성취', 혹은 '재능 × 노력2 = 성취'와 같이 나타낼 수 있다. 재능은 노력이 더해져 능력이 되고, 그렇게 형성된 능력은 다시 노력을 거쳐 비로소 목표를 성취하는 것으로 보았던 것이다. 이는 개인마다 내재되어 있는 잠재력을 실제 능력으로 어느 정도로 발현시킬 수 있는가를 예측할 수 있는 요인이 노력이라는 점을 시사해주고 있다.

목표를 상위목표, 중간목표, 하위목표 등 위계적 목표로 구조화하여 볼 때 최고 상위목표는 다른 목적을 이루기 위한 수단이 아닌 그 자체로 목적이고 최종목표이며 매우 추상적이고 일반적인 것으로 모든 하위목표에 방향과 의미를 제공하는 토대가 되는 반면, 그 밑의 중간목표와 하위목표는 최고 상위목표를 달성하기 위한 구체적이고 현실적인 목표라 할 수 있다. 그릿은 자신이 이루고 싶은 최고 상위목표를 유지시켜주고 그 밑의 하위목표의 우선순위와 위계화를 튼튼하게 만들어준다. 그릿이 높은 사람은 중간목표와 하위목표에 대해 목표들의 위계화와 우선순위를 확실하게 만들며, 최고 상위목표를 달성하기에 더 적합한 하위목표가 있다면 계획을 변경한다. 열정적으로 목표를 추구하고 유지하는 것이 그릿의 특성임을 고려할 때 끈기와 열정의 그릿은 목표에의 전념(commitment)을 나타내는 목표인식을 명확하게 하고 견고히 하여 그 결과 목표달성을 위한 행동과 성취가 높아질 수 있다.

그릿이 높은 사람일수록 탁월한 수준의 성취를 보이고, 직업을 오래 유지하고, 군복무를 성공적으로 마치고, 결혼생활을 오래 유지할 수 있으며, 삶에서 무엇을 추구하는가에 대한 행복지향성의 유형 중 쾌락보다는 의미나 참여를 추구한다고 한다.

이는 그릿이 몰입과 관련이 있기 때문으로 보고 있다. 몰입은 활동의 즐거움으로 인하여 그 행위에 완전히 집중하고 있는 상태를 말하는데, 인생에서 몰두할 만한 대상을 찾고 이에 몰입하고자 하는 사람들이 높은 그릿을 가지고 있다고 한다. 몰입을 추구하는 사람일수록 도전적인 과제를 두려워하지 않고 끈기 있게 연습을 거듭하기 때문에 그릿과 몰입은 밀접한 관련성을 갖고 있다.

그릿에서 대상에 대한 열정인 흥미유지는 외부의 영향에 의해서가 아니라 대상의 본질 그 자체에 끌림으로써 발생하는 내재동기와 유사성을 가진다고 할 수 있는데, 내재동기가 높은 경우 동기가 보다 자기결정적이거나 과제 자체에 대한 숙달목표를 추구하여 몰입이 높아질 수 있다. 그리고 몰입에 필요한 조건은 도전과 기술의 적절한 조화인데, 도전적 과제를 수행할 정도의 수준으로 지식과 기술이 성장하기 위해서는 연습과 노력이 필요하다. 따라서 그릿의 특성인 끈기인 노력지속은 몰입과 유의한 관계를 가진다고 추정해볼 수 있다.

그릿과 관련하여 유의해야 할 점은 그릿이 모든 상황에서 적응해야 하고 단순히 항상 노력을 지속해야 한다는 것을 뜻하지는 않는다는 것이다. 상황에 따라 때때로 다른 시도를 해 보고 도전하는 것이 필요할 때가 분명 존재한다. 실제로 그릿을 강조한 더크워스도 아이들의 성장과 발달을 위하여 심리학을 연구하는 장기적인 목적을 설정하기 전에 많은 직업을 그만 두었고 다양한 일을 거쳤다. 진정으로 그릿을 갖추었다는 것은 어려움이 있을 때 다시 일어설 수 있고 자신에게 의미가 있고 최선을 다할 수 있다고 생각하는 목적과 목표를 찾아 세우고 이를 위해 끊임없이 노력하는 것을 의미하는 것이지, 결과가 이미 명백하게 드러난 상황에서 이른바 벽에 머리를 부딪치는 무모한 끈질김을 의미하는 것은 아니다.

그릿이 높은 사람들에게 공통적으로 나타나는 심리적 특성은 심리적 자산인 흥미, 연습, 목적, 희망이다. 흥미는 자기 일에 푹 빠져 있고 일에서 의미를 발견하는 것이고, 연습은 온 힘을 다해 집중하면서 반복적으로 연습해야 지금보다 나아진다는 생각을 가지는 것이고, 목적은 현재 자신의 일이 중요하다는 확신이 열정을 유지시킬 수 있다는 것이며, 희망은 위기에 대처하게 해주는 끈기를 말하고 상황이 어렵거나 의심이 들 때도 계속 앞으로 나아갈 수 있는 힘을 말한다.

나는 성공 조건을 어느 정도 갖고 있는가

지시 사항

사람들은 대부분 성공을 꿈꾸며 살아간다. 그런데 성공하기 위해서는 몇 가지 조건이 필요하다고 한다. 당신의 성공을 위한 조건은 어느 정도인가? 다음 문항을 읽고 아래 5점 척도를 토대로 당신 자신에게 해당된다고 생각하는 숫자에 ○표 해보라.

- ○ '전혀 그렇지 않다'면 … 1

- ○ '대체로 그렇지 않다'면 … 2

- ○ '그저 그렇다'면 … 3

- ○ '대부분 그렇다'면 … 4

- ○ '매우 그렇다'면 … 5

1. 나는 이루고자 하는 구체적인 꿈이나 소망이 있다.	1 2 3 4 5
2. 나는 인간관계가 원만하다.	1 2 3 4 5
3. 나는 집단 속에서 사람들을 웃기거나 재미있게 할 수 있는 능력이 있다.	1 2 3 4 5

4. 나는 나의 외모에 대해 만족한다.　　　　　　　　　　1 2 3 4 5

5. 나는 문제해결을 할 수 있는 능력이 있다.　　　　　　1 2 3 4 5

6. 나는 상황 판단을 잘 한다.　　　　　　　　　　　　　1 2 3 4 5

7. 나는 아무리 어려운 상황이라도 좌절하지 않는다.　　1 2 3 4 5

8. 나는 주위사람들로부터 마무리를 잘 한다는 평가를 받
   는다.　　　　　　　　　　　　　　　　　　　　　　1 2 3 4 5

9. 나는 달성하고자 하는 구체적인 목적이 있다.　　　　1 2 3 4 5

10. 나는 사람들을 좋아하고 낯선 사람들과도 쉽게 친해질
    수 있다.　　　　　　　　　　　　　　　　　　　　1 2 3 4 5

11. 나는 이성관계에서 상대방을 리드할 능력이 있다.　　1 2 3 4 5

12. 나는 외모가 성공을 위해 중요하다고 본다.　　　　　1 2 3 4 5

13. 나는 어려운 상황을 헤쳐 나갈 수 있는 능력이 있다.　1 2 3 4 5

14. 나는 주위사람들로부터 둔하다는 말을 듣는다. (*)　　1 2 3 4 5

15. 나는 인내심이 매우 강한 사람이다.　　　　　　　　　1 2 3 4 5

16. 나는 맺고 끊는 것을 확실히 한다.　　　　　　　　　1 2 3 4 5

채점 방법

각 문항에 ○친 숫자가 바로 점수가 된다. 단, 14번은 역산 처리한다. 즉 1 → 5, 2 → 4, 3 → 3, 4 → 2, 5 → 1로 바꾸어서 채점한다.

성공 조건	꿈		끈		끼		꼴(값)	
문항 번호	1	9	2	10	3	11	4	12
체크 점수								
점수 합계								
성공 조건	꾀		낌(새)		깡		꼴	
문항 번호	5	13	6	14(*)	7	15	8	16
체크 점수								
점수 합계								

결과 해석

가장 높은 점수를 받은 항목이 곧 성공 조건이 비교적 갖추어져 있다고 볼 수 있고, 가장 낮은 점수를 받은 항목이 곧 성공 조건이 아직 부족하다고 볼 수 있다. 점수가 낮은 항목, 즉 낮은 성공 조건에 좀 더 관심을 갖고 준비해 나가는 자세와 노력이 성공적인 삶을 위해 필요하다고 할 수 있다.

· 출처 : 전남대학교 카운슬링센터(2001). 『대학생활』. 제49호.

성공을 위한 8가지 조건

우리 인간은 삶의 여정을 통해 각자 나름대로 성공하기 위해 몸부림치고 있다고 하면 지나친 표현일까? 이 세상에 성공을 바라지 않는 사람이 과연 얼마나 있을까? '성공'은 분명 우리들이 가장 많이 사용하는 단어들 중의 하나이고, 가슴을 설레게 하는 말이다. 그리하여 모 방송국에서는 〈성공시대〉란 TV 프로그램을 방영하여 인기를 끌기도 했었고, 스티븐 코비(Stephen R. Covey)가 쓴 『성공하는 사람들의 7가지 습관』이란 책이 베스트셀러가 되지 않았던가!

성공하는 사람들의 7가지 습관

1. 주도적임
2. 목표를 확립하고 행동함
3. 소중한 것부터 먼저 함
4. 상호이익을 추구함(승/승 전략)
5. 경청한 다음에 이해시킴
6. 시너지를 활용함
7. 심신을 단련함

　그렇다면, 성공하기 위해 필요한 조건은 무엇일까? 여러 분야에서 성공한 사람들을 만나서 많은 인터뷰를 계속해 온 어느 작가는 성공하는 사람들의 습관을 분석해 본 결과 가치관, 성격, 태도 등의 세 가지 면에서 확실한 공통점을 발견하였다. 즉,

성공하는 사람들은 대부분 선행을 많이 하고, 건강하고 생산적인 성격을 갖고 있고, 긍정적이고 밝은 성향을 보이며, 매사에 적극적인 자세로 임한다는 면에서 비슷하였다. 여기서는 쌍기역(ㄲ)으로 시작하는 순수한 한글 외자로 성공을 위한 8가지 조건에 대해 살펴보기로 한다.

첫째 조건은 **목표**(dream or purpose)이다. 성공하기 위해서는 나름대로 성취하고자 하는 분명한 목표 의식이 필요하다는 것이다. 즉, 쌍기역으로 시작하는 한글 외자로 '꿈'을 가져야 한다는 것이다. 꿈과 목표 혹은 비전을 지닐 때 성공 가능성이 높아진다.

둘째 조건은 **인간관계**(human relationship or friendship)이다. 성공하기 위해서는 독불장군식이 아닌 원만한 인간관계를 맺고 혹은 좋은 우정을 쌓는 것이 필요하다. 소위 '나는 승자, 너는 패자'가 아닌 '나도 승자, 너도 승자'의 대인관계 유형이 요구된다. 즉, 쌍 기역으로 시작하는 한글 외자로 '끈'을 가져야 한다는 것이다. 사람과 사람 사이를 심리적으로 끈끈하게 이어주는 유대관계 말이다.

셋째 조건은 **재능**(artful talent)이다. 성공하기 위해서는 유머감각과 함께 어느 정도 예술적 재능이 필요하다. 즉, 쌍기역으로 시작하는 한글 외자로 '끼'가 있어야 한다는 것이다. 어느 분야에서 성공하려면 그 분야에 필요한 재능 혹은 끼가 있어야 하는 것이다.

넷째 조건은 **외모**(appearance)이다. 성공하기 위해서는 다른 사람들에게 잘 보일 수 있는 모양새, 즉 외모가 어느 정도 필요하다. 즉, 쌍기역으로 시작하는 한글 외자로 '꼴(값)'을 갖추어야 한다는 것이다. 얼굴이 미남, 미녀이면 나쁠 게 없겠지만, 중요한 것은 각자의 지위와 신분에 걸맞은 모양새를 갖추는 일이다.

다섯째 조건은 **지성**(intellectual talent)이다. 성공하기 위해서는 제갈공명과 같은 지적 능력은 아니더라도 어느 정도 합리적이고 현명한 문제해결을 위한 재치 혹은 지성이 있어야 한다. 즉, 쌍기역으로 시작하는 한글 외자로 '꾀'가 있어야 한다는 것이다. 머리를 사용하지 않고서는 성공하기 어렵다.

여섯째 조건은 **민감성**(sensitivity or acuity)이다. 성공하기 위해서는 주어진 상황을 잘 파악할 수 있는 민첩하고 예민한 센스가 있어야 한다. 즉, 쌍기역으로 시작하는 한글 외자로 '낌(새)'를 빨리 알아차릴 줄 알아야 한다는 것이다. 나서야 할 자리인지 아니면 나서지 말아야 할 자리인지 상황 판단이 요구된다.

일곱째 조건은 **인내심**(patience or endurance)이다. 성공하기 위해서는 수없이 많은 좌절과 갈등 그리고 어려움을 참고 극복해 나갈 수 있는 인내가 있어야 한다. 즉, 쌍기역으로 시작하는 한글 외자로 '깡'이 있어야 한다는 것이다. 성공을 위해서는 욕구 좌절에 대한 인내성이 있고, 어려움을 참고 견딜 수 있는 오기와 배짱이 필요하다.

여덟째 조건은 **마무리**(good result or end)이다. 일에는 항상 시작과 끝이 있게 마련인데, 성공하기 위해서는 시작한 일에 대해 분명하고 깔끔하게 마무리를 짓는 것이 필요하다. 즉, 쌍기역으로 시작하는 한글 외자로 '끝'이 좋아야 한다는 것이다. 시작과 끝이 한결같고, 처음부터 마지막까지 최선을 다해 유종의 미를 거두어야 하는 것이다.

이상과 같은 성공을 위한 8가지 조건을 당신은 어느 정도 갖추고 있다고 평가하는가? 자신에게 부족한 조건이 있다면, 왜 그러한지 탐색하고 성찰하면서 보충해 나가야 하지 않을까?

성공의 8가지 조건

33

심리여행

나는 얼마나 행복한가

지시 사항

인생에 있어서 행복은 대단히 중요한 것이다. 그러므로 동서고금을 막론하고 사람들은 행복을 원하고 추구한다. 다음 문항은 일반적으로 행복과 관련 있는 특성을 중심으로 만들어진 행복수준을 측정하기 위한 것이다. 각 문항을 읽어보고 당신에게 해당된다고 여겨지는 □에 ✓표 해보라.

	예	?	아니오
1. 당신은 불행한 편이라고 생각합니까?	□	□	□
2. 당신은 아침에 잠에서 깬 후 종종 우울한 기분이 드는 때가 있습니까?	□	□	□
3. 당신은 자신의 삶이 대체로 만족할 만하다고 생각합니까?	□	□	□
4. 당신은 일상생활에서 많은 행복감을 느끼는 편입니까?	□	□	□
5. 당신은 자신의 일에 대해 별로 신경을 쓰지 않는 편입니까?	□	□	□
6. 당신은 대체로 기분이 좋은 편입니까?	□	□	□
7. 당신은 아무 이유 없이 매우 비참한 기분이 드는 때가 있			

나는 얼마나 행복한가   *297*

는 편입니까?

8. 당신은 자신의 미래가 밝다고 보는 편입니까?

9. 당신은 죽었으면 좋겠다고 생각한 적이 있습니까?

10. 당신은 기분이 자주 울적하게 가라앉는 편입니까?

11. 당신은 자주 절망감을 느끼는 편입니까?

12. 당신은 대체로 잘 웃는 편입니까?

13. 당신은 이유 없이 자주 기운이 없고 피곤함을 느끼는 편입니까?

14. 당신은 주위의 시끄러운 소리 때문에 자주 괴로워하는 편입니까?

15. 당신은 살아가면서 자주 부당한 대우를 받는다고 느끼는 편입니까?

16. 당신은 다른 사람들이 당신의 일에 대해 전혀 관심을 보이지 않는다고 생각하는 편입니까?

17. 당신은 외로움 때문에 괴로워하는 편입니까?

18. 당신은 이 세상에 보탬이 될 수 있을 만큼 능력 있는 삶을 살아간다고 생각하는 편입니까?

19. 당신은 자신을 진정으로 사랑해주는 사람이 이 세상에 한 명이라도 있다고 생각합니까?

20. 당신은 어린이의 순진하고 행복한 마음이 어른이 되면 유지될 수 없다고 생각하는 편입니까?

21. 당신은 인생의 목표를 성취하는 데 대체로 성공한 편이라고 생각하는 편입니까?

22. 당신은 자주 슬픔에 잠기는 편입니까?

23. 당신은 자신만 바쁘고 다른 사람들은 항상 편하다고 생

각하는 편입니까? ☐ ☐ ☐

24. 당신은 행복하다고 느껴본 적이 오래된 편입니까? ☐ ☐ ☐

25. 당신은 지나간 일을 되돌아볼 때 남한테 속았다는 기분
을 느껴본 적이 있습니까? ☐ ☐ ☐

26. 당신은 자신이 필요하지 않은 사람이라는 생각이 자주
드는 편입니까? ☐ ☐ ☐

27. 당신은 자신이 가치 있는 존재가 아니라는 생각이 자주
드는 편입니까? ☐ ☐ ☐

28. 당신은 평소에 잠을 잘 자지 못하는 편입니까? ☐ ☐ ☐

29. 당신은 다른 사람과 함께 있어도 자주 외로움을 느끼는
편입니까? ☐ ☐ ☐

30. 당신은 평상시에 마음이 평화롭고 만족스러운 편입니까? ☐ ☐ ☐

채점 방법

아래 채점 기준을 참고하여 그에 따라 배점을 달리한다.

1	아니오	11	아니오	21	예
2	아니오	12	예	22	아니오
3	예	13	아니오	23	아니오
4	예	14	아니오	24	아니오
5	아니오	15	아니오	25	아니오
6	예	16	아니오	26	예
7	아니오	17	아니오	27	아니오
8	예	18	예	28	아니오
9	아니오	19	예	29	아니오
10	아니오	20	아니오	30	예

○ 채점 기준이 '예'일 때 : '예'에 ✓표 했을 때에는 1점, '아니오'에 ✓표 했을 때에는 0점, '?'에

✓표 했을 때에는 0.5점을 부여한다.

○ 채점 기준이 '아니오'일 때 : '아니오'에 ✓표 했을 때에는 1점, '예'에 ✓표 했을 때에는 0점, '?'에 ✓표 했을 때에는 0.5점을 부여한다.

위와 같이 채점하여 모든 문항의 점수를 합산하여 총점을 구한다.

결과 해석

합산한 총점이

○ 23~30점인 경우 ⋯ 행복감 점수가 높으며, 모든 일을 낙관적으로 생각하며, 그날그날의 생활이 즐거운 편이다.

○ 7~22점인 경우 ⋯ 행복감 점수가 낮으며, 모든 일을 비관적으로 생각하며, 항상 마음이 우울하고, 자신에 대해서 실망하는 일이 많으며, 세상을 왜곡된 시선으로 보는 경향이 있다. 행복감 점수가 지나치게 낮으면 우울증에 걸릴 가능성이 높으므로 전문가의 도움을 받을 필요가 있다.

·출처 : 이현수(1996). 『생활습관이 건강을 좌우한다』. 서울: 학지사.

행복 : 삶의 궁극적 목적

이 세상에 가장 중요한 것, 다른 어떤 것과도 바꿀 수 없는 가장 귀중한 것, 그것은 바로 행복(happiness)이라고 해도 과언이 아닐 것이다. 철학과 심리학 등의 여러 학문 분야에서 행복은 인간의 삶에 있어서 궁극적인 목표가 되는 것으로 주장되어 왔다. 사실 동서고금을 막론하고 인간이 행복을 원하고 추구하는 것은 의심의 여지가 없다. 어떤 사람이든, 어느 곳에 살든, 그 연령과 지위에 관계없이 하나같이 행복을 추구하면서 살아간다.

행복이란 바깥이 아닌 내부에서 일어나는 주관적이고 심리적인 경험으로서 만족감, 안녕감, 성취감 등과 같은 말로 묘사될 수 있는 긍정적인 정서 혹은 느낌이다. 만약 이러한 긍정적인 정서가 없다면 인생이란 삭막하고 지겹고 공허할 것이다. 즉, 인생에서 행복이란 정서가 없다면 고통, 우울, 화, 두려움과 같은 부정적인 감정으로 가득 찬 지옥 같은 인생으로 끝이 날 것이다.

사람이 살아가면서 자신의 생활에서 즐거움과 보람을 느낀다는 것은 매우 중요한 일이다. 이러한 즐거움과 보람을 행복이라고 표현해도 좋을 것이다. 우리가 살아가면서 이러한 즐거움과 보람, 즉 행복감을 느낄 수 있다면 그 생활은 훨씬 생산적이고 의미 있는 것이 될 것이다. 그러므로 인생에 있어서 행복은 매우 중요한 것이라고 할 수 있다. 그러나 행복을 성취한다는 것은 쉽지가 않으며, 그렇기 때문에 행복 추구를 위한 노력은 평생에 걸쳐 이루어질 수밖에 없다.

행복에 대한 몇 가지 명언들

- 아리스토텔레스(Aristoteles) ··· 인간의 행복은 너무나도 중요하기 때문에 그것은 이 세상의 어느 것보다 우선한다.
- 파스칼(Blaise Pascal) ··· 인간은 누구나 행복해지를 바라고 행복하지 않기를 바랄 수는 없다.
- 로크(John Locke) ··· 행복이 인간의 욕망을 불러일으킨다.
- 칸트(Immanuel Kant) ··· 이 세상의 모든 인간들은 궁극적으로 행복을 추구한다.
- 프롬(Erich Fromm) ··· 행복이란 사람들이 자신의 일생을 얼마나 훌륭하게 살아가는지에 대한 하나의 증거가 된다.

행복한 사람이란

- **인생을 적극적으로 살아가는 사람이다.** 연구결과에 의하면, 행복한 사람과 그렇지 않은 사람과의 가장 두드러진 차이점이 바로 적극성이라고 한다. 행복한 사람은 멍하게 시간을 보내기보다는 무엇인가를 열심히 하는 바쁜 사람이다. 행복한 사람은 매일 마치 '마지막 날인 것처럼' 살아가며, 자신의 시간과 에너지를 자신의 삶에 보다 많이 투자하면서 의욕적으로 살아간다. 사람들에게 행복감을 불러일으키는 활동이란 신나는 활동, 새로운 활동, 즐거운 활동이다. 신나는 활동은 자극

적이고 흥분시키는 활동이고, 새로운 활동은 평소에 늘 해오던 일과 달리 처음으로 해보는 낯선 활동이며, 그리고 즐거운 활동은 평소에 자신이 하고 싶어 하며 또 즐겁게 시간을 보낼 수 있는 활동을 말한다. 인생을 살아가면서 이와 같은 활동들을 많이 하면 할수록 그만큼 더 적극적이고 의욕적으로 살아갈 수 있을 것이며, 그것은 곧 행복과도 직결된다. 그러므로 우리는 보다 행복한 삶을 살아가기 위해서 적극성을 키울 필요가 있다.

- **타인들과의 상호관계나 사귐이 활발한 사람이다.** 연구결과에 의하면, 행복한 사람은 사회성이 매우 높다고 한다. 고독의 쓰라림은 공존에의 그리움, 곧 너 없이는 존재할 수 없는 나의 애달픔이다. 사회적 고립은 우울증의 주된 원인이 되기 때문에 친한 친구도 없이 지내거나 지나치게 내향적으로 고립된 삶을 살아가는 것은 별로 바람직하지 못하다. 그러므로 행복한 삶을 살기 위해서는 사회성을 증진시킬 필요가 있다. 다른 사람과 친교관계를 형성하고, 사회단체나 조직에 가입하여 여러 가지 사회활동을 하고, 다양한 봉사활동을 많이 해보는 것이 사회성을 키워나가는 데에 도움이 될 것이다.

- **계획과 목표를 가지고 살아가는 사람이다.** 행복한 사람은 순간적인 충동과 생각에 따라 행동하기보다는 사전에 계획을 하고 체계적으로 살아가는 매우 조직적인 사람이다. 또한 행복한 사람은 스스로 자신의 인생에서 무엇을 추구하는지 인생의 목적이나 목표를 안다. 그렇기 때문에 인생에서 중요한 일이 무엇인지를 알며 그에 따라 자신의 인생계획을 세우기도 한다. 그러므로 행복한 삶을 살아가기 위해서는 뚜렷한 목적이나 목표 없이 막연하게 살기보다는 분명한 삶의 목적의식과 방향감각을 가지고 미리미리 계획을 하면서 살아가는 자세와 노력이 필요하다.

- **걱정을 하지 않는 사람이다.** 걱정은 사람들의 정신건강을 좀먹는 행복을 파괴하는 적이다. 걱정은 유쾌하지 못한 생각의 형태이고, 그것에 쏟는 노력만큼의 가치가 거의 없으며, 자신의 힘으로 어쩔 수 없는 통제 불가능한 영역의 것이 대부분이다. 그러므로 행복한 삶을 위해서는 행복의 적, 즉 걱정을 쳐부수는 일이다.

- **긍정적인 사고방식을 가진 사람이다.** 행복은 유쾌하고 만족된 정서를 경험하는 마음

의 상태인데, 긍정적인 사고방식은 그러한 행복의 큰 부분을 차지한다. 심리학적 연구결과에 의하면 사람이 행복한 기분에 젖어 있으면 생각도 훨씬 긍정적이고 유쾌해지는 데 반해서, 불행한 기분에 젖어 있으면 생각도 훨씬 부정적이고 불쾌해진다고 한다. 긍정적인 사고는 현재의 상태를 긍정적인 방향으로 해석하고, 미래가 좋은 방향으로 이루어질 것이라고 강하게 기대하며, 낙관적이고 유쾌한 생각으로 마음이 가득 찬 형태로 나타난다. 그러므로 행복한 삶을 살기 위해서는 매사 부정적으로 사고하지 말고 긍정적으로 사고하는 습성을 기를 필요가 있다.

- **현재지향적이며 현재중심적인 사람이다.** 행복한 사람은 과거나 미래가 아닌 지금의 현재에 관심과 초점을 두고 충실하게 살아간다. 과거의 화려했던 성공이나 명성에 초점을 두고 추억을 즐기며 아름다운 과거를 그리워하는 과거-긍정지향형과 과거의 실패와 좌절과 같은 쓰라린 기억을 가지고 그것 때문에 괴로워하는 과거-부정지향형의 사람이 있는가 하면, 현실과 동떨어진 앞으로의 미래에 대하여 막연한 기대를 가지고 꿈을 꾸는 미래-긍정지향형과 미래에 대한 막연한 불안감과 걱정으로 시간을 보내는 미래-부정지향형의 사람도 있다. 그러나 이들은 모두 바람직한 유형이 되지 못한다. 행복한 사람은 이미 지나가버린 과거나 아직 오직 않은 미래보다는 현재 이 순간을 충실히 살아간다. 여기-지금(here and now)은 결코 다시 올 수 없는 일생일대의 유일한 시간이요 상황이다. 그러므로 행복한 삶을 위해서는 이 순간을 마치 '최후의 날인 것처럼' 열심히 그리고 충실히 살아가야 할 것이다.

- **자신감이 넘치고 자기존중감이 높은 사람이다.** 행복한 사람은 자기 자신을 의미 있고 유능하고, 어떠한 상황이라도 잘 처리할 수 있으며, 자신의 능력을 충분히 발휘할 수 있으며, 자신의 느낌도 자유롭게 표현할 수 있는 사랑스러운 사람이라고 생각하는 그런 자신감을 가지고 있으며, 이러한 자신감을 바탕으로 하여 긍정적인 자기존중의 태도가 형성되어 있다. 반면에 불행한 사람은 의기소침해 있고, 자신감이 상실되어 있고, 자기 자신을 비하하고 혐오하고 무시하는 경향이 있다. 그러므로 행복한 삶을 위해서는 자신감과 자기존중감과 관련되어 있는 성취, 성공, 만족

과 같은 즐거운 상태와 경험을 많이 해보는 것이 필요하다.

행복 증진을 위하여

인간의 행복을 연구하는 심리학자들은 행복이란 그저 주어지는 것이라 아니라 얻고 만들어가는 것이며, 우리 스스로의 선택에 달려 있다는 점을 강조한다. 특히 행복에 이르기 위해서는 사랑하는 것에 투자하고, 만족과 보람을 느낄 수 있는 일에 정성을 쏟고, 남을 도와주고, 행복해지도록 노력하며, 활기 있고 계획적인 생활을 하되 여유를 가지고 꾸준함을 잃지 말아야 한다는 것이다.

뉴질랜드에서 인간의 행복을 증진시키기 위한 훈련 프로그램을 고안 적용했던 다이어(W. Dyer)는 행복에 이르기 위해서는 '선택'과 '현재중심적 삶'의 두 가지가 중요하다고 보았다. 누구나 자기의 감정, 정서, 행동은 스스로의 선택에 의해서 이루어지고, 무엇이든 경험할 수 있는 때가 바로 지금 현재이기 때문에 이를 강조한 것이다. 이러한 두 가지 원리에 기초하여 자기부정적이고 자기파괴적인 사고와 행동을 버리고 자기책임, 자기신뢰, 행복을 위한 방향으로 나아가야 한다는 것이다.

한편, 포디스(M. W. Fordyce)는 행복에 관한 오랜 심리학적 연구 끝에 행복과 직결되는 몇 가지 원리들을 발견하여 이를 근거로 하여 개인의 행복을 증진시키는 것을 목적으로 한 행복 프로그램을 제작하였다. 그가 제시한 프로그램의 내용을 보면 다음과 같다.

- 보다 능동적이고 바쁘게 산다.
- 사회적인 교제를 갖는 데 보다 많은 시간을 보낸다.
- 의미있는 일에 몰두한다.
- 조직적이고 계획적인 인생을 살아간다.
- 걱정을 하지 않는다.
- 지나치게 높은 기대는 하지 않는다.
- 긍정적이고 낙천적인 사고방식을 갖는다.

- 현재 중심적인 삶을 산다.
- 건강한 성격을 갖는다.
- 외향적이고 사회적인 성격을 발달시킨다.
- 자기의 모습 그대로 살아간다.
- 부정적인 감정과 문제를 제거한다.
- 친밀한 인간관계를 갖는다.
- 행복한 삶을 귀하게 여기고 추구한다.

또한 행복과 관련된 많은 연구자료들을 종합하여 『행복심리학』이란 책을 출간하였던 아질(M. Argyle)은 인간의 행복 증진을 위한 실제적인 연구결과들을 검토한 후에 다음과 같은 결론을 내린 바 있다.

- 긍정적인 기분을 단기적으로 증진시킬 수 있는 방법으로는 최초의 유쾌한 상황에 대해서 생각해보고, 재미있는 영화나 TV를 시청하거나 즐거운 음악을 듣거나 긍정적인 기분을 불러일으킬 수 있는 자기진술을 암송하는 것 등이 있다.
- 다른 사람들과 좋은 관계를 유지하는 것이 행복 증진에 큰 도움이 된다.
- 만족스러운 일과 여가활동도 행복의 주된 원천이 된다.
- 심리치료나 상담의 방법들이 행복 증진을 위하여 활용될 수도 있다.

이상에서 제시한 행복의 원리나 방법을 참고하여 행복한 삶을 영위해나가기 위해 실천적인 자세와 노력을 기울이자. 행복은 우연히 이루어지는 것이 아니므로…

기말고사 수학 시간, 까다로운 주관식 문제 때문에 학생들이 골머리를 앓고 있었다. 그때 정답이 '1092'라는 소리 없는 소문이 돌기 시작했다. 누군가가 우등생의 답안지를 슬쩍 훔쳐본 다음 친구들에게 퍼뜨린 모양이었다. 학생들은 기쁜 마음으로 답안지에 그것을 베껴 적었다. 시험이 끝난 후 정답이 공개되었다. 그런데 답을 맞춰보던 학생들은 모두 비명을 질렀다. 1092라고 믿었던 답 대신 log2가 적혀 있었기 때문이다.

* *

예로부터 할머니들이 자주 하시던 말 가운데 하나가 "웃어넘겨라. 뭐가 그리 심각하냐?"였다. 웃어넘기면 죽다가도 살아난다. 1999년 아주 추운 겨울날, 한 남자가 포장마차에서 강소주를 마시고 있었다. 뇌수술을 받은 그는 이혼까지 당한 데다, 최근 이런 저런 일로 다섯 차례나 큰 사건을 겪었던 터라, 살고 싶은 마음이 사라졌다. 소주 2병을 마시고 천천히 한남대교로 걸어간 그는 자살을 결심했다. 다리 한쪽을 난간 위로 올리려던 찰나, 지나가던 중년 남자가 "지금 뛰어내리면 얼어 죽어요. 좀 기다렸다가 따뜻한 봄에 뛰어내리세요"라고 말했다. 자살을 하려던 남자는 피식 웃었고, 난간에 걸쳐져 있던 다리를 슬그머니 내렸다. 이처럼 절박한 순간에도 웃음은 사람을 살리는 힘이 있다.

– 신상훈의 『유머가 이긴다』에서

34
심리여행

나는 회복탄력성이 강한가

지시 사항

회복탄력성이란 시련이나 고난, 위기나 역경을 이겨내는 긍정의 힘을 말한다. 당신의 현재 회복탄
력성은 어느 정도 수준일까? 다음 회복탄력성 검사를 통해 알아보도록 하자. 각 문항을 읽은 후
'전혀 그렇지 않다'면 1, '그렇지 않다'면 2, '보통이다'면 3, '어느 정도 그렇다'면 4, '매우 그렇다'면
5를 오른쪽 빈 칸에 기록하라.

1. 나는 어려운 일이 닥쳤을 때 감정을 통제할 수 있다. ....
2. 내가 무슨 생각을 하면, 그 생각이 내 기분에 어떤 영향을 미칠
   지 잘 알아챈다. ....
3. 논쟁거리가 되는 문제를 가족이나 친구들과 토론할 때 내 감정
   을 잘 통제할 수 있다. ....
4. 집중해야 할 중요한 일이 생기면 신바람이 나기보다는 더 스트
   레스를 받는 편이다. ....
5. 나는 내 감정에 잘 휘말린다. ....
6. 때때로 내 감정적인 문제 때문에 학교나 직장에서 공부하거나

일할 때 집중하기 힘들다.

7. 당장 해야 할 일이 있으면 나는 어떠한 유혹이나 방해도 잘 이겨내고 할 일을 한다.

8. 아무리 당황스럽고 어려운 상황이 닥쳐도, 나는 내가 어떤 생각을 하고 있는지 스스로 잘 안다.

9. 누군가가 나에게 화를 낼 경우 나는 우선 그 사람의 의견을 잘 듣는다.

10. 일이 생각대로 잘 안 풀리면 쉽게 포기하는 편이다.

11. 평소 경제적인 소비나 지출 규모에 대해 별다른 계획 없이 지낸다.

12. 미리 계획을 세우기보다는 즉흥적으로 일을 처리하는 편이다.

13. 문제가 생기면 여러 가지 가능한 해결 방안에 대해 먼저 생각한 후에 해결하려고 노력한다.

14. 어려운 일이 생기면 그 원인이 무엇인지 신중하게 생각한 후에 그 문제를 해결하려고 노력한다.

15. 나는 대부분의 상황에서 문제의 원인을 잘 알고 있다고 믿는다.

16. 나는 사건이나 상황을 잘 파악하지 못한다는 이야기를 종종 듣는다.

17. 문제가 생기면 나는 성급하게 결론을 내린다는 이야기를 종종 듣는다.

18. 어려운 일이 생기면, 그 원인을 완전히 이해하지 못했다 하더라도 일단 빨리 해결하는 것이 좋다고 생각한다.

19. 나는 분위기나 대화 상대에 따라 대화를 잘 이끌어 갈 수 있다.

20. 나는 재치 있는 농담을 잘한다.

21. 나는 내가 표현하고자 하는 바에 대한 적절한 문구나 단어를

잘 찾아낸다. ....

22. 나는 윗사람과 대화하는 것이 부담스럽다. ....

23. 나는 대화 중에 다른 생각을 하느라 대화 내용을 놓칠 때가 종
종 있다. ....

24. 대화를 할 때 하고 싶은 말을 다 하지 못하고 주저할 때가 종종
있다. ....

25. 사람들의 얼굴 표정을 보면 어떤 감정인지 알 수 있다. ....

26. 슬퍼하거나 화를 내거나 당황하는 사람을 보면 그들이 어떤 생
각을 하는지 잘 알 수 있다. ....

27. 동료가 화를 낼 경우 나는 그 이유를 꽤 잘 아는 편이다. ....

28. 나는 사람들의 행동 방식을 때로 이해하기 힘들다. ....

29. 친한 친구나 애인 혹은 배우자로부터 "당신은 나를 이해 못해"
라는 말을 종종 듣는다. ....

30. 동료와 친구들은 내가 자기 말을 잘 듣지 않는다고 한다. ....

31. 나는 내 주변 사람들로부터 사랑과 관심을 받고 있다. ....

32. 나는 내 친구들을 정말로 좋아한다. ....

33. 내 주변 사람들은 내 기분을 잘 이해한다. ....

34. 서로 도움을 주고받는 친구가 별로 없는 편이다. ....

35. 나와 정기적으로 만나는 사람들은 대부분 나를 싫어하게 된다. ....

36. 서로 마음을 터놓고 얘기할 수 있는 친구가 거의 없다. ....

37. 열심히 일하면 언제나 보답이 있으리라고 생각한다. ....

38. 맞든 아니든, "아무리 어려운 문제라도 나는 해결할 수 있다고"
고 일단 믿는 것이 좋다고 생각한다. ....

39. 어려운 상황이 닥쳐도 나는 모든 일이 다 잘 해결될 거라고 확
신한다. ....

40. 내가 어떤 일을 마치고 나면, 주변 사람들이 부정적인 평가를 할까봐 걱정한다. ....

41. 나에게 일어난 대부분의 문제들은 나로서는 어쩔 수 없는 상황에 의해 발생한다고 믿는다. ....

42. 누가 나의 미래에 대해 물어보면, 성공한 나의 모습을 상상하기 힘들다. ....

43. 내 삶은 내가 생각하는 이상적인 삶에 가깝다. ....

44. 내 인생의 여러 가지 조건들은 만족스럽다. ....

45. 나는 내 삶에 만족한다. ....

46. 나는 내 삶에서 중요하다고 생각한 것들은 다 갖고 있다. ....

47. 나는 다시 태어나도 나의 현재 삶을 다시 살고 싶다. ....

48. 나는 다양한 종류의 많은 사람들에게 고마움을 느낀다. ....

49. 내가 고맙게 여기는 것들을 모두 적는다면, 아주 긴 목록이 될 것이다. ....

50. 나이가 들어갈수록 내 삶의 일부가 된 사람, 사건, 생활에 대해 감사하는 마음이 더 커진다. ....

51. 난 감사해야 할 것이 별로 없다. ....

52. 세상을 둘러 볼 때, 내가 고마워 할 것은 별로 없다. ....

53. 사람이나 일에 대한 고마움을 한참 시간이 지난 후에야 겨우 느낀다. ....

채점 방법

.... 에 기입한 숫자가 점수가 된다. 단, 4~6, 10~12, 16~18, 22~24, 28~30, 34~36, 40~42, 51~53번 문항은 역으로 채점한다. 즉 1이라고 적었으면 5점, 2는 4점, 3은 3점, 4는 2점, 5는 1점이 된다. 1~18번 문항의 점수 합은 당신의 자기조절능력을, 19~36번 문항의 점수 합은 대

인관계능력을, 그리고 37~53번 문항의 점수 합은 긍정적 정서(긍정성)를 나타낸다. 자기조절능력, 대인관계능력, 긍정적 정서의 세 가지 점수의 총합이 당신의 회복탄력성 지수다.

대인관계 능력(   ) + 자기조절 능력(   ) + 긍정적 정서(   ) = 회복탄력성 지수 (   )

결과 해석

우리나라 사람들의 자기조절능력의 평균 점수는 63.5점이고, 대인관계능력 평균 점수는 67.8점이며, 긍정적 정서 평균 점수는 63.4점이다. 세 가지 점수의 총합이 당신의 회복탄력성 지수로, 우리나라 사람들의 평균 점수는 195점이다. 만약 당신의 점수가 190점 이하라면 회복탄력성을 높이기 위해 노력하는 것이 좋다. 180점 이하라면 당신은 사소한 부정적인 사건에도 쉽게 영향을 받는 나약한 존재로, 되튀어 오를 힘을 빨리 길러야 한다. 170점 이하라면 당신은 깨지기 쉬운 유리 같은 존재로, 작은 불행에도 쉽게 상처를 입게 되며 그 상처는 치유하기 어려울 것이므로 지금 당장 회복탄력성을 높이기 위해 온 힘을 기울여야 한다. 만약 당신의 점수가 200점을 넘는다면 일단 안심이다. 그러나 212점 정도는 돼야 상위 20%에 들 수 있다. 220점을 넘는다면 당신은 대단히 회복탄력성이 높은 사람으로, 웬만한 불행한 사건은 당신을 흔들어 놓지 못한다.

·출처: 신우열·김민규·김주환(2009). 회복탄력성 검사 지수의 개발 및 타당도 검증. 한국청소년연구, 55, 105-131.

회복탄력성을 키우기

삶이란 항상 오르막과 내리막이 있기 마련이다. 불행하게도 사람은 누구나 역경의 사건이나 경험에 대처하지 않으면 안 될 때가 있다. 그러나 역경에 처했을 때 그것을 극복하기 위해 노력하고 결과적으로 살아남고 더욱더 강해지는 사람들이 있는가 하면, 이와 반대로 작은 역경에도 쉽게 좌절하고 무너지는 사람들도 있다. 그 이유가 무엇일까? 미국 하버드대학교 의학박사이자 심리학자인 죠앤 보리센코(Joan Borysenko)는 바로 회복탄력성(resilience) 때문이라고 하였다.

회복탄력성의 의미와 구성요소

회복탄력성은 다시 튀어 오르거나 원래 상태로 되돌아온다는 뜻으로, 밑바닥까지 떨어져도 꿋꿋하게 되튀어 오르는 능력을 일컫는다. 역경으로 인해 밑바닥까지 떨어졌다가도 강한 회복탄력성으로 되튀어 오르는 사람들은 대부분의 경우 원래 있었던 위치보다 더 높은 곳까지 올라간다. 물체마다 신축성과 유연성 등 그 탄성이 다르듯이 사람에 따라 탄성이 다르다. 어떤 불행한 사건이나 역경에 대해 어떤 의미를 부여하느냐에 따라 불행해지기도 하고 행복해지기도 한다. 세상일을 긍정적 방식으로 받아들이는 습관을 들이면 회복탄력성은 놀랍게 향상된다. 다시 말해, 회복탄력성이란 시련이나 고난, 위기나 역경을 이겨내는 긍정적인 힘을 의미한다.

살아간다는 것은 자녀양육, 이혼, 전직, 실직, 질병, 파산, 가족 및 사랑하는 사람의 죽음, 폭력, 사고, 경제 위기, 자연 재해, 전쟁의 위험, 생명을 위협하는 상황 등 수많은 도전과 어려움을 끊임없이 극복해가는 과정이다. 그런데 똑같은 시련을 겪으면서도 어떤 사람들은 쉽게 그 역경을 털어내고 더 크게 성장하는가 하면, 또 어떤 사람들은 다시는 재기할 수 없을 정도로 완벽하게 무너지기도 한다. 그 차이는 바로 회복탄력성에 있다. 회복탄력성은 자신에게 닥치는 온갖 역경과 어려움을 오히려 도약의 발판으로 삼은 힘이다. 성공은 어려움이나 실패가 없는 상태가 아니라 역경과 시련을 극복해 낸 상태를 말한다. 역경이야말로 더욱더 강하게 튀어 오르게 하는 스프링보드와 같은 역할을 한다. 한 마리의 개구리도 앞으로 뛰려면 반드시 뒤로 움츠려야 하는 법이다. 떨어져 본 사람만이 어디로 올라가야 하는지 그 방향을 알고, 추락해 본 사람만이 다시 튀어 올라가야 할 필요성을 절감하듯이, 바닥을 쳐본 사람만이 더욱 높게 날아오를 힘을 갖게 된다. 이것이 바로 회복탄력성의 비밀이다.

회복탄력성은 꼭 커다란 역경을 이겨내기 위해서만 필요한 힘이 아니다. 자잘한 일상사 속에서 겪는 수많은 스트레스와 인생의 고민과 인간관계에서의 갈등을 자연스럽게 이겨내기 위해서도 필요한 힘이다. 숱한 실험을 통해 확인되는 회복탄력성의 3대 요소는 자기조절능력과 대인관계능력 그리고 긍정적 정서라고 전문가들은 말한다. 자기조절능력이란 스스로의 감정을 인식하고 그것을 조절하는 능력이고, 대인관계능력이란 다른 사람의 마음과 감정 상태를 재빨리 파악하고 깊이 이해하며 공감함으로써 원만한 인간관계를 맺고 유지하는 능력이다. 그리고 긍정적 정서란 행복감, 안락감, 만족감, 사랑, 친밀감 등과 같은 긍정적 심리상태를 말하며, 자신과 미래에 대한 낙관적 생각과 희망, 열정, 활기, 확신 등이 포함된다. 이 세 가지의 능력을 통합한 것을 회복탄력성 지수(resilience quotient: RQ)라고 하는데, 각각 다음과 같은 요인을 포함하고 있다.

- 자기조절능력 = 감정조절력 + 충동통제력 + 원인분석력
- 대인관계능력 = 소통능력 + 공감능력 + 자아확장력
- 긍정적 정서 = 자아낙관성 + 생활만족도 + 감사하기

회복탄력성이 높은 사람의 특징

보리센코 박사는 똑같이 끔찍한 시련과 고난을 겪고도 이를 남보다 성공적으로 이겨낸 사람들, 곧 회복탄력성이 높은 사람들의 세 가지 공통적 특징을 다음과 같이 제시했다.

첫째, 회복탄력성이 높은 사람은 현실을 있는 그대로 받아들인다. 즉 그들은 어려운 상황에 직면했을 때 이를 회피하려고 하지 않고 고개를 꼿꼿이 든 채 문제를 직시한다. 한 예로, 9·11 테러의 표적이 된 세계무역센터는 1993년에도 폭탄 테러를 당한 적이 있었다. 당시 이 건물에 있던 세계에서 가장 큰 투자은행 및 글로벌 금융 서비스 업체 중 하나인 모건 스탠리(Morgan Stanley)는 테러의 위험을 사실 그대로 받아들이고, 재난 발생 시 대피훈련을 체계적으로 실시해 정작 9·11 때에는 2,700명의 직원을 무사히 대피시킬 수 있었다. 위기에 처했을 때 사람들이 보이는 가장 흔한 반응은 문제를 부정하거나("테러 같은 게 일어날 리 없어"), 합리화하거나("정부에서 뭔가 대책을 세우겠지"), 막연히 희망적으로 생각하는 것("그래도 여기는 안전할 거야")이다. 만일 모건 스탠리가 그랬다면, 인명 피해는 더욱 컸을 것이다.

둘째, 회복탄력성이 높은 사람은 인생의 의미와 가치를 깊이 믿는다. 다시 말해, 살아야

할 굳건한 이유, 삶에 대한 확고한 신념을 가지고 있는 것이다. 나치 강제수용소에서 온 가족을 잃고도 살아남아 지금은 고전이 된 『죽음의 수용소에서(Man's Search for Meaning)』를 써서 전 세계 수많은 독자들에게 삶의 의미를 전한 빅터 프랭클(Viktor Frankl)이 대표적인 예라 할 수 있다. 그는 말할 수 없이 고통스러운 경험 속에서도 긍정적인 의미를 찾는 것이 바로 회복탄력성의 열쇠라고 믿었고, 자신이 절망의 끝에서 힘들게 배운 이 교훈을 다른 사람들에게 가르쳐주리라 결심함으로써 살아야 할 이유를 잃지 않을 수 있었다.

셋째, 회복탄력성이 높은 사람은 브리콜라주(bricolage), 즉 주어진 상황에서 놀라운 주의력을 발휘해 순간적으로 새로운 것을 창조해내는 임시변통 능력이 뛰어나다. 나치 강제수용소의 쓰레기 더미에서 노끈과 철사를 있는 대로 주워 모은 이들은 그것으로 헝겊 조각을 이어 붙여 신발을 만듦으로써 무사히 다음 날을 맞이했지만 그러지 않은 사람들은 차가운 발로 죽음을 맞아야 했다. 임시변통하는 능력이 생사를 가른 것이다.

회복탄력성을 높이기 위한 방안

회복탄력성이 강한 사람들은 자신만의 방법으로 문제에 접근하는 한편, 스스로 객관적으로 바라볼 줄 안다. 이들은 단기적 성공을 지양하고 목표 지향적으로 자신의 길을 가는 동시에 자신의 행동과 감정을 관리한다. 회복탄력성을 높일 수 있는 구체적 방법은 다음과 같다.

첫째, **단호하게 현실을 수용하는 것이다.** 사람들이 위기 상황에 있을 때 흔히 합리화하고 부정하고 또 막연한 희망적 사고를 한다. 이러한 것들은 위기를 극복하는데 도움이 되지 않는다. 현실을 직시하는 것은 단기적으로 매우 고통스러울지 모르나 궁극적으로 삶을 지켜줄 것이다.

둘째, **인생은 의미로 가득 차 있다는 깊은 믿음을 갖는 것이다.** 신념은 회복탄력성과 매우 관계가 깊은데, 이러한 신념은 우리가 변화 혹은 절망의 바다에서 길을 잃고 헤맬 때 우리를 인도해준다.

셋째, **상황에 독창적으로 순간 대처하는 비범한 능력이다.** 회복탄력성이 높은 사람들은 혁신의 대가들이다. 그들은 풍요로운 상상력을 아낌없이 발휘해서 힘이 닿는 내에서 모든 수단을 강구해 해결책을 모색해낸다. 또 다른 사람들이 미처 알아차리지 못하거나 불필요하다고 생각하는 세부사항들에 관심을 가지며, 또한 최선의 결과를 얻기 위해 활용할 수 있는 모든 것을 끌어 모은다.

이점 발견하기와 열린 문 주시하기

"하나의 문이 닫힐 때 또 다른 문이 열린다. 그러나 우리는 안타깝게 닫힌 문만 오랫동안 바라보고 집착하여 우리를 위해 열려있는 문을 보지 못한다." 이는 영국 태생의 미국 과학자이자 발명가인 알렉산더 그레이엄 벨(Alexander Graham Bell)이 한 말이다. 우리는 무엇인가 부정적인 일이 발생할 때, 그때 나타나는 다른 기회를 보지 못할 정도로 애통과 낙담의 감정이 우리를 압도한다. 이럴 때 중요한 것은 부정적 정서가 흘러넘치지 않고 강렬하지 않도록 혹은 우리를 곤두박질하지 않도록 우리의 부정적 정서를 억제하고, 그런 다음 '문제'를 극복해야 할 '도전'으로 바라보도록 노력하는 것이다. 심리학자들은 이것을 '이점 발견하기'(benefit-finding)'라 부른다.

'화'라는 것은 보통, 아무 노력을 안 해도 어느 정도 시간이 지나면 저절로 가라앉는다. 화를 낸 다음 속이 시원해졌다고 해서 마음속 분노가 사라졌다고 생각하는 것은 우리의 착각일 뿐이다. 그렇다면 분노가 치밀어 오를 때 저절로 가라앉기만을 바라며 가만히 있는 것이 능사인가? 미국 마이애미대학교의 마이클 매컬러(Michael McCullough) 연구팀은 300여 명의 대학원생에게 자신을 화나게 한 사건을 떠올리게 한 다음 첫 번째 집단에게는 그 사건이 자신에게 끼친 부정적인 영향에 대해 쓰게 했고, 두 번째 집단에게는 그 사건 때문에 자신이 얻을 수 있었던 이점에 초점을 맞추어 쓰게 했다. 세 번째 집단에게는 사건과 관계없이 그냥 다음 날 계획에 대해 쓰라고 했다. 그 결과 이점을 생각한 두 번째 집단이 자신을 화나게 한 사람을 증오하지 않고 용서하려는 마음이 더 강한 것으로 나타났다. 즉, 분노를 곱씹거나 밖으로 드러내는 것보다는 '이점 발견하기' 방식이 우리가 공격적으로 변하는 것을 막고, 분노를 다스리는 데 큰 도움이 된다는 것이다.

우리는 행복이 방해받을 때 부정적 정서를 느낀다. 부정적 감정이 없다면 역으로 행복에 대한 욕심이 없다는 뜻일 수도 있다. 따라서 문제는 부정적 정서를 표출하느냐 안 하느냐가 아니라 자연스럽게 일어나는 부정적 정서를 어떻게 다스리느냐 하는 것이다. '이점 발견하기' 방법을 쓰든, 심호흡하며 명상을 하든, '참을 인(忍)' 자를 새기든, 방법은 찾아보면 많다. 다만 우리가 그동안 손쉽게 써 왔던 '버럭'하는 방법은 아니라는 것이다. '버럭'은 부정적 정서의 불을 꺼 주지 않는다. 오히려 부정적 정서의 불에 기름을 끼얹어 상대방과 자신 모두를 불행에 빠뜨릴 수 있다. 부정적 정서를 느낄 때마다 족족 '버럭'하여 불행을 쌓느냐, 차분하게 부정적 정서를 다스려 행복을 쌓느냐는 온전히 당신의 몫이다.

회복탄력적인 사람들은 보다 '열린 문' 혹은 '이점'을 찾거나 주시하는 데에 더 열심이다. 캐나다 토론토스카버러대학교의 심리학자 타야브 라시드(Tayyab Rashid)는 다른 문이 닫힘으로써 열려져 있는 문을 찾는 데에 시간을 할애하라고 권장한다. 어려울 때가 기회라는 말도 있지 않은가!

나는 성장 마인드셋을 갖고 있는가

지시 사항

지능이나 능력이 타고난 것으로 고정되어 있다고 보는 사람이 있는가 하면, 노력에 의해 얼마든지 성장하고 변화될 수 있다고 보는 사람도 있다. 당신은 자신의 지능이나 능력에 대해 어떤 신념을 갖고 있는가? 다음 문항을 읽고 '전혀 그렇지 않다'면 1에, '그렇지 않다'면 2에, '그렇다'면 3에, '대체로 그렇다'면 4에, '매우 그렇다'면 5에 ○표 해보라.

1. 나는 열심히 노력하면 능력을 얼마든지 바꿀 수 있다고
   생각한다.　　　　　　　　　　　　　　　　　1 2 3 4 5

2. 나는 능력이 낮은 사람이라도 열심히 노력하면 능력을 바
   꿀 수 있다고 생각한다.　　　　　　　　　　　1 2 3 4 5

3. 나는 열심히 노력하면 능력이 훨씬 높아질 것이라고 생각
   한다.　　　　　　　　　　　　　　　　　　　1 2 3 4 5

4. 나는 새로운 것을 배우고 공부하면 능력이 많이 좋아질
   것이라고 생각한다.　　　　　　　　　　　　　1 2 3 4 5

5. 나는 능력은 타고나는 것이라서 아무리 노력해도 바꿀

수 없다고 생각한다.   1 2 3 4 5

6. 나는 새로운 것을 배우고 공부하더라도 능력을 많이 바

꿀 수 없다고 생각한다.   1 2 3 4 5

7. 나는 능력은 이미 결정되어 있어 노력해도 바꾸기 어렵다

고 생각한다.   1 2 3 4 5

8. 나는 열심히 노력해도 능력은 쉽게 바꿀 수 없다고 생각

한다.   1 2 3 4 5

채점 방법

먼저 5~8번 문항에 응답한 것은 역채점한다((1은 5로, 2는 4로, 3은 그대로, 4는 2로, 5는 1로). 다음엔 적은 숫자를 모두 합하여 총점을 구한다. 다시 총점을 8로 나눈다.

결과 해석

총점의 범위는 1~5점이 된다. 중앙값 3점 이상이면 지능과 능력의 변화 가능성에 대해 긍정적인 신념을 갖는 성장 마인드셋을 지닌 사람이고, 3점 미만이면 지능과 능력의 변화 가능성에 대해 부정적인 신념을 갖는 고정 마인드셋을 지닌 사람으로 볼 수 있다. 3점을 기준으로 그 이상 5점에 접근할수록 성장 마인드셋이 강하고, 3점을 기준으로 그 이하 1점에 접근할수록 고정 마인드셋이 강하다.

· 출처 : 박준수(2017). 귀인피드백이 마인드셋(mindset), 그릿(grit), 자기조절력에 따라 학업성취에 미치는 영향. 서울대학교 대학원 석사학위논문. (참조하여 재구성)

마인드셋 : 고정 대 성장

마인드셋(mindset)이란 개념은 스탠포드대학교의 캐롤 드웩(Carol Dweck) 교수가 제시한 것이다. 마인드셋은 심적 경향이나 태도, 믿음, 마음가짐 혹은 사고방식을 의미한다. 드웩은 사람이 스스로를 바라보는 두 종류의 마인드셋이 있다고 주장한다. 하나

는 자신의 자질(예: 지능)과 능력(예: 음악 재능, 운동 솜씨)이 돌에 새긴 듯 이미 일정한 수준으로 정해져 있다고 믿는 고정 마음드셋(fixed mindset)이고, 다른 하나는 자질과 능력을 포함해 나란 존재는 노력과 학습을 통해 지속적으로 향상될 수 있다고 믿는 성장 마인드셋(growth mindset)이다. 다시 말해 고정 마인드셋은 노력 여하를 막론하고 자신의 지능과 능력은 변화하지 않는다고 믿고 더 이상의 도전을 통한 발전을 회피하는 고정적 사고 체계를 말하고, 성장 마인드셋은 자신의 지능이나 능력이 긍정적으로 변화할 수 있다고 믿고 비록 자신의 기본적인 자질이 아직 훌륭하지 못하고 미흡할지라도 지속적인 발전 가능성이 있다고 믿는 사고 체계를 말한다.

고정 마인드셋과 성장 마인드셋의 차이점

앤절라 더크워스(Angella Duckworth)에 따르면 고정 마인드셋은 역경의 순간에 비관적으로 해석하고, 이는 아예 도전 상황을 회피하거나 포기하는 행동으로 이어지는 반면, 성장 마인드셋은 역경의 순간에 낙관적으로 해석하고, 이는 다시 끈기 있게 새로운 도전을 추구하는 행동으로 이어져 결국 더 강한 사람으로 만들어준다고 하였다.

고정 마인드셋은 자기 자신에게 스스로를 계속 증명해 보일 것을 요구한다. 다시 말해서 지능, 재능, 특성이 이미 정해져 있다고 믿는 사람들은, 이왕이면 충분한 양을 보유하고 있는 것처럼 보여야 한다. 그래야 인간이 갖추어야 할 기본적 자질들이 부족하게 보이지 않을 것이기 때문이다. 반면에 성장 마인드셋은 자기 자신이 현재 가진 자질이 단지 성장을 위한 출발점일 뿐이며, 노력이나 연습 혹은 타인의 도움을 통해 얼마든지 길러낼 수 있다는 사고와 믿음에 바탕을 두고 있다 고정 마인드셋과 성장 마인드셋의 차이점을 제시하면 그림과 같다.

고정 마인드셋을 갖고 있는 사람은 개인적인 욕구와 욕망 그리고 바람에 사로잡혀 있으며 외적인 것, 이익, 권력, 인간이 주는 단물을 빨아 먹는데 민감하게 반응한다. 곡선의 노력보다는 직선의 재능으로 쉽게 무엇인가를 얻으려 한다. 일이 잘못되었을 때는 남의 탓을 한다. 그래서 주변 사람들을 고통스럽게 만든다. 반면에 성장 마인드셋을 갖고 있는 사람들은 내적인 만족을 충족하고 노력과 배움을 추구한다.

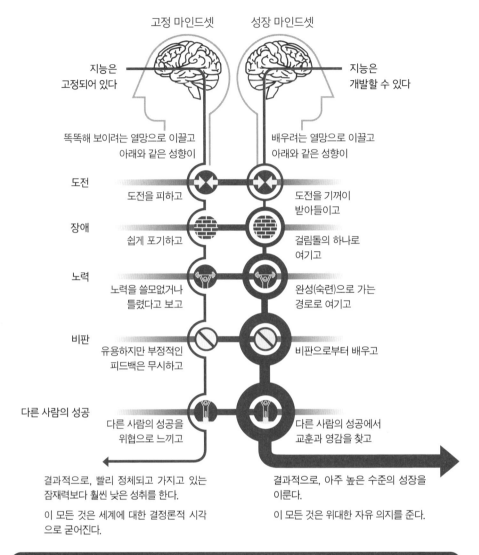

고정 마인드셋　　　성장 마인드셋

지능은　　　　　　　　　　　　　　　　　　지능은
고정되어 있다　　　　　　　　　　　　　　　개발할 수 있다

똑똑해 보이려는 열망으로 이끌고　　　　배우려는 열망으로 이끌고
아래와 같은 성향이　　　　　　　　　아래와 같은 성향이

도전

도전을 피하고　　　　　　　　　도전을 기꺼이
　　　　　　　　　　　　　　　받아들이고

장애

쉽게 포기하고　　　　　　　　　걸림돌의 하나로
　　　　　　　　　　　　　　　여기고

노력

노력을 쓸모없거나　　　　　　　완성(숙련)으로 가는
틀렸다고 보고　　　　　　　　　경로로 여기고

비판

유용하지만 부정적인　　　　　　비판으로부터 배우고
피드백은 무시하고

다른 사람의 성공

다른 사람의 성공을　　　　　　　다른 사람의 성공에서
위협으로 느끼고　　　　　　　　교훈과 영감을 찾고

결과적으로, 빨리 정체되고 가지고 있는　　　결과적으로, 아주 높은 수준의 성장을
잠재력보다 훨씬 낮은 성취를 한다.　　　　이룬다.

이 모든 것은 세계에 대한 결정론적 시각　　이 모든 것은 위대한 자유 의지를 준다.
으로 굳어진다.

고정 마인드셋과 성장 마인드셋의 비교

성공에도 크게 압도당하지 않고 실패에서도 무엇인가 배울 것을 찾아내고 다시 일
어선다. 실패에 대해 아픔을 느끼지만 이내 그것을 자신만의 방법으로 이겨 낸다.

　드웩의 연구에 따르면, 마인드셋이 개인으로서 우리에게 특히 중요한 것은 우리
의 행동과 삶의 방식에 지대한 영향을 미친다는 사실이다. 고정 마인드셋을 가진 사
람들은 대부분 상대적으로 기본 자질이 뛰어난 편이다. 그리고 어느 정도 소기의 목

적도 이루어낸다. 그러나 항상 잘해야 하고 틀리지 않아야 한다는 생각 때문에 불확실한 것을 도전하기보다는 자신의 현재 능력으로 충분히 소화해 낼 수 있는 일과 과제만 하기에 더 이상의 초월적인 발전을 이루기가 힘들다.

반면, 성장 마인드셋을 가진 사람들은 '실패는 성공의 어머니'라는 격언이 잘 맞는 유형으로 가능하면 자신의 능력에 비해 어렵거나 힘든 과제를 선택하고 그것을 이루기 위해 노력한다. 잘해야 한다는 생각보다는 과제를 성취해가는 과정을 즐기는 것을 더 좋아한다. 안정된 성취보다도 불확실한 것에 도전하는 것을 더 가치 있는 것으로 여긴다. 드웩에 의하면 성공한 사람들은 거의 대부분 고난과 역경, 실패를 통해 배우고 성장하기를 좋아했다는 것이다. 즉, 성공한 사람들은 실패나 시련에 성장 지향적으로 반응하는 태도를 취하며, 끊임없이 도전하고 노력해 걸림돌을 이겨냈다는 것이다.

고정 마인드셋과 성장 마인드셋을 다음과 같은 여행에 비유하여 생각해볼 수 있다. 고정 마인드셋을 가진 사람들은 여행 종착점에 도달하는 것에 관심을 두고 여행을 시작하는 반면, 성장 마인드셋을 가진 사람들은 여행을 통해 최대한 많은 것을 즐기고 얻는 것을 목적으로 여행을 시작한다.

고정 마인드셋을 가진 사람들에게 혼란과 당황에 빠트리게 하는 것은 실패만이 아니다. 아이러니하게도 자신의 수행목표를 성취하는 것조차도 불안을 야기할 수 있다. 왜냐하면 일단 자신의 수행목표를 달성하면 자신이 영리하고, 능력 있고, 재능 혹은 가치가 있다는 신념을 유지하기 위해서 그 수준 혹은 그 이상의 수준에서 수행을 계속 보여야 하기 때문이다. 기준 이하로 떨어지게 되면 자기 자신과 능력에 대한 신념이 흔들리게 되고, 이것은 점점 더 높은 수준에서 수행을 보이도록 부가적인 압력을 행사하는 원인이 된다. 따라서 고정 마인드셋을 가지면 결코 성공하기 어렵다.

드웩의 연구는 고정 마인드셋을 가진 사람들이 자신의 수행목표를 성취하는데 실패하게 되면 무력과 절망을 느끼게 된다는 것을 제시하고 있다. 예를 들어, 고정 마인드셋을 가진 대학생들은 과제를 할 때 오로지 점수에만 초점을 둘 뿐, 학습에 도움이 되거나 다음번에 수행을 개선하는 데에 도움이 되는 정보에는 별로 주의를 기울이지 않으며, 또한 교수의 강의내용을 주목하지 않고 무시한다. 그들이 바라거나 기대했던 것보다 점수가 낮으면 바로 우울해지고 자신감을 상실하게 되며 활력을 잃게 된다. 그들은 수행목표를 가지고 있기 때문에 시험에서 실패하거나 바라던 점수를 얻지 못하는 것은 자신이 어리석거나 능력이 없다는 걸 증명하는 것으로 생각하게 된다. 그리하여 무언가 보여주려고 했는데, 실패하거나 기대에 미치지 못하게 되면 눈에 띄게 용기와 자신감이 없어지고 무력감을 갖게 된다. 드웩에 의하면, 고정 마인드셋을 사람들은 "나는 결코 그것을 할 수가 없어. 따라서 난 다시는 힘들게 시도하지 않을 거야"라고 말하기 쉽다. 결국 고정 마인드셋을 가진 사람들은 어떤 일에 실패했을 때 자신의 힘으로는 어쩔 수 없는 일이라며 체념하고 포기해버린다.

그러나 성장 마인드셋을 가진 사람들은 실패에 대해 크게 신경 쓰지 않는다. 그들은 학습하는 데 초점을 둔 숙달목표를 가지고 있기 때문에 어떤 기분을 갖게 되는가에 초점을 두기보다는 경험을 통해 무엇을 배웠는가에 초점을 두고 다음번에 경험을 살려 좀 더 잘하도록 하는 데에 관심을 기울인다. 또한 그들은 개선과 향상을 위해서 새로운 접근들을 시도하는 데에 주저하지 않는다. 그들은 시험에서 나쁜 점수를 받은 것은 자신이 어리석거나 능력이 없다는 것을 의미하는 것이 아니라 이 시점에서 어떻게 해야 하는가에 대한 반성과 성찰의 기회라고 믿는다. 즉, 성장 마인드셋을 가진 사람들은 실패를 능력에 대한 도전으로 여기지 않으며, 그들에게 실패는 새로운 것을 배울 기회일 따름이다.

성장 마인드셋을 가진 사람들은 새로운 성공 전략을 찾는 데 관심을 갖는다. 실패하면 아직 배우고 발전하는 중이니까 괜찮다고 생각하며 용기를 잃지 않고 원인과 방법을 찾는 데에 관심을 기울인다. 그들은 포기라는 단어와 개념을 전혀 모르는 사람처럼 끈기 있게 성공할 때까지 도전의 문을 두드린다. 고정 마인드셋을 가진 사람들은 노력은 낮은 지능의 표시이며, 따라서 "만약 내가 열심히 일해야 한다면, 그것은 내가 영리하지 못하다는 뜻이다"라고 믿는다. 이와는 달리 성장 마인드셋을 가진 사람들은 노력을 보다 큰 성공을 가져다주는 것으로 보고, 따라서 열심히 일할

수록 더욱더 성공하기 쉽다고 믿는다. 그리하여 그들은 "만약 내가 처음에 성공하지 못하면 오뚝이 정신으로 될 때까지 열심히 하자" 혹은 "연습보다 좋은 훈련은 없다"라는 모토를 갖고 열심히 일한다.

고정 마인드셋을 가진 사람들과 성장 마인드셋을 가진 사람들의 차이점에 관한 또 하나의 영역은 그들이 도전을 받을 때 보이는 행동이다. 고정 마인드셋을 가진 사람들은 어떤 일에 실패하거나 역경이 닥쳤을 때, 혹은 원하는 결과가 나오지 않았을 때 자신의 이미지를 보호하고 유지하기 위해 뭔가 새로운 것을 시도하기보다는 얼른 포기하는 경향이 있다. 한 번 해보고 안 되면 움츠러들고 마는 것이다. 그리되면 결국 성취의 원동력인 열정과 끈기를 발휘할 수가 없다. 반면에 성장 마인드셋을 가진 사람들은 그리 쉽게 단념하지 않는다. 그들은 실패와 역경을 성장의 과정으로 받아들이며 당면한 문제를 새로운 전략을 시도할 기회로 여긴다. 해봐서 안 되면 스스로를 돌이켜보고 새로운 방법과 전략을 시도하며 끊임없이 적극적으로 달려든다. 따라서 그들은 강력한 동기부여와 함께 열정과 끈기를 가지고 실제 새로운 전략을 시도함으로써 결과적으로 성공을 쟁취할 가능성이 더 높아진다.

고정 마인드셋을 성장 마인드셋으로 바꾸는 과정

성장 마인드셋을 가지고 있다면, 일의 수행과 관련된 다양한 동기나 전략의 가치를 이해하고 수용하며 실제 적용하는 데 아무 문제가 없을 것이다. 그러나 고정 마인드셋을 가지고 있다면 어떠한 노력도 큰 영향을 미치지 못한다고 믿기 때문에 아무리 효과적인 전략을 제시하더라도 아무런 도움이 되지 못한다. 따라서 먼저 고정 마인드셋을 성장 마인드셋으로 바꾸는 것이 중요하다. 드웩이 제안한 다음과 같은 네 단계의 마인드셋 변화 촉진방법에 따라 반복적으로 연습하는 것이 큰 도움이 될 수 있다.

- 1단계 : 자신도 모르고 사용하고 있는 고정 마인드셋에 대해 알아차려야 한다. "만약 내가 실패한다면 나는 실패자가 될 거야", "내 친구들이 나는 능력이 없다

고 생각하면서 나를 비웃을 거야", "난 그런 걸 할 능력이 없어", "해서 안 되면 능력 없다는 소리를 들을 테니 안 하는 게 낫지", "그 과목에서 높은 점수를 못 받은 게 내 잘못이 아니야"라고 마음속에서 혼잣말을 한다면 그것 마인드셋을 가지고 있다는 증거다.

- 2단계 : 어떤 마인드셋을 가질 것인지는 개인의 선택이라는 점을 깨달아야 한다. 같은 상황을 좌절로 해석할 것인지 아니면 도전으로 해석할 것인지는 개인의 선택에 달려 있다. 실패나 좌절을 능력 부족으로 볼 것인가, 아니면 더 노력하거나 새로운 전략을 구사해 봐야겠다고 생각할 것인가? 자기 자신이 성공하기에는 능력과 지능이 부족하다고 결론을 내릴 것인가, 아니면 자기 자신에게 좀 더 노력하면 다음에는 보다 잘할 수 있을 것이라고 말하겠는가?

- 3단계 : 성장 마인드셋의 목소리로 고정 마인드셋에 대응하는 연습을 한다. "노력하지 마, 노력을 안 해야 실패했다는 얘기를 안 듣지"라고 하면, "노력을 하지 않으면 자동적으로 실패할 거야. 그러니까 노력을 해야지"라고 말한다. "실패하면 어쩌려고"라고 하면, "성공한 사람들도 모두 실패의 과정을 거쳤어"라고 말한다. "내 잘못이 아니지"라고 하면, "내가 책임감을 느끼지 않으면 그걸 바로 잡을 수도 없어. 뭐든 할 수 있는 걸 해볼 거야"라고 말한다.

- 4단계 : 성장 마인드셋에 따른 행동을 실천한다. 어려운 일이라고 기꺼이 도전해보고, 실패와 실수를 했다면 그것을 통해 새롭게 배우고 다시 시도해 본다. 다른 사람의 비난을 받는다면 건설적인 비판으로 여기고 수용함으로써 성장의 기회를 가진다.

36
심리여행

나는 용서를 잘 하는가

지시 사항

다음 문항은 당신에게 심하게 상처를 주었던 사람 혹은 당신을 괴롭혔던 사람을 떠올렸을 때 당신이 어떤 심정인지에 대해서 묻는 1점('매우 그렇지 않다')에서 5점('매우 그렇다')까지의 5점 척도이다. 각각의 문항에 대해서 당신의 심정과 가장 가까운 반응에 ○표 해보라.

	매우 그렇지 않다 ←			매우 그렇다 →
1. 그 사람에 대한 미움이 남아 있다.	1 2 3 4 5
2. 그 사람을 봐도 마음이 편안하다.	1 2 3 4 5
3. 그 사람을 보면 화가 난다.	1 2 3 4 5
4. 그 사람을 봐도 아무렇지 않다.	1 2 3 4 5
5. 그 상처를 잊기 어렵다.	1 2 3 4 5
6. 그 일로 인해 사람들을 경계하게 되었다.	1 2 3 4 5
7. 그 사람과 웃으며 이야기할 수 있다.	1 2 3 4 5
8. 그 사람을 형식적으로 대한다.	1 2 3 4 5

9. 그 사람에게 잘해주려고 노력한다.	1	2	3	4	5
10. 그 사람에게 편하게 연락한다.	1	2	3	4	5

채점 방법

먼저 1, 3, 5, 6, 8번 문한은 역채점한다(매우 그렇지 않다 5점, 매우 그렇다 1점). 그런 다음 10개 문항에 대한 응답의 점수를 합산한다.

결과 해석

점수의 범위는 10~50점이 된다. 점수가 높을수록 용서를 많이 한 것이다.

· 출처 : 오영희(2011). 한국인 용서 척도 단축형의 개발과 타당화. 한국심리학회지: 건강, 16(4), 799-813.

용서하는 삶

이전에 타인들로 인해 겪었던 일들을 용서하여 우리 마음 안에서 버려야 한다. 그래야 우리 안에 맺힌 응어리가 풀리고 마음의 문이 활짝 열리게 되어 우리에게 새로운 행복이 찾아올 수 있을 것이다. 달라이 라마(Dalai Lama)는 "용서해라, 그래야만 진정으로 행복해진다"고 하였다. 자기 안의 분노를 버릴 수 있어야 행복의 길로 들어설수 있다. 용서가 분노, 적대감, 우울, 불안과 같은 부정적 정서나 정신병리 현상을 줄여주는 데 기여할 뿐만 아니라, 긍정심리학의 관점에서 볼 때 주관적 및 심리적 안녕감 증진에도 기여한다는 것이다. 남아프리카공화국의 데스몬드 투투(Desmond Tutu)주교가 쓴 책의 제목인 '용서 없이 미래 없다(No future without forgiveness)'는 말도 상처를 치유하고 희망찬 삶을 엮어가기 위해서는 용서라는 약이 필요하다는 것이다. 용서해야 진정으로 행복해질 수 있다.

용서의 의미와 효과

용서는 가해자에 대한 분노 감정과 보복 욕구를 피해자가 자발적으로 내려놓는 심리적 노력, 즉 공격이나 상처를 받은 피해자가 가해자에게 나타내는 긍정적인 심리적 변화를 의미한다. 용서는 가해자뿐만 아니라 고통 속에 있는 모든 사람들에 대한 연민과 관대함을 의미하는 자비(慈悲)의 특수한 유형으로, 어떤 보상이나 위협에 의해서가 아니라 지나간 일을 과거지사로 여기며 자발적으로 용서를 하는 자비로움은 중요한 성격적 강점이다.

세계적인 용서 학자로 타임지에서 '용서의 개척자(the forgiveness trailblazer)'로 칭했던 미국 위스콘신대학교 교육심리학과 교수인 로버트 엔라이트(Robert Enright)와 그의 동료들은 용서란 피해를 준 사람에 대한 부정적인 감정과 판단을 극복하는 것으로, 이는 이러한 판단과 감정을 가질 권리를 부인하는 것이 아니라 상대방이 그럴만한 자격이 없음에도 불구하고 그에 대해 자비, 동정심, 심지어 사랑으로 대하려고 노력하는 인지적, 정서적, 행동적 복합체라고 했다. 이와 유사하게 용서의 대가인 미국 버지니아컴먼웰스대학교의 에버렛 워딩턴(Everett Worthington)과 그의 동료들은 용서란 부정적인 정서를 가질 권리를 자발적으로 포기하는 것 그 이상으로서 피해자가 가해자를 동정과 자비, 사랑으로 바라봄으로써 부정적 정서나 사고를 줄여가는 인지적, 정서적, 행동적 현상이라고 정의하였다.

따라서 용서란 깊고 부당한 상처를 준 사람에 대해 갖는 부정적인 정서, 판단, 행동을 극복하고 상대에 대해 긍정적인 정서, 사고, 행동을 갖게 되는 것으로 정의될 수 있다. 옛날의 기억이나 원한을 완전히 버리는 것이 아니라 과거에 상처 받은 기억이나 원한을 스스로 놓아버림으로써 다시금 상처를 준 사람을 향하여 사랑과 돌봄의 감정들을 회복하는 것이 용서이다. 결국 용서는 원칙적으로 자기치유이며 상대방이 부당하게 자신에게 입혔던 상처에서 자신이 해방되어 자신의 고유한 삶을 회복하고 삶의 희망을 가지는 것이다.

용서는 일반적으로 피해자 관점에서 가해자 '용서하기(offering forgiveness)'를 뜻하지만, 용서에는 가해자 입장에서 피해자에게 '용서빌기(seeking forgiveness)'와 자신의 잘못에 대해 자기 스스로 용서하는 '자기용서(self-forgiveness)'도 있다. 용서하기는 누군가로부터 피해를 받았을 때 가해자에게 분노나 적대감을 느끼기보다는 그에 대해서 긍정적인 사고, 정서나 태도를 갖는 것이다. 용서빌기는 사람들 사이에 도덕적으로 비난 받을 만한 잘못을 저지른 후에 그 잘못에 대해 도덕적 책임을 수용하고 배상하며 보상하려는 동기를 의미한다. 대부분의 가해자나 피해자는 지속적인 관계를 유지하는 사람들인 경우가 많기 때문에 피해자의 용서만으로는 부족하며 가해자가 자신의 잘못에 대해 용서를 빌 때 피해자도 온전하게 가해자를 용서할 수 있다. 용서빌기는 가해자가 자신의 행동으로 인해 고통을 받는 사람의 관점을 채택하고 공감하며, 변명하고 합리화하거나 거절하는 것이 아니라 사죄나 고백을 통해 자신의 잘못을 배상하려고 노력하는 과정이다. 사람들은 누군가에게 잘못을 했을 때 스스로 자신을 용서하지 못하는 경우도 많다. 자신을 용서하지 못하는 사람들이 자신의 잘못에 대해 책임을 느끼고 수용하면서 수치감이나 죄의식, 우울과 불안으로부터 자유로워질 수 있는 심리적 과정이 자기용서이다.

용서는 누군가로부터 상처받은 사람이 가해자에 대한 분노나 증오심을 버리고 오히려 가해자를 이해하고 공감해주는 패러독스와 같은 심리적 과정이다. 이러한 심리적 과정은 피해자를 생존자로 변화시킴으로써 자존감을 회복시켜주고 도덕적으로 성숙해지도록 돕는다. 또한 용서라는 문제해결방식은 본인뿐 아니라 상대방을 포함한 주위사람들에게 긍정적인 영향을 주고 더 나아가 대인관계와 사회를 건강하게 회복시킬 수 있다.

용서는 개인내적 측면에서 볼 때 적극적인 자기치유, 자기회복의 방법으로써 개인을 내적 상처에서 회복시키고 내적 자아의 부정적 상황을 극복하도록 기능을 한다. 또한 용서는 심리적 평안을 가져다주기도 하고, 신체적 건강을 증진시키는 기능을 하기도 한다. 대인관계 측면에서는 복수와 원한의 사슬을 끊어버리고 손상된 관계를 회복하도록 도와줄 뿐만 아니라 타인에게 자비의 원리를 실천할 의무와 동기를 부여함으로써 대인관계를 바람직한 방향으로 이끌어주는 중요한 역할도 한다.

용서에 이르는 길

용서는 심리적으로 유익한 점이 많기 때문에 우리의 삶이 행복해지려면 용서하는 삶을 살아야 한다. 용서 프로젝트를 실시하고 용서하는 방법을 체계화시켰던 미국 스탠포드대학교 프레드 러스킨(Fred Luskin) 교수는 용서의 방법을 생활화하는 것이 중요하다고 하였다. 그에 의하면 고의적으로 나에게 상처를 주는 사람은 없고, 화가 나면 심호흡을 하고 사랑하는 사람을 생각하고, 모든 것은 나에게 달려 있다고 생각하는 용서의 방법을 배우고 연습하면 누구나 용서의 삶을 살 수 있다고 한다. 그러면 구체적으로 어떻게 해야 용서에 이를 수 있을까?

용서의 심리적 과정은 대개 자기 자신과 자신의 상처에 집착하는 과정에서 벗어나, 상대방과 가해상황을 객관적으로 그리고 더 나아가서는 새로운 눈으로 바라보면서, 상대방의 입장에서 느껴보고, 그의 고통에 대해 동정심을 가지며, 마음의 전환을 가져오는 과정으로 이루어진다. 사람들이 어떤 과정을 거쳐서 용서할 수 있게 되는가를 설명하는 가장 대표적인 용서심리과정 모형으로 엔라이트의 UDWD 모형과 워딩턴의 REACH 모형이 있다.

엔라이트 박사는 다른 사람을 어떻게 용서하는지, 용서가 이루어지기까지 거치게 되는 과정이 어떠한지를 보여주기 위해 용서심리과정 모형을 제시하였다. 이 모형에 따르면, 용서에 이르는 길은 4수준으로 구성되어 있다. 네 가지 수준이란 노출(uncovering) – 결정(decision) – 작업(work) – 심화(deepening) 수준을 말하며, 영문 첫 자를 따서 UDWD 모형이라고도 불린다.

노출 수준에서 피해자는 자신이 경험했던 부당한 사건에 대해 탐색해보고 어느 정도 분노를 느끼는지, 그 일로 자신의 삶이 어떻게 변화되었는지를 살펴본다. 결정 수준에서 피해자는 이러한 고통 때문에 혹은 이러한 고통에도 불구하고 자신에게 상처를 준 사람을 용서하기로 마음의 결정을 내린다. 용서 결정은 일련의 과정을 거치면서 현실화된다. 먼저 피해자들은 상처와 심리적 고통을 줄이기 위해 어떤 방법을 사용했는지 살펴보고, 이러한 방법들이 얼마나 효과적이었는지 평가해본다.

작업 수준은 자신에게 잘못을 저지른 사람을 새로운 눈으로 바라보는 과정으로 구성된다. 용서가 실질적으로 촉진되는 작업의 핵심 활동들로는 새로운 눈으로 보기, 가해자와 가해 상황에 대한 인지적 재구조화, 내가 가해자가 되었던 상황 인식하기, 용서 받은 경험 떠올리기, 역할극을 통한 가해자의 입장 경험하기, 상대방의 입장이 되어 나에게 편지쓰기, 빈의자 활동(가해자와 갈등이나 어려움을 겪고 있는 피해자의 경우 자기 앞에 놓인 의자에 그 가해자가 앉아 있다고 상상하고 자신이 하고 싶던 행동이나 말을 하게 하는 것) 등이 있다. 심화 수준에서 피해자는 용서의 작업과정을 거쳐 나가면서 점차 용서로 인한 개인적인 유익을 인식하게 된다.

워딩턴은 비록 쉽지도 않고 단숨에 되기도 힘들지만 용서에 이르는 길을 5단계, 즉 회상(recall) – 공감(empathize) – 이타성(altruistic gift) – 실천(commit) – 유지(hold)로 나누어 설명하고 있다. 그는 이것을 영문 첫 자를 따서 REACH 모형이라고 부른다. 회상 단계는 자신이 받은 상처를 돌이켜 생각하는 것이다. 이때는 최대한 객관적인 자세를 취해야 한다. 가해자를 악한으로 생각해서도, 자기연민에 휩싸여서도 안 된다. 천천히 심호흡을 하면서 마음을 가라앉히고 그때의 사건을 되짚어보아야 한다. 공감 단계는 나에게 피해를 준 이유가 무엇인지 가해자의 입장을 헤아려보려고 노력하는 것이다.

이타성 단계는 용서가 곧 이타적 선물임을 인식하는 것이다. 먼저 자신이 다른 누군가를 해코지하고 죄의식에 시달리다가 용서를 받았던 때를 돌이켜보라. 그 용서는 자신이 다른 사람에게 받은 선물인 셈이다. 용서를 필요로 하는 사람은 자신이고, 그 용서라는 선물을 고마워하는 것 또한 자신이기 때문이다. 용서는 대개 주는 사람의 기분도 한결 좋아지게 하는 선물이다. 그러나 용서하는 것은 이기심의 발로가 아니다. 아니, 오히려 용서라는 선물은 피해자가 가해자에게 베푸는 선물이다. 용서가 진정한 선물이 되려면 스스로 마음의 상처와 원한을 극복할 수 있다고 다짐해야 한다. 선물을 주면서도 원망을 떨쳐내지 못하면 자유를 얻지 못한다.

실천 단계는 공개적으로 용서를 행하는 것이다. 워딩턴은 자신의 환자들에게 가해자에게 보내는 용서의 편지를 쓰게 하거나, 일기나 시 혹은 노래로 용서를 표현하게 하거나, 절친한 친구에게 자신이 한 용서에 대해 털어놓게 한다. 이런 것들이 모두 '용서 계약서'가 되는 셈인데, 이것이 마지막 단계로 나아가게 해주는 밑거름이 된다.

유지 단계는 용서하는 마음을 굳게 지키는 것이다. 이 마지막 단계 또한 어려운 것이 그 사건에 대한 기억이 어느 순간 불쑥 되살아나곤 하기 때문이다. 용서란 원한을 말끔히 지워 없애는 게 아니라 기억 끝에 달려 있는 꼬리말을 긍정적으로 바꾸는 것이다. 용서하지 않는다는 사실만으로 가해자에게 보복하는 것은 아니다. 원한을 곱씹으며 기억에 얽매이기보다 기억에서 헤어나기 위해 노력해야 한다. 직접 작성한 '용서 계약서'를 읽으며 "나는 용서했다"는 말을 되뇌이면 이 단계를 극복하기가 한결 쉬울 것이다.

내 마음 심리여행을 마치며

지금까지 간단한 자가진단 심리테스트를 통해 36가지 측면에서 자신의 지적, 정서적, 신체적 행동의 심리를 들여다보았다. 자기 자신을 좀 더 잘 이해할 수 있겠는가? 자신의 어떤 점이 강점이고, 약점인지를 알 수 있겠는가? 자신만의 독특하고 고유한 색깔과 향기는 무엇인지 알겠는가? 자기 자신에 대해 새로운 사실을 발견한 점이 있었던가? 자기 자신을 어떻게 평가할 수 있겠는가? 자기 자신의 어떤 점을 변화시켜야 할지 알게 되었는가?

심리여행을 마치면서 이 같은 질문에 대한 답을 중심으로 여행 보고서를 작성해보자. 다시 말해 심리테스트를 통해서 나타난 결과와 소감을 중심으로 과거, 현재 및 미래의 자화상을 그려보자. 짧은 여정을 통해 찾은 자기에 대한 이해를 바탕으로, 그리고 소중하게 얻은 행복한 삶을 위한 심리학적·교육학적 지식과 정보를 바탕으로, 자신의 어떤 부분을 계속해서 성장·발전시켜 나가고 어떤 부분을 앞으로 보완하고 변화시켜 나가야 할 것인지 냉철히 생각해보고 새로운 삶을 설계해보자. 자기계발에는 끝이 없는 것이다.

우리는 행복하기 때문에 노래를 부르는 것이 아니라 노래 부르기를 선택할 때 행복해진다는 말이 있다. 삶의 주체자로서 책임을 가지고 자기변화와 성장을 위한 멋진 선택을 하면서 인생을 살아가자.

인생이 여행이라면 그 여행을 즐기는 데 필요한 몇 가지 통찰력뿐만 아니라 구체적인 로드맵을 이번 심리여행이 제공해 줄 수 있었기를 기대하면서, 굿바이!

참고문헌

권석만(2004). **젊은이를 위한 인간관계의 심리학.** 서울: 학지사.

권석만(2013). **현대이상심리학**(2판). 서울: 학지사.

김동환(1998). **SQ : 성공지능 키우기.** 서울: 학지사.

김명희·김영천(1998). 다중지능이론 : 그 기본 전제와 시사점. **교육과정연구, 16**(1), 299-330.

김언주 외(1998). **우리 아이 EQ 높이기.** 서울: 학지사.

김영채(1998). **사고력 : 이론, 개발과 수업.** 서울: 교육과학사.

김유숙·전영주·김수연(2003). **가족평가 핸드북.** 서울: 학지사.

김주환(2011). **회복탄력성.** 서울: 위즈덤하우스.

김주환(2013). **GRIT 그릿.** 파주: 쌤앤파커스.

김중술(1994). **사랑의 의미.** 서울: 서울대학교 출판부.

김춘경·이수연·이윤주·정종진·최웅용(2016). **상담의 이론과 실제**(2판). 서울: 학지사.

노안영·강영신(2003). **성격심리학.** 서울: 학지사.

목원대학교 학생상담봉사센터(2000), **목원생활.** 제8권 1호.

박아청(2001). **성격심리학의 이해.** 서울: 교육과학사.

박용헌(1976). **성취인의 심리.** 서울: 배영사.

서울여자대학교 학생생활연구소(2002). **한샘.** 제17호.

설기문(1997). **인간관계와 정신건강.** 서울: 학지사.

신상훈(2010). **유머가 이긴다.** 파주: 쌤앤파커스.

아주대학교 사회봉사 및 학생상담센터(2001). **아주생활,** 제3권 제3호.

안범희(2000). **성격심리학.** 서울: 하우.

이민규(1998). **생각을 바꾸면 세상이 달라진다**(개정판). 서울: 양서원.

이민규(1999). **발상을 바꾸면 인생이 달라진다.** 서울: 교육과학사.

이상민·안성희(2014). 교육에서의 소진에 대한 이론적 고찰. **의학교육연단, 16**(2), 57-66.

이성진·박성수(1999). **교육심리학.** 서울: 한국방송대학교출판부.

이수용(2002). **인간관계의 심리.** 서울: 학지사.

이현수(1994). **성격이 건강을 좌우한다.** 서울: 학지사.

장현갑·강선규(1996). **스트레스와 정신건강.** 서울: 학지사.

전남대학교 카운슬링센터(2001). **대학생활.** 제49호.

정종진(1998). **뉴질랜드의 교육**. 서울: 교육과학사.

정종진(2000). **심리상태 훔쳐보기**. 대구: 장원교육.

정종진(2001). 다중지능의 사정(査定)에 대한 고찰. **초등교육연구논총**, 17(1), 161-198.

정종진(2003). 창의성의 본질과 교육. **초등교육연구논총**, 19(1), 369-393.

정종진(2004). **데니슨 공부법**. 서울: 한언.

정종진(2004). **당신은 사랑을 아는가**. 서울: 양서원.

정종진(2004). **MIT 다중지능검사 요강**. 서울: 한국적성연구소.

정종진(2016). **교양으로 읽는 생활 속의 심리이야기: 인간심리의 이해**(제2판). 고양: 공동체.

정종진(2018). **이제부터 행복해지기로 합시다**. 서울: 시그마북스.

정종진(2019). **학습동기: 무엇이 학습하게 만드는가, 학생들의 마음속에 불을 지피라**. 고양: 공동체.

정종진(2019). 얄롬의 실존적 심리치료에 관한 고찰. **초등교육연구논총**(대구교육대학교), 35(1). 1-23.

정종진(2021). **이제부터라도 상담공부**. 대구: 그루.

최정윤·박경·서혜희(2000). **이상심리학**. 서울: 학지사.

하대현(1998). H. Gardner의 다지능 이론의 교육적 적용: 그 가능성과 한계. **교육심리연구**, 12(1), 73-100.

황매향(2016). **사례에서 배우는 학업상담의 실제**. 서울: 사회평론.

Armstrong, T.(1994). *Multiple intelligences in the classroom*. Association for Supervision & Curriculum Development. 전윤식·강영심 역(1997). **복합지능과 교육**. 서울: 중앙적성 출판사.

Borysenko, J.(2009). *It's not the end of the world: Developing resilience in time ofchange*. 안진희 역(2011). **회복탄력성이 높은 사람들의 비밀**. 서울: 아마고.

Burger, J. M.(2000). *Personality* (5th ed.). Belmont, CA: Wadsworth/Thomson.

Burns, D. D(1993). *Ten days to self-esteem*. 김기정 외 옮김(2000). **자신감에 이르는 10단계**. 서울: 학지사.

Davison, G. C., Neale, J. M. (1998). Abnormal psychology. 이봉건 역(1999). **이상심리학**. 서울: 시그마프레스.

Duckworth, A. L. (2016). *Grit: The power of passion and perseverance*. New York: Scribner.

Ellenson, A.(1982). Human relations. 정종진 옮김(1990). **공존에의 그리움: 심리학적 인간관계론.** 서울: 교육과학사.

Fromm, E. (1956). *The art of loving.* New York: Harper & Row.

Gardner, H.(1983). *Frames of mind: The theory of multiple intelligences.* New York: Basic Books, 이경희 역(1993). **마음의 틀.** 서울: 문음사.

Gardner, H.(1993). *Multiple intelligences: The theory in practice.* New York: Basic Books, 김명희·이경희 역(1998). **다중지능의 이론과 실제.** 서울: 양서원.

Lee, J. A.(1977). A typology of styles of love. *Personality and Social Psychology Bulletin, 3,* 254-255.

Lee, J. A.(1988). Love-styles. In R. J. Sternberg & M. L. Barnes(Eds.), *Psychology of love*(pp. 38-67). New Haven, CT: Yale University Press.

Lelord, F., & Andre C. (1996). *Comment gerer les personnalites difficiles.* 옮김(2001). **튀는 성격, 더러운 성격, 까다로운 성격.** 서울: 홍익출판사.

Lichtenberg, J. W., Johnson, D. D., & Arachtingi, B. M. (1992). Physical illness and subscription to Ellis's irrational beliefs. *Journal of Counseling and Development, 71,* 157-163.

Martin, D., & Boeck, K.(1996). *E. Q.* 홍명희 옮김(1996). **EQ: 감성지능 개발 학습법.** 서울: 해냄.

Meadows, M.(2015). *Grit: How to going when you want to give up.* 정종진 옮김(2019). **GRIT, 그릿을 키워라.** 서울: 학지사.

Nevid, J. S., & Rathus, S. A.(2013). *Psychology and the challenges of life: Adjustment and growth* (12th ed.). 오경자·강성록·김현수·양재원·이주은 옮김(2016). **심리학과 삶의 도전: 적응과 성장**(제12판). 서울: 시그마프레스.

Olson, D. H., & Olson, A. K. (2000). *Empowering couples: Building on yourstrengths.* 21세기 가족문화연구소 역(2003). **건강한 부부관계 만들기.** 서울: 양서원.

Phares, E. J.(1984). *Introduction to personality.* 홍숙기 역(1987). **성격심리학.** 서울: 박영사.

Sanguras, L.(2017). *Grit in the classroom: Building perseverance for excellence in today's students.* 정종진 옮김(2019). **교육장면에서 그릿 키우기.** 서울: 학지사.

Schaufeli, W. B., Leiter, M. P., Maslach, C., & Jackson, S. E.(1996). Maslch burnout inventory-general survey. In C. Maslach, S. E. Jackson, & M. P. Leiter(Eds.), *The Maslach burnout inventory: Test manual* (3rd ed., pp. 22-26). Palo Alto, CA:

Consulting Psychologists Press.

Schultz, D.(1977). *Growth psychology : Models of the healthy personality.* 이상우 · 정종
진 옮김(1984). **인간성격의 이해: 건강한 성격에 대한 제접근.** 서울: 중앙적성출판사.

Sherer, M. et al.(1982). The self-efficacy scale: Construction and validation,
Psychological Reports, 51, 663-671.

Sternberg, R. J.(1986). A triangular theory of love. *Psychological Review, 93,* 119-135.

Sternberg, R. J.(1990). *Metaphors of mind: Conceptions of the nature of intelligence.*
Cambridge, MA: Cambridge University Press,

Sternberg, R. J.(1990). *A triangular theory of love scale.* New Haven, CT: Yale
University.

Sternberg, R. J.(1997). Construct validation fa triangular love scale, *European Journal
of Social Psychology, 27,* 313-335.

Sternberg, R. J.(1998). *Cupid's arrow: The course of love through time.* Cambridge:
Cambridge University Press,

Sternberg, R. J. et al. (Eds.)(2000). *Practical intelligence in everyday life.* New York:
Cambridge University Press,

Templer, D. I.(1970). The construction and validation of a death anxiety scale. *Journal
of General Psychology, 82*(2), 165-177.

Ward, C., & Daley, J.(1993). *Learning to learn: Strategies for accelerating learning and
boosting performance.* Christchurch: Published by Atuhors.

Woolfolk, A. (2001). *Educational psychology*(8th ed.). 김아영 외 공역(2003). **교육심리학.**
서울: 박학사.

Yalom, I. D.(1980). *Existential psychotherapy.* 임경수 역(2007). **실존주의 심리치료.** 서울: 학
지사.

Yalom, I. D.(2008). *Staring at the sun.* 이혜성 역(2008). **보다 냉정하게 보다 용기 있게.** 서울:
시그마프레스.

Yalom, I. D. (2015). *Creatures of a day and other tales of psychotherapy.* 이혜성 역
2015). **삶과 죽음 사이에 서서.** 서울: 시그마프레스.

Zimbardo, P. (1977). *Shyness : What it is, what to do about it.* Reading, Mass.: Adison-
Wesley.